JN050716

木瓜桐文緋羅紗陣羽織（大阪城天守閣蔵）
織田信長の所用とされ、上部中央に織田家家紋の木瓜、下部には室町幕府将軍足利義昭より拝領した桐紋がみられる。将軍義昭を擁して中央に現われた信長は、やがて天下人として、「天下一統」を進めていく。その達成は、この陣羽織を下賜された羽柴秀吉に引き継がれる。

中世から近世へ

織田信長

戦国時代の「正義」を貫く

柴裕之

平凡社

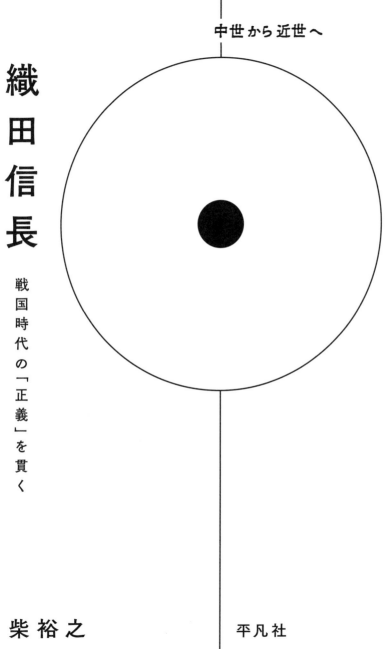

装幀　大原大次郎

織田信長◉目次

第三章　元亀争乱と将軍義昭・信長

〈凡例〉

本文中で引用した主要史料の出典は以下の通り。

『愛知』……『愛知県史』巻数＋資料番号
『明智』……『明智光秀　史料で読む戦国史③』＋文書番号
『上越』……『上越市史』別編1 上杉氏文書集一＋文書番号
『戦武』……『戦国遺文 武田氏編』＋文書番号
『滝川』……「滝川一益受発給文書集成」＋文書番号
『丹羽』……『戦国史研究会史料集4 丹羽長秀文書集』＋文書番号
『信長文書』……『増訂織田信長文書の研究』＋文書番号
『秀吉』……『豊臣秀吉文書集』＋文書番号

織田弾正忠家系図

- 良信
  - 信貞
    - 信秀
      - 信広
      - 秀俊
      - **信長** ＝ 濃姫（帰蝶・斎藤道三女）
        - 信正（庶長子）
        - 信忠（嫡男）
          - 秀信
        - 信雄（伊勢北畠家養嗣子）
          - 秀雄
          - 信良
        - 信孝（伊勢神戸家養嗣子）
        - 信房（美濃岩村遠山家養嗣子）
          - 勝良
        - 秀勝（羽柴秀吉養子）
        - 信秀
        - 信高
        - 信吉
        - 信貞
        - 信好
        - 長次
        - 女（蒲生氏郷室）
        - 女（五徳、松平信康室）
        - 女（筒井定次室）
        - ‖ 播磨赤松氏女（二条昭実室）
        - ‖ 苗木遠山氏女（武田勝頼室）
        - 女（徳大寺実久室）
        - 女（万里小路充房室）
        - 女（中川秀政室）
        - 女（水野忠胤室、のち佐治信吉室）
        - 女（丹波長重室）
        - 女（羽柴秀吉側室三之丸）
        - 女（前田利長室）
      - 信成（信勝・達成）
        - 信澄
      - 秀孝
      - 信兼
      - 信治
      - 信興
      - 秀成
      - 信照
      - 長益（有楽）
      - 長利
      - 女（市、浅井長政室、のち柴田勝家室）
    - 信康
    - 信光
    - 信次

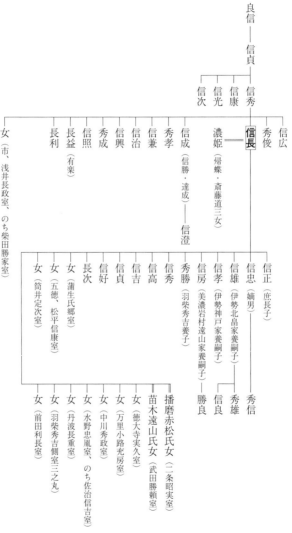

はじめに――「革命児」から「同時代人」信長へ

一般に、戦国時代（十五世紀後半〜十六世紀）といえば、相次ぐ戦乱のなか、華々しい戦国武将たちが活躍する一方で、既存の政治手法や社会の秩序が解体し、日本国内が分裂していった時代であるというイメージを読者諸賢はお持ちであろう。織田信長は、そんな時代の政治手法や社会の秩序の破壊に努め、新たな時代を切り開いた「革命児」として、いまなお私たちを魅了して止まない人物だ。彼による強い専制のもと、鉄砲隊による集団戦の導入、経済的障害を生じさせていた関所の撤廃と自由な商売の営みを許した「楽市楽座《らくいちらくざ》」、比叡山延暦寺を始めとする旧仏教勢力の弾圧とキリスト教の奨励、さらには室町幕府を滅亡させたうえ、天皇制に挑み、東アジア社会をも視野に入れた新たな国家構想を提示するなど、信長にはまさに「革命児」のイメージが付きまとう。

しかし、信長のこうしたイメージには、閉塞した時代からの解放を求める現代人の感覚による先入観が強く反映されている。

そして、歴史学では近年、こうしたイメージに対して、現代人が彼に求める革新や保守の評価を先入観にはせず、時代に即した政治権力者＝「同時代人」としての実像の追究が進んでいる［池上二〇一二a、金子二〇一四・二〇一七、神田千里二〇一四など］。本書は、この研究動向に学びつつ、「同時代人」としての信長にせまろうというものである。

織田信長像（長興寺蔵）

なぜ信長に「同時代人」としてせまる必要があるのか。そこには、信長が生きた戦国時代研究の進展が大きく関係している。

戦国時代の一般的なイメージとは、その名称が示すように「戦いに明け暮れ、混沌とした時代」というものであろう。これに対して、歴史学では戦国時代を「現代につながる日本社会の原型を築いた「変革期」」と位置づけている。この当時、人々が日常的に属し生活を営む村・町といった集団の活動が活発化し、それらが編成されることでできた地域社会が各地に現出した。この地域社会とは一定の規模を誇る〝勢力〟とみなすことができ、戦国時代はそれと対峙することで動いた時代だったことが、最新の研究成果によっても明らかにされている。

なぜ、時代はこのような状況になったのであろうか。

その背景には、十五世紀半ばに起きた戦乱（享徳《きょうとく》の乱、応仁《おうにん》・文明《ぶんめい》の乱）を経験した社会の変化がある。室町時代前半頃までは、日本の中央である京都（京都府京都市）や鎌倉（神奈川県鎌倉市）に収斂《しゅうれん》して国内政治が決められ、そのもとに地方の支配は進められた。ところが、十五世紀になると、次第に人々は地縁による団結のもとで活動を繰り広げ、それが地域の自立を進めていった。ちょうど時期を同じくして、中央では政治的な混乱が相次ぎ、やがて十五世紀半ばには享徳の乱（関東）、応仁・文明の乱（京都）を生じさせ、中央による地方支配の体制が解体していく。こうして戦国時代は、おのおの地域が自立し、運営されていく状況があちこちにみられる時代になったのである。

その結果、各地にはそれぞれの地域を束ねる領域権力が現われた。そこには「国家」という自治領域と政治集団（これを本書では、以下「地域「国家」」と記す）が生まれ、彼らはこれを統治していくようになる。この領域権力こそ、戦国大名や国衆《くにしゅう》といわれる存在であった。

戦国大名とは、当時の行政範囲にあった国（およそ現在の県レベル）を単位に、一国以上の地域を領国として自らの判断のもとに統治し、その領国内の行政・軍事を率いた領域権力である。戦国時代に来日したキリスト教・イエズス会宣教師《せんきょうし》らヨーロッパ人は、戦国大名として君臨するこれらの当主を、ポルトガル国王と変わらない「王（Rei）」とみなし、その領国を「王国（Reino）」と認識していた。

これに対して、国衆とは、郡《ぐん》や庄《しょう》といわれる規模（およそ現在の市町村レベル）の地域を領国として治める領域権力で、その多くは戦国大名に従って活動していた。国衆が戦国大名に従属したのは、政治・軍事両面において、自身の力だけではその領国の安泰（この安泰を当時の人々は「平和」と称したので、以下、これを「領国「平和」」と表現する）を維持することが難しかったためで、政治的な後見と軍事的な安全保障を戦国大名に求めたわけである。仮に、戦国大名と国衆の関係を企業のそれに例えるならば、戦国大名＝有力な大企業、国衆＝中小企業といったところで、国衆は自らの存立を維持していくために、戦国大名という有力な大企業のグループの傘下に入り、子会社になったというイメージだろうか。しかし一方で、国衆当主は大名の家臣という立場にあったものの、大名権力の直接的な構成員にあたる「譜《ふ》代《だい》」といわれる家臣とは異なり、自身の領国「平和」のために戦国大名に従ったに過ぎず、戦国大名が政治的・軍事的な保護を怠ることがあれば離反した。

いずれにせよ、国衆は、領国「平和」への政治的・軍事的な保護を求めて、有力な戦国大名の傘下に入っていった。そして、戦国大名の領国は、傘下に入った国衆の領国を含む地域統合圏（これを筆者は、「惣《そう》「国家」」と呼んでいる［柴二〇一四c・二〇一七b］）を形成していく。

そして、戦国大名や国衆は、圏外からの脅威に対して、「平和」維持のための解決手段として合戦を重ねていった。この時代に各地で起こった合戦の数々は、それまで有していた主導権の争いや一族内部での権益をめぐる争いではなく、領土をめぐる戦争であった。そのため、この戦争は領国の政治的・軍事的境界である「境目《さかいめ》」といわれる地域で頻繁に起こり、いわば「国郡境目相論《こくぐんさかいめそうろん》（国境地域をめぐる領土戦争）」として繰り広げられていく。これは、「境目」が敵対する勢力と接する地域となるため、常にその脅威に晒され、時には自他両勢力に属する両属《りょうぞく》関係となるなど、帰属が不安定になるために引き起こされる現象であった。つまり、「境目」の地域こそが、戦国大名に政治的・軍事的な保護を求めたわけで、戦国大名がそれをなし得ないと判断すれば、その地域を治める国衆は離反していった。しかも、地域統合圏を形成する戦国大名からすれば、自らの領国の安定は地域それぞれの事情に左右され、その対応の仕方によっては領国「平和」に影響を及ぼしかねないという事情がいつも付きまとっていた。

このように、戦国時代とは、各地に君臨する戦国大名や国衆が、その領国を地域「国家」として運営する「地域「国家」の時代」にあったのである。

したがって、戦国時代の日本は、現在の日本と異なる状況にあった。周知のように、前近代の日本は、北海道・沖縄諸島を含まない本州・四国・九州で構成された列島からなっていた。そして、当時の日本は「日本国」というまとまりを持ちつつも、国内が一元化されていたわけではなく、各地の戦国大名や国衆が統治する地域「国家」やその地域統合圏（これらを本書では「勢力圏」とも記す）のもとに形成された複合体としてあった。ただし、すべてが同列の地域「国家」としてあったのではなく、その上位にそれを束ねる「天下《てんか》」と呼ばれる中央領域（以下、本書ではこの領域を「天下」と記す）があったことにも注目しなければならない。

一般に「天下」と聞くと、読者諸賢は日本全国のことをイメージされるのではないだろうか。ところが、戦国時代の「天下」とは、当時日本を訪れていたキリスト教イエズス会宣教師が見聞した情報をまとめた報告書によると、「五畿内の五ヵ国」（一五八八年二月十日付のルイス・フロイス書簡〔『十六・七世紀イエズス会日本報告集』〕など）のこととしている。「五畿内の五ヵ国」とは、当時の日本の首都・京都を中核とする山城《やましろ》・摂津《せっつ》・和泉《いずみ》・河内《かわち》・大和《やまと》の周辺各国（現在の京都府中心部と兵庫県東部から大阪府、奈良県）にあたる。この地域からなる中央領域とその秩序のことを意識して、当時は「天下」と呼んでいたようだ〔神田千里二〇一三・二〇一四〕。

では、この中央領域とその秩序がなぜ「天下」と呼ばれたのかといえば、首都・京都は天皇が長らく日本の秩序を維持していて、ここを拠点に、天皇を中心とする政治集団の朝廷と、宗教面から鎮護国家思想により活動する寺社勢力があったためである。そして、これら朝廷や寺社勢力を統制し庇護《ひご》するのが武家の棟梁《とうりょう》であり、「天下」と呼ばれる中央領域の統治と安泰（この状況を当時の人々は「天下静謐《せいひつ》」と呼んでいた）を担いつつ、地方をも束ねる国政の執政者として認知されていた。

前掲のイエズス会宣教師の報告書によると、こうした「五畿内の領主となった者」こそ、「天下人」であったという。宣教師は、天下人をヨーロッパの「皇帝のような存在」（一五四八年夏、ニコラオ・ランチロット報告〔『イエズス会日本書翰集』譯文編之一上〕）とみなし、「天下」を「皇帝」が統治する「君主国」（前掲のルイス・フロイス書簡）として認識していた。戦国時代の日本とはやはり、「天下」と各地方の地域「国家」が併存する重層的複合国家だったのである。

そして、戦国時代に「天下」の統治を求められた執政者＝天下人こそが、室町幕府将軍足《あし》利《かが》氏であった。詳しくは第二章でも述べるが、将軍足利家による中央政権である室町幕府は、応仁・文明の乱を境に、それ以降、政治への影響力を弱めていったが、将軍足利氏は中央に君臨する権威として、その力を依然として維持し続けた。だが、畿内の大名や国衆を含む相次ぐ政争によって将軍足利氏は京都を離れることもたびたびで、「天下静謐」の維持が求められていた。また、将軍足利氏は、天下人として国内の秩序の維持に努め、各地の戦国大名や国衆の合戦に停戦命令を出していた。しかし、戦国大名や国衆にとっての優先事項は、領国「平和」の維持にこそあったため、これに支障を来すと判断されれば、将軍足利氏の指示であろうと、命令には従わなかった。そのため、戦国時代の将軍足利氏と各地の大名・国衆との関係は絶対的なものではなく、あくまでも相対的なものでしかなかったのであり、ここに室町時代までとの違いがみられる。時代はいま、将軍足利家による地方の支配ではなく、各地に君臨する統治者が、自立した地域と向き合い、その統治手腕（力量）で治めることが求められる状況にあったのだ（今川義元制定『かな目録追加』〔『中世法制史料集』第三巻所収〕二十条）。

信長が生きた時代とは、このようなものであった。それは、日本が「天下」と地域「国家」が併存する重層的複合国家であり、既存の秩序は維持されながらも、それぞれが自らの力量のもと、領国「平和」の維持を求められるという時代環境にあった。もちろん信長は、こうした時代背景に応じつつ、活動していたわけである。

つまり、信長の事績をみていくにあたって、まずは当時の時代背景を押さえたうえで、なぜその活動がおこなわれたのかを考えなければならないのである。ところが、これまでの「革命児」信長のイメージは、信長は時代の変革者であるということを前提に、その事績が革新的か、保守的かという評価ばかりがなされてきた。それがいま、歴史学研究においてもようやく、革新／保守というフィルターを外し、当時に生きた「同時代人」としての信長を描きだすことが求められるようになった。

こうした近年の信長像見直しの気運の高まりをうけて、本書では、戦国時代の日本において、信長がどのように生き、そして天下人となって活動したのか、あくまで「同時代人」としての姿を明らかにしていくことを目的に解き明かしていく。実は、同時代の信長の評価には、次のようなものもある（なお本書で史料を引用する際は以下、本文は読み下し文にし、現代仮名遣いに修正して掲げる）。

（読み下し）

信長は神通方便《じんずうほうべん》の人の様に承り候、そのうえ賞罰正しく未練を構たる者をば即時に討果たし、忠義を抽《ぬき》んでたる者をば所領をもって感じらる候故《ゆえ》に、諸人身の果つるを顧みず、勇み罵りなり、香餌《こうじ》の下には懸魚《げぎょ》あり、重賞の下には死夫ありと云々《うんぬん》、又第一諸文を専らにして古き弓箭《きゅうせん》の取様大将の心持ちなどをも、故事を知りたる者に能々《よくよく》問いて、我が知恵になす事を専《もっぱ》らにする人なり、さて戦場に出れば、我と干戈《かんか》を横団の先に諸軍を斥《しりぞけ》て懸引の下知《げち》をする人なり、又信長は寺社破却の事、我がために敵と思う所を打ち

崩し、さもあらんには、いささかいろいなし、

【史料1】（年月日未詳）豊後《ぶんご》大友《おおども》家重臣連署条書案

この史料は、豊後大友家の重臣らが、主君の大友義統《よしむね》（宗麟《そうりん》の後継）の態度と行為を諫《いさ》めた書状の一部である（「帆足悦蔵氏所蔵文書」田北學編『増補訂正編年大友史料』二一四巻四〇八号文書）。この書状には年月日が記載されていないが、『編年大友史料』を編纂した田北學氏は、その内容から、天正《てんしょう》八年（一五八〇）初め頃に出されたものと比定する。この書状の記載のなかに信長の評価がみられる。

そこには、信長は理に適った賞罰を正しくおこない、諸事を学んだうえ戦場では陣頭に立つ有能な主導者（「神通方便の人」）と記してあり、寺社の破却は敵対した場合に限っておこなったとみえる。つまり、信長は当時の人々が求める姿に応えて自ら率先して活動し、さらに政治的に支障がなければ排除しないという。ここから、信長が同時代の諸勢力と共存しようとする姿勢を示していたことがわかる。もちろん、ここに記されている信長の姿は、大友家の重臣が非難する当主・義統の姿と対比するために記載されたものだから、そのことを重々含んだうえで評価しなければならない。しかし、実際に信長は、自ら率先して行動し、「外聞《がいぶん》」＝世評と秩序・規範を重視したうえ、それを自らに強いて、他人にも求めていたこ

とが知られている［神田千里二〇一四］。つまり、信長は現代人がイメージするような同時代から乖離した存在であったわけではない。当時の社会秩序のもとに生きた人物であったことは間違いないだろう。

そうなると、信長の目指した政治構想（政治とそれを担う権力の将来的なあり方）や活動も、この時代背景に沿って実態を探っていくことが求められる。本書では、このことを意識しつつ、さらには信長を通じて、中世から近世への移行期の様相にもせまっていきたい。

本書は、戦国時代という時代にあって、信長がどのように活動し、天下人となり、国内をどのように治めようとしていったのか、このプロセスを可能な限り丁寧に解明することにねらいがある。そのため、個々の事績、特に合戦について、その戦闘状況などを深く掘り下げるようなことはしない。これは、個々の合戦だけで一書の執筆を要するほどの詳細な検討が求められるためであり、別になされるべきと判断するからである。したがって、信長の細かな事績内容については、池上裕子『織田信長』（吉川弘文館）や桐野作人『織田信長――戦国最強の軍事カリスマ』（ＫＡＤＯＫＡＷＡ）などが詳細に記しているので、そちらを参照していただき、本書は前述のプロセスの解明に記述をしぼっていきたい。

また、最新の成果をできる限り取り入れたが、なかにはまだ検討を要するもの、また研究者の間でも論争となっているものもみられる。これらは、今後解明されていくべきものであり、研究の進展に期待したい。本書は、その現時点での成果を示したものとして読んでいただき、興味関心を持っていただけたならば幸いである。

なお、本文には記述の裏付けとして煩雑ながらも史料典拠を示した。これは、興味関心を持たれ調べてみたい方のために示したものでもあり、不用な場合は遠慮なく読み飛ばしていただくようお願いしたい。

第一章　信長の登場と尾張平定

『信長公記』首巻にみる戦国時代の尾張国

織田信長の家臣太田《おおた》牛一《うしかつ》が著した『信長公記《しんちょうこうき》』の首巻（『愛知県史』資料編14中世・織豊所収。以下、同書所収のものによる）には、冒頭に戦国時代の尾張国《おわり》（愛知県西部）について、次のような記述がある。

（読み下し）

去程《さるほど》に尾張国八郡なり、上郡《かみのこおり》四郡、織田伊勢守《いせのかみ》、諸侍手に付け進退して、岩倉《いわくら》という処に居城なり、半国下郡《しものこおり》四郡、織田大和守《やまとのかみ》下知《げち》に随え、上下川を隔、清洲《きよす》の城に武衛《ぶえい》様置申し、大和守も城中に候て守立《もりたて》申すなり、大和守内に三奉行これあり、織田因幡守《いなばのかみ》・織田藤左衛門《とうざえもん》・織田弾正忠《だんじょうのちゅう》、此三人諸沙汰奉行人なり、弾正忠と申ハ尾張国端勝幡《しょばた》という所に居城なり、西巌《サイカン》・月巌《ケツカン》・今の備後守（織田信秀）・舎弟弥二郎殿・孫三郎殿・四郎二郎殿・右衛門尉《えもんのじょう》とてこれあり、代々武篇《ぶへん》の家なり、

【史料2】『信長公記』首巻

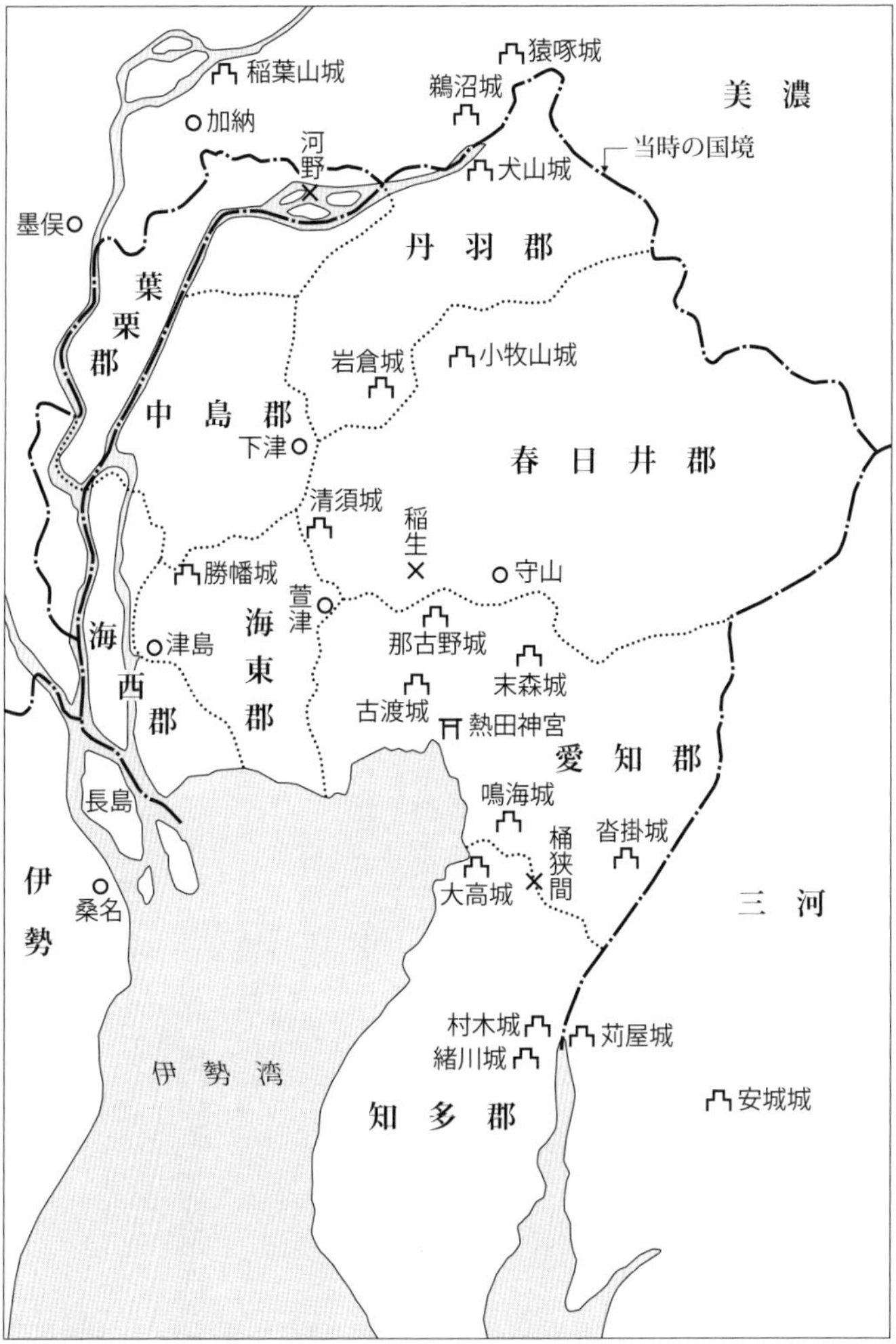

尾張国地図（池上裕子『織田信長』所載図を一部修正）

これによると、尾張国は中島《なかしま》・海東《かいとう》・海西《かいさい》・葉栗《はぐり》・丹羽《にわ》・春日井《かすがい》・愛知《あいち》・知多《ちた》の八郡で構成され、そのうちの「上四郡」を織田伊勢守家が岩倉城（愛知県岩倉市）を拠点に、「下四郡」を織田大和守家が、それぞれ管轄する領域であった。そして、織田大和守家の居城・清須城（愛知県清須市）には、守護家の斯波《しば》氏（「武衛」）も在城していたとする。また、織田大和守家の家中に「三奉行」が設けられていて、因幡守・藤左衛門・弾正忠の三家が務めたとある。このうち織田弾正忠家は、尾張勝幡城（愛知県愛西市・稲沢市）を居城とし、西巌・月巌を経て、織田信秀《のぶひで》（「今の備後守」）に至り、その舎弟には弥二郎・孫三郎・四郎二郎・右衛門尉がいた。そして、同家は代々、戦場で活躍した家（「武篇の家」）であったと記されている。

果たして、実際にこの『信長公記』首巻が記した通りであったのだろうか。そのことも念頭に、室町時代からの尾張国支配と信長の源流を追いつつ、信長による尾張平定までの歩みをみていこう。

室町時代の尾張国支配と織田氏

尾張国は、室町幕府による地方支配において、伊勢湾に立地する東西の中継拠点として重視された。尾張国のこの地勢から、はじめ美濃《みの》国（岐阜県）の守護にあった土岐《とき》氏が伊勢守護とともに尾張守護を兼任した。その後、畠山《はたけやま》氏や今川《いまがわ》氏が守護を務めた後、応永《おうえい》七年（一四〇〇）四月頃までに足利家一門で管領《かんれい》家の斯波氏が越前《えちぜん》（福井県東部）・遠江《とおとうみ》（静岡県西部）両国の守護と兼任した。この当時、尾張国は九郡で構成され、守護斯波家が管轄する地域は初め、大名《たいめい》（室町幕府政治に携わる有力武家）の一色《いつしき》氏が管轄する知多・海東郡を除く、中島・海西・葉栗・丹羽・春日井・愛知・山田（中島・春日井両郡の中間にあった地域で、信長の時代に消滅）の七郡であった。その後、永享《えいきょう》四年（一四三二）十月に、室町幕府六代将軍の足利義教《よしのり》より海東郡の管轄が認められ、八郡となった。

守護斯波氏のもと、尾張守護《しゆご》代《だい》は初め、家宰《かさい》（執事）の甲斐《かい》将教《ゆきのり》（祐徳《ゆうとく》）が務めたが、やがて有力被官の織田氏に代わり、以後、戦国時代まで世襲することになった。織田氏は、越前国織田《おた》荘（福井県越前町）の出身の武士で、越前守護であった斯波家に仕える被官となって台頭してきた。

現在、織田氏が史料上ではじめてみえるとされているのが、明徳《めいとく》四年（一三九三）六月十七日付の藤原信昌《ふじわらののぶまさ》・同将広《ゆきひろ》置文《おきぶみ》（「劔《つるぎ》神社文書」『愛知』9六三二）である。その内容は、藤原信昌・将広の両人が越前劔社（福井県越前町）の修理興行に努めることを誓ったものだ。

この文中で、将広は「信昌嫡男兵庫助藤原将広」とみえることから、信昌と将広が親子であること、織田家の本姓が藤原であること、また「信昌祖父興道」という記述により、興道―○―信昌―将広の系譜がわかる。さらに、将広は「奉公隙《ひま》なきの間（奉公に勤しんでいるので）」との記述や、「将」の字は斯波義将《よしまさ》の一字を拝領したと判断されることから、この時には斯波家の被官として活動していたようである。

次に織田氏が史料でみられるのは、応永九年（一四〇二）七月二十日に織田教広《のりひろ》が織田左《さ》京亮《きょうのすけ》に対して、山城大徳寺《やましろだいとくじ》（京都府京都市北区）の如意庵領としてあった尾張国松枝荘《まつえだのしょう》破田郷《わりでんのごう》（愛知県一宮市）に「長夫」役（労働負担の一種）を課すことを止めるよう指示した書状である（「大徳寺文書」『愛知』9八一五）。宛先の織田左京亮は、翌応永十年五月二日以降に「左京亮入道」とみえ（「醍醐寺文書」『愛知』9八二八）、尾張国内のことで活動していることから、彼は同時期に法名を「常竹《じょうちく》」と称した人物と推定される。一方、発給者の教広だが、左京亮（のちに法名「常竹」を名乗ることから、以下「常竹」とする）に指示を与えていることから、常竹の上に位置する人物だとわかる。この後に、常竹の上位で活動する「伊勢入道」としてみえる、法名「常松《じょうしょう》」を称した彼こそが、守護代の教広にあたる。

室町時代、守護を務める大名らは一般に京都に滞在（在京）し、室町幕府将軍足利家による中央政治の運営に加わって活動し、守護としての実務は、現地で指示をうけた被官の守護代によって担われていた。ところが、斯波氏など管領（将軍の補佐役）を務める幕閣の有力大名のなかには、その活動を支えるために守護代をも在京させることがあった。このため、守護としての実務はその代理による守護又代《まただい》によって進められた。尾張国でも、織田教広（常松）は守護代でありながら主家とともに在京していて、尾張国支配の実務は、守護又代として守護所にあった尾張下津《おりづ》城（愛知県稲沢市）にいる一族の織田常竹のもとで進められていた。教広（常松）と常竹の二人の具体的な関係ははっきりとしないが、その活動は応永三十四年（一四二七）十二月二十五日までみられる（「醍醐寺文書」『愛知』9一一八〇）。

この後、勘解由左衛門尉《かげゆさえもんのじょう》の官途《かんと》を名乗る教長《のりなが》（教広〔常松〕・常竹との関係は不明）が尾張守護代を務めた後、教広（常松）の子と推察される淳広《あつひろ》、その子郷広《さとひろ》に尾張守護代の地位が継承される。しかし、嘉吉《かきつ》元年（一四四一）十二月に郷広は、尾張国内の寺社本所《ほんじょ》領（公家や自社の所領）を横領した咎《とが》により、守護の斯波千代徳丸（のちの義健《よしたけ》）が幼少であったために補佐役としてつ

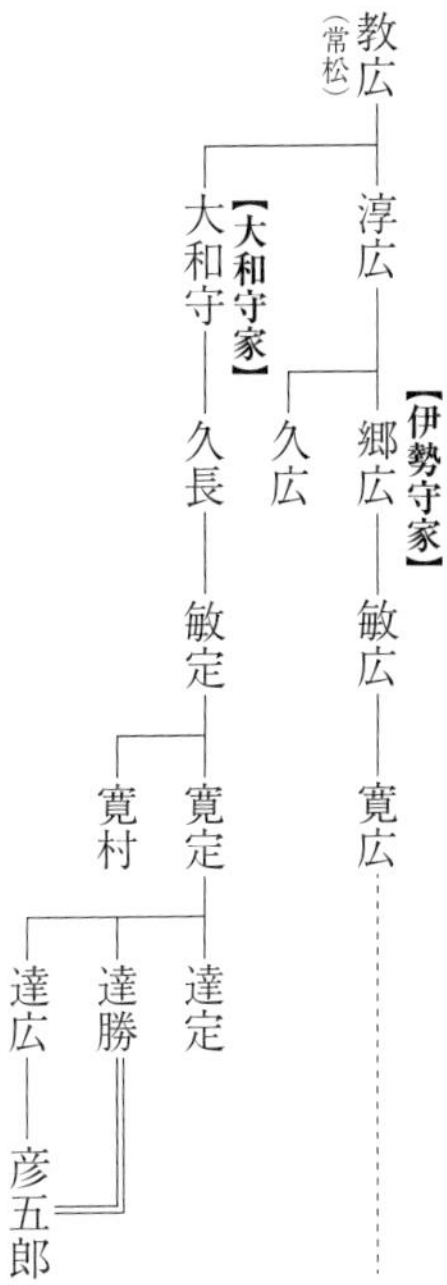

織田伊勢守・大和守両家略系図

いていた一族の斯波持種《もちたね》や家宰の甲斐将久《ゆきひさ》（法名は常治《じょうじ》）、そして織田一族から「絶交」され、逃亡してしまった（『建内記』『愛知』9一六七九）。そのため、尾張守護代の地位は、弟の勘解由左衛門尉久広《ひさひろ》が引き継ぐことになった。

織田大和守家と伊勢守家の相剋

享徳《きょうとく》元年（一四五二）九月一日、斯波義健が十八歳の若さで嗣子なく死去した。この若き当主の死去が、その後の斯波氏、そしてその下で尾張守護代として活動する織田氏にも新たな局面をもたらす。

義健の跡を継ぐ斯波家の当主となったのは、一族の斯波持種の嫡男・義敏《よしとし》だった。だが、庶家出身の義敏は、斯波本家の家臣をまとめきれず、やがて家宰の甲斐常治（将久）ら家臣と対立してしまう。この時、尾張守護代織田家の当主にあったのは、郷広の嫡男・敏広《としひろ》で、彼は甲斐氏らとともに義敏と対立する立場にあったらしい。その後、義敏と甲斐氏らの両勢力は守護管国にあった越前・尾張両国で合戦を起こし、長禄《ちょうろく》三年（一四五九）五月、合戦に敗れた義敏は周防《すおう》（山口県東部）の大内氏のもとに追われ、嫡男の松王丸（のちの義寛《よしとお》）が斯波家の当主に擁立される（『大乗院寺社雑事記』ほか）。ところがこの頃、関東で起きていた享徳の乱（古河公方《こがくぼう》足利成氏《しげうじ》勢力と関東管領上杉《うえすぎ》勢力との戦争）に対する室町幕府の方針（関東管領上杉勢力への支持と古河公方足利成氏勢力の討伐）に伴って、室町幕府八代将軍の足利義《よし》政《まさ》は、寛正《かんしょう》二年（一四六一）八月、斯波松王丸を出家させることにした。そして、堀越《ほりごえ》公方足利政知《まさとも》（将軍義政の庶兄）の補佐役にあった渋川義鏡《しぶかわよしかね》の嫡男・義廉《よしかど》に、斯波家の家督を継承させる（『大乗院寺社雑事記』）。

しかし、寛正六年十二月、享徳の乱の情勢とそれに対する室町幕府の方針が変わったことで、斯波義敏は将軍義政から赦免されてしまう（『蔭凉軒日録』『愛知』9二二二四）。これを機に、義廉方と義敏方の対立は深まり、尾張国では織田敏広が義敏派の勢力との抗戦に追われた。斯波家内部が対立に揺れるなか、文正《ぶんしょう》元年（一四六六）八月二十五日、斯波義敏は越前・遠江・尾張三ヵ国の守護に返り咲く。だが、九月七日になって将軍義政の親政が挫折に追い込まれると（文正の政変）、義敏は京都を追われ、義廉が再び守護に復帰した（『大乗院寺社雑事記』）。

やがて、室町幕府将軍足利家、管領家の斯波・畠山両家の争乱と関わって、細川勝元《ほそかわかつもと》と山《やま》名《な》持豊《もちとよ》（法名は宗全《そうぜん》）をそれぞれ首領とする大名間の覇権争いが勢いを増し、ついに翌応仁元年（一四六七）五月、いわゆる「応仁・文明の乱」が勃発する。この合戦で、義廉は山名宗全らの西軍に、義敏は細川勝元らの東軍に属して戦った。義廉を支持する敏広もまた、西

織田敏定像（実成寺蔵、写真提供：名古屋市博物館）

軍方として尾張国内で活動している。それに対して、細川勝元らの東軍方に連なる将軍義政の室町幕府は、義敏の嫡男・義寛を守護として認め、義敏・義寛父子に従う織田一族の敏定《としさだ》を尾張守護代とした。ここに守護代織田家は、応仁・文明の乱における東西両軍が対立する構図のなかで、『信長公記』首巻にみられる敏広系統の受領名《ずりょうめい》として「伊勢守」を名乗る家（以下、「織田伊勢守家」と記す）と、敏定系統の受領名として「大和守」を名乗る家（以下、「織田大和守家」と記す）の二家が並立する事態となったのである。

敏定はこの後、尾張国に下った斯波義廉と彼を擁する織田敏広を討つよう、室町幕府から指示をうけ、文明《ぶんめい》九年（一四七七）十一月十三日に尾張国下津を攻撃、また翌文明十年九月にも清須城を拠点に敏広と戦うが、十二月に美濃守護代の斎藤妙椿《さいとうみょうちん》が娘婿である敏広を援護し、清須城を攻撃されたことで危機に陥る。そのため、文明十一年正月、敏定と敏広・斎藤妙椿の間で和議が結ばれ、敏定には尾張国内の「二郡」が割譲された（『大乗院寺社雑事記』）。

ここで敏定に割譲された「二郡」とは、この時に敏定が置かれていた状況から、海東・山田の二郡が想定されている。一方、敏広も拠点を岩倉城に置き、尾張国内は、清須城の織田大和守家と岩倉城の織田伊勢守家が並立することになった。

文明十三年（一四八一）、織田敏定と織田伊勢守家との間で再び戦いが起こったが、ここでは敏定が勝利、七月には敏広の嫡男・千代夜叉丸（のちの寛広《とおひろ》）が斯波義寛に従っている。これにより、織田大和守・同伊勢守の両家は、ともに斯波義寛に従うこととなった。そして、文明十五年三月には、朝倉《あさくら》氏に奪われた越前国を回復できず、斯波義寛が尾張国に下向《げこう》する（『蜷川親元日記』）。

その後、敏定は室町幕府九代将軍の足利義熙《よしひろ》（初名は義尚《よしひさ》）、また十代将軍の足利義稙《よしたね》（初名は義材《よしき》）の近江六角《ろつかく》氏討伐戦に斯波義寛とともに参加、その一方で明応《めいおう》四年（一四九五）六月には、隣国の美濃国で斎藤利国《としくに》（持是院《じぜいん》妙純《みようじゆん》、以下「斎藤妙純」とする）と石丸利光《いしまるとしみつ》の間で合戦が起きて、嫡男の寛定《とおさだ》が石丸利光の婿であったことから出陣する。この時、織田伊勢守家の寛広は大和守家と敵対することを選んでいる。そして、この合戦の陣中で敏定が死去、また敏定の跡を継いだ寛定も寛広ら織田伊勢守家との合戦で敗死し、織田大和守家の家督は弟の寛村《とおむら》が継承した（『船田戦記』『愛知』10五一七ほか）。これ以降、織田大和守家と織田伊勢守家の戦いは収まるが、両家は尾張国内で並立し続けた。また、駿河《するが》（静岡県中東部）

の今川氏親《うじちか》が遠江国に侵攻し、領国化を進めた。そのため守護の斯波氏は同国を失い、清須城で織田大和守に擁されながら在国することになる。

こうして織田大和守・同伊勢守の両家は、それぞれ尾張国に勢力を広げていったが、どうもその様子は『信長公記』首巻が記すものとは違うようだ。まず、知多郡には大和守・伊勢守両家の支配は及んでいない。また、大和守家が山田・海東・愛知の各郡、伊勢守家が葉栗・丹羽・春日井の各郡を押さえ、中島郡には大和守・伊勢守両家の発給文書が確認されるので（「妙興寺文書」『愛知』10五八九ほか）、互いに領有しあっていたと考えられる。残る海西郡は、後述のように、大永《だいえい》年間（一五二一〜二八）以前より、織田大和守家の庶家にあった弾正忠家の勢力圏下に属していた。

「三奉行」の出現と織田弾正忠家

永正《えいしょう》年間（一五〇四〜二一）になると、斯波家の守護管国であった遠江国が駿河今川氏によって領国化されていく。斯波義達《よしみち》（義寛の後継）は奪還に向けて積極的に動いたものの、織田大和守家の当主・達定《みちさだ》（敏定の孫）は反対したらしい。そして永正十年（一五一三）、義達と達定の間で合戦が起こり、達定は戦死する。ちなみに、この合戦の日時について、四月十四日（『定光寺年代記』『愛知』10七八九）、五月五日（『東寺過去帳』『愛知』10七九七）の両説があるが、どちらが正しいかは判別できない。

勝者となった義達は遠江国に出陣するが、永正十四年（一五一七）八月十九日、駿河今川氏に遠江引間《ひくま》城（静岡県浜松市）を攻略される。敗れた義達は出家し、尾張国に送還された（『宗長手記』『宇津山記』『愛知』10八五一・八五二）。

こうした情勢のもと、織田大和守家の当主となったのが織田達勝《みちかつ》だった。なお、筆者はしばらく達勝を達定の嫡男と考えていたが〔柴編二〇一一〕、両人の活動時期から考え直すと、弟とした方がよいようだ。そして、この達勝を支え、織田大和守家の立て直しを図るべく活動したのが、『信長公記』首巻で「三奉行」とされる、因幡守・藤左衛門・弾正忠の三家である。

実際、達勝の初見の発給文書である永正十三年十二月朔日付で尾張妙興寺《みょうこうじ》（愛知県一宮市）に宛てて寺領と末寺を安堵《あんど》（保証）した判物《はんもつ》（証状）には、同日付で達勝の判物を補完する織田広延《ひろのぶ》・同良頼《すけより》・同信貞《のぶさだ》の連署による証状が伝わっている（「妙興寺文書」『愛知』10八四五）。この証状には案文《あんもん》（写文書）があり、その記載から、織田広延は通称「九郎」、同良頼は受領名「筑前守」、同信貞は官途名「弾正忠」を称したことが確認できる。このうち、良頼の父と推定される良縁《すけよし》は、通称で「藤左衛門尉」を名乗っていた（『蔭涼軒日録』『愛知』

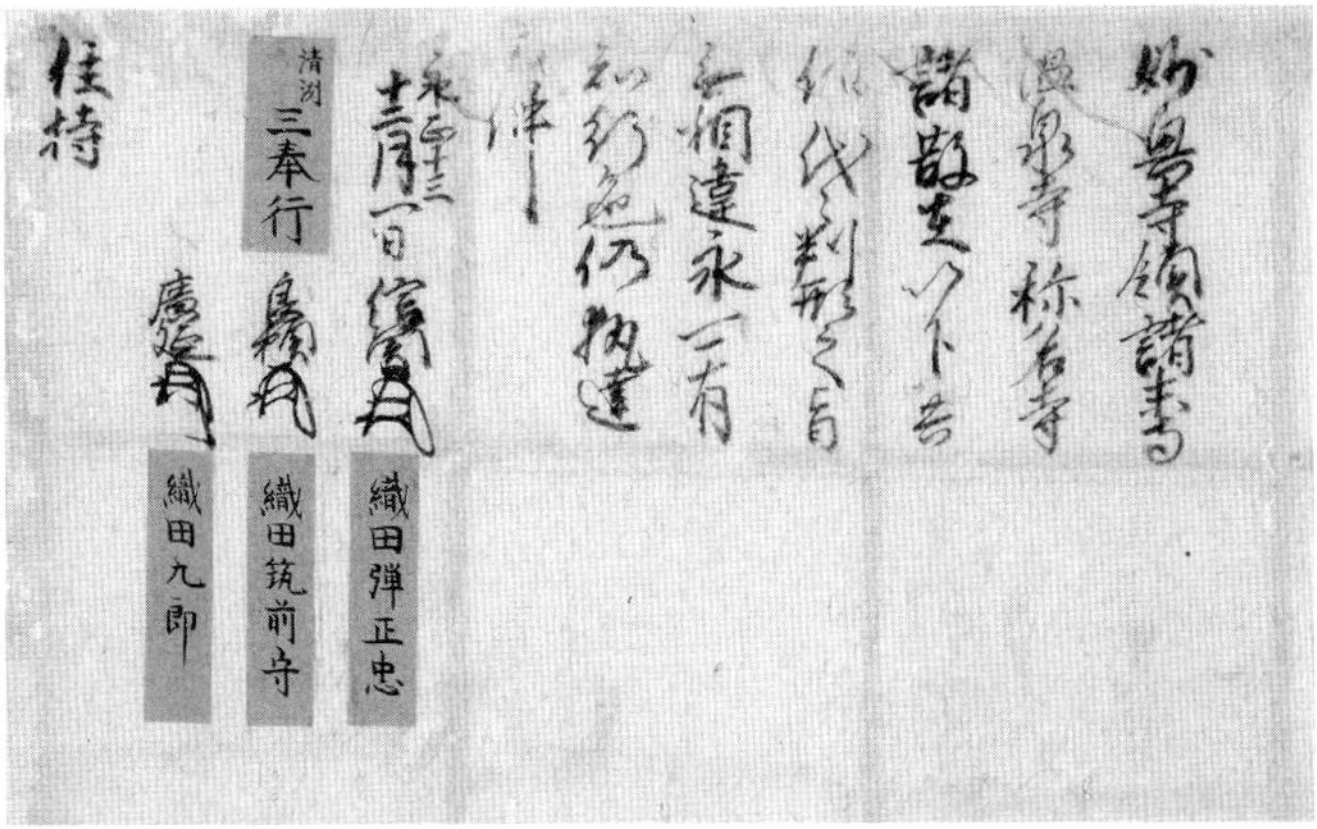

永正13年(1516)12月1日付織田広延等連署証状(妙興寺蔵、写真提供:名古屋市立博物館)

10四九六)。さらに、大永六年(一五二六)三月に連歌師の宗長《そうちょう》が良縁のもとを訪れた際に、良頼の息子もまた藤左衛門(「筑前守息藤左衛門」)としてみられる(『宗長手記』『愛知』10一〇一八)。したがって、彼が『信長公記』首巻の「藤左衛門」家の人物であったことは間違いない。また、信貞は官途名「弾正忠」でみられるので、彼は弾正忠家の当主であり、世代からみて『信長公記』首巻で法名「月巌(「月岩」)」を称する人物に比定できる。残る広延は、良頼が藤左衛門家、信貞が弾正忠家の当主であることから、『信長公記』首巻の「因幡守」家の当主と判断されよう。つまり、彼らこそが『信長公記』首巻で「三奉行」とされる因幡守・藤左衛門・弾正忠三家のこの時の当主だったのだ。

「三奉行」と称されたこの三家は、いずれも織田大和守家の庶家であるが、その系譜ははっきりしない。ただ、彼らが織田大和守家を支える活動をここにみせ始める背景には、この時の織田大和守家をめぐる危機的な状況があったのだろう。ただし、彼ら以外にも多くの織田一族や「小守護代」坂井氏ら重臣の活動がみられることから、『信長公記』首巻のいう「三奉行」のみを高く評価することは控えなければならない。彼らは、あくまでも織田大和守家を支える有力庶家としてあったのだ。

さて『信長公記』首巻によると、この「三奉行」の一家にあった織田弾正忠家は、「西巌（「西岩」）」という法名の人物以来、「武篇の家」とされてきたという。「西巌」という人物が誰なのか、官途や活動時期からたどっていくと、文明十四年（一四八二）七月、清須城でおこなわれた法華宗《ほっけ》（日蓮宗）身延門徒《みのぶもんと》と六条門徒の宗論《しゅうろん》（教義論争）に、七月十三日付で「奉行中」として連署証文（『本国寺志』『愛知』10二一八）を発給した一人である「織田弾正忠良信《すけのぶ》」に比定できる。

この良信の後継者にあたるのが信貞である。信貞は、織田大和守家を支える有力庶家の一家として活動する一方で、海東郡の尾張勝幡城を居城に大永年間（一五二一～二八）以前には津島《つしま》（愛知県津島市）を支配下に置いた。津島は、牛頭天王《ごずてんのう》信仰の拠点であり、伊勢湾に通じる港町として発展し、交易もさかんにおこなわれていた。織田弾正忠家は、この地を掌握しつつ、海西郡にも勢力を広げ、織田大和守家内部で勢力を広げていく。

織田信秀の台頭

そして、織田信貞の後に弾正忠家の家督を継いだ人物こそ、信秀であった。史料上で、信貞の終見となる大永六年（一五二六）後半から信秀の存在がみられだす翌大永七年六月以前に継承されたようである。

中央ではこの頃、室町幕府十二代将軍の足利義晴《よしはる》と協働する細川高国《たかくに》の勢力と、それに対抗する足利義維《よしつな》・細川晴元《はるもと》の勢力の間で合戦が起きていた。これに関連して、享禄《きょうろく》三年（一五三〇）五月、織田達勝は三〇〇〇人の軍勢を率いて上洛している（『厳助往年記』『愛知』10一一一〇）。ところが、達勝のこの上洛が織田大和守家内部の対立に影響したのか、天文《てんぶん》元年（一五三二）には織田達勝・同藤左衛門尉と織田信秀との間で合戦が起こり、同年中に「和談」したとされる（『言継卿記《ときつぐきょうき》』）。残念ながら、史料ではこれ以上のことはわからない。

だが、その後も藤左衛門尉と信秀の対立は続いたらしい。この織田大和守家内部の対立に呼応して、天文四年十二月、三河岡崎《おかざき》城（愛知県岡崎市）の城主・松平清康《まつだいらきよやす》が一〇〇〇人余の軍勢を率いて守山《もりやま》（同名古屋市守山区）に着陣した。ところが、清康と松平宗家の立場をめぐって対立していた三河安城《あんじょう》城（同安城市）の城主・桜井《さくらい》松平信定《のぶさだ》は、織田信秀に通じていたため、清康の出陣には従わず、三河上野《うえの》城（同豊田市）に入ったまま動かなかった（『三河物語』）。諸系図類によると、信定の妻は信秀の姉妹にあたった。この縁戚関係から、信定は信秀と通じていたといえる。そうなると、清康は織田藤左衛門尉との関係から出陣したということになる。

織田信秀木像（亀岳林万松寺像）

しかし、十二月五日の夜、清康はここ守山の地で家臣に斬殺される（「守山崩れ」）。そして、達勝・信秀と藤左衛門尉の間で合戦が起こり、尾張国は「国物忩《ぶっそう》」といわれる状況に陥ってしまう（『天文日記』『愛知』10一二三八・一二四二）。

そうしたなか、信秀は藤左衛門尉方の勢力圏にあった尾張国愛知郡の攻略を進めていく。天文七年（一五三八）頃には、藤左衛門尉方にあったと思われる那古野《なごや》今川氏の居城・那古野城（愛知県名古屋市中区）を攻略し、それまでの居城・勝幡城から那古野城に移った［柴編二〇一二］。その後、藤左衛門尉方を攻略し勢いに乗る信秀は、古《ふる》渡城《わたり》（同前）を居城に、織田大和守家の有力庶家として尾張国内の主導権を掌握する。

このように、織田大和守家のもと、織田弾正忠家は有力庶家として台頭し、信秀の時になって内部の争いに勝利し勢威を増していく。しかし、織田弾正忠家の勢いが増したのは、斯波家や織田大和守家の存在を排除する動きによるのではなく、それらとの関わりのなかで進んだということに注意しておきたい。このことは、織田弾正忠家の台頭を考えるうえで、斯波家や織田大和守家の克服を予定調和とする「下剋上《げこくじょう》」史観に再考をせまるものといえよう。

三河・美濃両方面に侵攻する織田勢

天文四年（一五三五）十二月、松平清康が討たれた「守山崩れ」の後も、信秀と岡崎松平氏（清康系統の松平家）との対立は続いた。「守山崩れ」の後、信秀と手を結んだ桜井松平信定は、信秀の支援のもと、清康の嫡男・広忠《ひろただ》を追い出し、三河岡崎城を占拠した（『松平記』『愛知県史』資料編14中世・織豊所収、以下、同書所収のものによる」ほか）。その後、広忠は天文五年八月に三河国に戻り、駿河今川氏らを頼りながら岡崎城の奪還に動いた。そして、翌天文六年五月、岡崎城を取り戻した。

だが広忠は、功績のあった家臣の阿部大蔵らを中心に岡崎領の運営を進め、叔父・信孝《のぶたか》や重臣の酒井《さかい》忠尚《ただよし》らと対立した。さらに広忠は、依然として対立し続けていた信秀ら織田勢力に備え、田原《たはら》（愛知県田原市）の国衆・戸田《とだ》宗光《むねみつ》と同盟を結ぶ。一方、広忠が進める政治と外交に対して、信孝・酒井忠尚らは織田信秀と結び、広忠に反旗を翻す（『松平記』）。さらに信孝は、今川義元にも、援護を求めたようである（『松平奥平家古文書写』『愛知』10一五七八）。そのため、天文十五年（一五四六）には、駿河今川氏・尾張織田勢力と松平広忠・田原戸田氏が対立する事態となった。

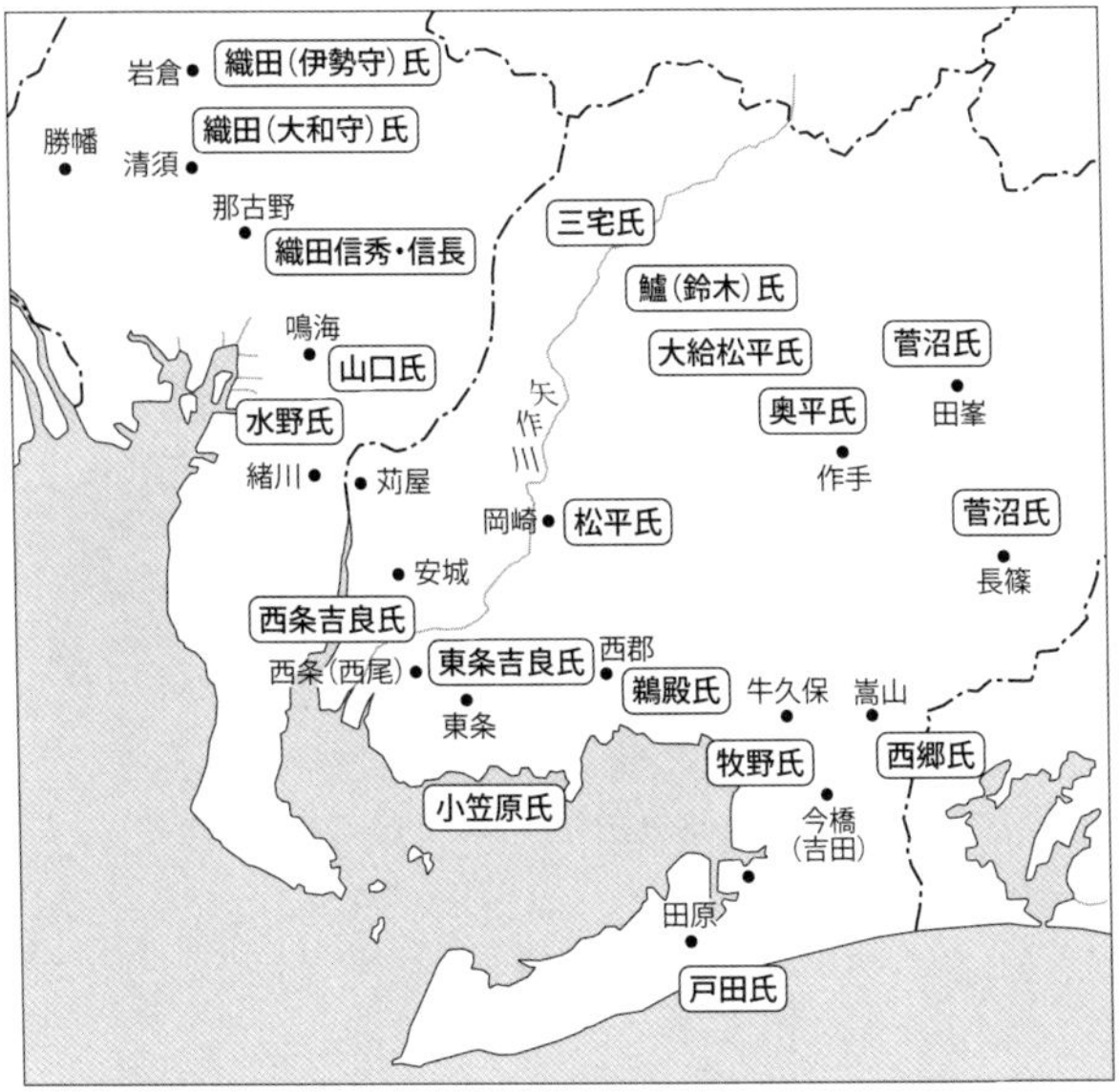

三河国勢力図（柴裕之『徳川家康』所載図を一部修正）

一方、尾張国の北隣にあたる美濃国では、この頃、守護土岐家が内紛状態にあり、土岐頼芸《よりのり》を擁する斎藤《さいとう》利政《としまさ》（のちに出家し、法名「道三《どうさん》」を称す。以下「斎藤道三」とする）が台頭していた。そして、これに対立する勢力が、越前朝倉氏や尾張織田氏に協力を求めた。これをうけ、天文十三年九月、信秀は尾張国中の軍勢を率いて美濃国に出陣する。だが、井口《いのくち》合戦で斎藤軍に敗北、信秀は命からがら軍勢を引き揚げた（『信長公記』首巻、『東国紀行』ほか）。しかしその後も、美濃戦線における斎藤氏との緊張関係は続いていく。

斎藤道三像（東京大学史料編纂所所蔵模写）

対立によって三河国内が混乱するなか、天文十六年、信秀は同国に侵攻して安城城を攻略、さらに九月上旬には松平家の居城・岡崎城を攻撃し、松平広忠を降伏に追い込む（『古証文』『愛知』10一六五八、「本成寺文書」『愛知』14補一七八）。この結果、信秀は松平氏を従えることになり、西三河に勢力を広げていく。

勢いを増す信秀はさらに美濃国の勢力回復に着手する。しかし、この動きに対して斎藤道三は翌天文十七年、織田大和守家、さらには松平広忠に働きかけ、信秀との戦いに参加させている（『武家聞伝記』）。しかも、信秀に敵意を抱く広忠は、東三河攻略を進める今川義元に近づき、その政治的・軍事的保護のもとで勢力の回復に動き出す。広忠からの求めに応じた義元は軍勢を派遣、三月十九日、織田勢との間で「小豆坂《あずきざか》合戦」が起こる。ここに、織田氏と今川氏は、松平氏らの動きに応じて開戦することになってしまった。

美濃大垣《おおがき》城（岐阜県大垣市）を舞台とする戦線が膠着《こうちゃく》するなか、同年十一月になって道三が反攻、またそれに連動して織田大和守家の軍勢が離反し、信秀の居城・古渡城が攻撃される。そのため信秀は、美濃国からの撤収を余儀なくされ、末森《すえもり》城（愛知県名古屋市千種区）に居城を移し、対応に追われた。そしてこの時、宿老の平手《ひらて》政秀《まさひで》に命じて斎藤道三との和睦交渉を成立させたうえで、天文十八年（一五四九）二月になって、嫡男・信長に道三の娘（濃姫《のうひめ》）が嫁いでいる（『美濃国諸旧記』）。

さらに、同年三月六日、松平広忠が死去すると、九月、今川義元が側近・太原崇孚《たいげんそうふ》（雪《せっ》斎《さい》）を総大将とする軍勢を派遣する。その目的は、信秀のもとで人質となっていた広忠の嫡男で家督継承者・竹千代《たけちよ》（のち徳川家康《とくがわいえやす》）を奪還すること、そして、安城城など織田家の勢力下に収まっていた領域を回復するために支援することであった。太原崇孚は、織田方に味方した東条《とうじょう》・西条《さいじょう》（いずれも愛知県西尾市）の両吉良《きら》氏を降伏させた後、三河安城城の攻撃を開始、十一月上旬には同城を攻略する。

勢威回復を託される信長

美濃に続き、信秀は三河方面でも勢力を失っていた。そして、美濃・三河両方面からの相次ぐ撤収に織田弾正忠家は厳しい立場に追い込まれた。軍事の力によって合戦に勝利することで勢威を増してきた信秀だったが、この失態によって、自分自身はおろか織田弾正忠家の立場にも影響が及ぶことを考えると、早急な態勢の立て直しが求められた。

だが、この時、信秀は病気を患い、満足な活動ができなくなってしまった。そこで、尾張那古野城にいた嫡男・信長を政治に携わらせ、織田弾正忠家の危機的状況を乗り切ろうと図った。

信長は、天文三年(一五三四)五月に尾張勝幡城で生まれ、幼名を吉法師《きつぼうし》といった。信秀には、すでに長子として信広《のぶひろ》、その次弟に秀俊《ひでとし》がいたが、信長は母が正妻の立場にあったことから、嫡男とされた。その後、父の信秀が尾張古渡城に移ると、宿老の林秀貞《はやしひでさだ》や平手政秀らが側につき、那古野城を譲られた(『信長公記』首巻)。天文十五年(一五四六)に元服して「三郎信長」を名乗り、天文十八年に信秀とともに織田弾正忠家の運営にあたるようになったのは、数えで十六歳の時であった。同年十一月には「藤原信長」の署名で、熱田《あつた》神宮の修造時の人夫負担を義務づけ、宮中のアジール保証などを定めた制札《せいさつ》を熱田八ケ村中宛てに出していて（「加藤秀一氏所蔵文書」『愛知』10一七一四）、これが現在までに知られる彼の発給した文書の初見となっている。こうして、信長は歴史の表舞台に現われたわけだが、そのきっかけは織田弾正忠家にせまった危機がもたらしたものであった。したがって、この劣勢に立ち、信秀が率いる織田弾正忠家の勢いもさかんだった時の姿を回復することが、彼の務めとなっていく。

一方、三河安城城の攻略を果たした今川義元は、織田氏から取り戻した岡崎松平家の幼少の当主・竹千代を駿河国駿府《すんぷ》（静岡県静岡市）で擁護し、当主不在の松平領国を政治的・軍事的な保護下に置いた。そして天文十九年（一五五〇）八月、義元は尾張国知多郡に侵攻する（『定光寺年代記』『愛知』10一七五四）。この侵攻は、苅屋《かりや》（愛知県刈谷市）の水野《みずの》氏ら知多郡の国衆がこの時、織田方にあったことによるもので、三河・尾張国境の勢力維持が目的だった。

織田方は、今川氏によるこの侵攻を迎え撃ち、十二月に今川軍を撤兵に追い込む一方、朝廷や室町幕府十三代将軍の足利義輝《よしてる》に停戦の斡旋《あっせん》を働きかけながら、愛知郡国衆の鳴海山口《なるみやまぐち》氏を中人《ちゅうにん》（仲裁者）として和睦交渉を進めた（「妙源寺文書」『愛知』10一八〇九）。この時、山口氏が中人として奔走したのは、同家の支配領域である尾張国鳴海領が今川・織田両勢力圏の境界にあり、今川氏の侵攻によって、ここが政治的・軍事的境界の最前線と化したからである。つまり、領域の存立に支障を来すような事態を避けようとしたのだ。その結果、山口氏の奔走も功を奏したのだろう、織田・今川両氏は天文二十年（一五五一）二月までに和睦を成立させたようである（「近衛文書」『愛知』10一七七七）。ただ、今川氏の攻勢をうけたことで、織田氏（特に織田弾正忠家）にとって、一刻も早い尾張・西三河国境における勢威の回復が課題となっていった。

こうして織田・今川両氏は、両勢力圏の「境目」に位置した尾張・西三河国境に対する取り組みに追われるようになる。

信秀の死と信長・信成

駿河今川氏との和睦を成立させた織田弾正忠家であったが、信秀の病気は快復の兆しをみせなかった。そのため、天文二十年（一五五一）九月からは信長弟の信勝《のぶかつ》（のちに達成《みちなり》・信成《のぶなり》と名乗りを改める。以下「信成」で統一）が信秀に代わって末森城で活動を始め（「密蔵院文書」『愛知』10一七九六）、織田弾正忠家は信長・信成を両立する態勢がとられた。信成は、信長の同母弟で、諸系図類ではその実名《じつみょう》を「信行《のぶゆき》」とする人物である。ただし、この実名は同時代史料からは確認できない。信長と違って、幼少の時から父母とともに古渡城におり、その後は末森城にいた。そして信秀の重篤をうけたこの時、彼が代理として立てられた。

その後も信秀の病状は快復に至らず、天文二十一年三月三日（九日という説もある）、四十二歳で死去した（『信長公記』首巻）。信秀の死去をうけ、那古野城の信長が家督を継承したものの、依然として、織田弾正忠家は不安定な状況であった。そのため、信長・信成の両立態勢はその後も解消されず、継続された。

織田弾正忠家のこうした状況をうけ、鳴海城（愛知県名古屋市緑区）の山口左馬助《さまのすけ》（実名は教継《のりつぐ》と伝わる）・九郎二郎（実名は教吉《のりよし》と伝わる）父子が離反する。そして、駿河今川家に従属し、政治的・軍事的な保護を求めたうえ、織田方の尾張大高《おおだか》城（愛知県名古屋市緑区）を攻略する（『信長公記』首巻）。山口氏が離反したのは、前述の通り、鳴海領が駿河今川氏の勢力圏との「境目」に位置したため、この地をおさめる国衆として、鳴海領＝「国家」の存立に努めなければならなかったからであろう。そして義元は、山口氏の鳴海領を支援するため、岡部《おかべ》元信《もとのぶ》・飯尾《いのお》連龍《つらたつ》ら諸将を笠寺《かさでら》砦（愛知県名古屋市南区）に出陣させる。これをうけて、信長は四月、鳴海領を攻撃した（『信長公記』首巻）。

さらに、織田大和守家の当主・彦五郎《ひこごろう》の宿老である坂井《さかい》大膳《だいぜん》らが、織田弾正忠家の勢力回復に勤しむ信長と対立して、織田弾正忠家に属する城を攻撃した。

彦五郎は、達勝の弟・因幡守達広《みちひろ》の子とされ、達勝の養子となって織田大和守家の家督を継承した人物である。彦五郎は一般的に「信友《のぶとも》」という実名がよく知られているが、それは後世の編纂物のみにみられるものだ。また、天文二十二年九月十日付で、当時、尾張国清須にあった法華寺《ほっけじ》（現在は愛知県名古屋市）に諸役を免許した人物として「織田大和守勝秀」が伝わる（「法華寺文書」『愛知』10一八七九）。「大和守」が織田大和守家代々の当主の受領であり、実名の勝秀は達勝の一字拝領（偏諱《へんき》）をうけたものと推察されるが、いまのところ同一人物か定かではない。そのため本書では、この人物の確かな仮名《けみょう》（通称）の彦五郎を用いて以下に記すこととする。

その彦五郎がいま、宿老の坂井大膳らによる補佐のもと、有力庶家にあった織田弾正忠家の当主・信長に敵対の意を示したのだ。これにより、天文二十一年（一五五二）八月、信長は織田大和守家の軍勢と萱津《かやつ》（愛知県あま市）で戦っている（『信長公記』首巻）。

このように、依然として続く弾正忠家の不安定な状況が、尾張国内の対立を再燃させたうえ、さらには織田・今川両家の和睦を破棄させ、再び今川勢の尾張侵攻を許すことになった。そして、天文二十二年七月十二日、織田彦五郎は宿老・坂井大膳らの主導のもと、尾張国内の対処をめぐって対立した守護の斯波義統《よしむね》を、尾張清須城内で殺害してしまう。これをうけて信長は義統の嫡男・義銀《よしかね》を庇護したうえで、翌天文二十三年四～五月に叔父・信光《のぶみつ》の協力を得て、織田大和守家を討ち、義銀とともに清須城に入った（『信長公記』首巻、『定光寺年代記』『愛知』10一九五二）。

その後信長は、「弾正忠達成」と名乗り兄・信長に対抗する姿勢をみせた信成と彼を擁する家臣ら、岩倉城の織田伊勢守家と敵対する。しかも、駿河今川氏や尾張国内での反勢力との戦いに信長を支援していた舅の斎藤道三が、弘治《こうじ》二年（一五五六）四月に嫡男・高政《たかまさ》（のちの一色義龍《よしたつ》）と対立、長良川での戦いで敗死した。ここで、信長は道三の支援を失うことになり、美濃斎藤氏とも敵対する事態に追い込まれていった。

反勢力の鎮圧と「境目」鳴海領

舅の斎藤道三を失ったことで、信長は孤立した状況に置かれていた。こうしたなか、信長と信成の対立が激しくなっていく。

前述のように、信成はこの頃「弾正忠達成」と名乗っていた。「弾正忠」は、織田弾正忠家の代々の官途であり、「達」の字は、斯波義達の一字拝領をうけた織田達定・達勝兄弟にみられるように、織田大和守家との関係を示すものだ。つまり、信成は「弾正忠達成」を名乗り、清須城で斯波義銀を支えながら織田大和守家に代わり活動する信長でなく、自身こそが織田弾正忠家の当主にふさわしいと世間に示したかったのだろう。

そして、信成との対立は、信長の直轄地であった篠木《しのぎ》三郷《さんごう》（愛知県春日井市）の信成による押領を発端として、ついに弘治二年（一五五六）八月、稲生《いのう》（同名古屋市西区）で合戦へと発展した。信長はこの時、信成方の林秀貞の弟・林美作守を自ら討ち取るなどの戦功を挙げて勝利し、従順の意を示した信成を赦《ゆる》す（『信長公記』首巻）。そして、敗退した信成は「弾正忠達成」から「武蔵守信成」に名乗りを改めた。だが、その後も信長と信成の対立は解消せず、また織田伊勢守家らとの対立も続いた。

一方、今川義元もこの頃、三河国内の反今川勢力の平定に追われ、織田氏との対立を避けようとしていた。そこで翌弘治三年四月、信長は斯波義銀、駿河今川氏も東条吉良義昭をそれぞれに擁して、三河国上野原《うえのはら》（愛知県豊田市）で会見、和睦が成立する（『信長公記』首巻）。

この和睦を成立させたことで、信長は永禄《えいろく》元年（一五五八）十月頃、岩倉城の織田伊勢守家を追い払い［横山二〇一四］、十一月二日には信成を清須城に呼び寄せて殺害する（『信長公記』首巻）。さらには、今川氏に内通した斯波義銀らを追放して、尾張国北部（犬山《いぬやま》領）を除く国内にあった反勢力の大半を鎮めた（『信長公記』首巻）。そして、翌永禄二年二月には上洛し、室町幕府将軍足利義輝に謁見して、尾張国の国主《こくしゅ》＝戦国大名として活動していく（『言継卿記』、『信長公記』首巻）。ここに信長は、父・信秀以来の弾正忠家の勢威を回復するため、今川勢力との勢力圏の「境目」に位置する尾張国鳴海領の奪還に動きだした。

その結果、永禄二年、今川・織田両家の和睦は破棄され、両勢力圏の「境目」にあった尾張鳴海領は、その確保・奪還をめぐって再び軍事的緊張が高まった。すでにこの時、鳴海領では、国衆の山口氏が今川家の本拠・駿府に呼び出され、今川義元に討たれていた(『信長公記』首巻)。これは、山口氏が「境目」の国衆として、今川・織田両家に両属することで、「国家」の存立に努めようとする動きがあったからと推察される。こうした両属という対応は、帰属が不安定になる他の地域との「境目」の国衆や領主でもしばしばみられた。しかし、今川氏による鳴海領の確保を目指す義元は、山口氏の両属の姿勢を許さず、結果として殺害に及んだとみられる。

鳴海領はこの後、織田方との「境目」となる地域にあったことから、今川家が直接、管轄する領域として編成される。そのため、鳴海城には重臣の岡部元信が、周辺の大高城には同じく朝比奈《あさひな》輝勝《てるかつ》が、それぞれ城将として入り、守備を固めた(『信長公記』首巻、『土佐国蠹簡集残篇』『愛知』10二一五四)。そして、永禄二年十月には、大高城に作手《つくで》奥平定勝《おくだいらさだかつ》や菅沼久助《すがぬまきゅうすけ》ら三河衆を先勢《さきぜい》にして、人員や兵糧を配置する。この時、それを阻止しようとする織田方との間で戦闘があったことが、十月二十三日付の今川義元感状《かんじょう》写(『松平家奥平家古文書写』『愛知』10二一五七)によって確認される。

そして、尾張鳴海領の確保・奪還をめぐり、軍事的緊張が高まるなか、永禄三年五月、ついに今川義元による尾張侵攻が開始されるのである。

桶狭間合戦

永禄三年(一五六〇)五月、今川義元は大軍勢を自ら率い、尾張国に侵攻した。この時の軍勢の数は、『信長公記』首巻によれば四万五〇〇〇人とされるが、この数はいかにも多すぎる。そのうえ近年の研究によると、この時の義元の率いる軍勢とは別に、奥三河方面に出陣した部隊があったことが明らかになっており、軍勢の数はその両方の総数ではないかとされている[大石二〇一八]。したがって、義元の率いる軍勢は一般に知られているほど多くはなかったようだ。

この時の義元による尾張侵攻について、かつては上洛戦といわれていた。しかし、上洛が目的とする記述は、江戸時代に作成された『松平記《まつだいらき》』や小瀬甫庵《おぜはあん》著『信長記《しんちょうき》』などの編纂物にしかみられず、当時の古文書や古記録からは確認できない。このため、史料の性格や当時の情勢からみて、上洛説は成り立ちがたい。

これに対して、近年は義元の置かれていた状況をふまえ、局地戦とみる検討が進んでおり、こちらの方を重視する研究が活況を呈している。なかでも、その目的として、三河国への軍事的示威、三河・尾張国境の確保、尾張国への領国拡大と確保、東海地域の制圧といった主張があげられている。

そこで改めて関係史料をみると、永禄三年三月二十日に今川家一門衆の関口氏純《せきぐちうじずみ》が、伊勢神宮の外宮《げくう》に宛てた書状が注目される（「古文書集」『愛知』11五）。これは、前年に外宮から協力要請が出されていた造営費用の支出について、義元より三河国の分については認められたことを氏純が伝え、さらに支出を断られた遠江国の分は、近日にも義元が尾張国における「境目」地域に出陣するので、その際に改めて外宮から求めるよう、助言したものである。ここから、義元の尾張侵攻は、織田方との「境目」地域、具体的には尾張鳴海領の確保が目的であったことがわかる。尾張鳴海領の確保は、戦国大名の務めとして今川領国に「平和（安泰）」を維持し続けるためにも、やはり義元が自ら出陣し成し遂げなければならなかっ

今川義元木像（臨済寺蔵）

桶狭間合戦関連図（横山住雄『織田信長の尾張時代』所載図を一部修正）

たのである。

五月十七日、尾張国沓掛《くつかけ》（愛知県豊明市）に進軍した義元は、麾下《きか》の松平元康《もとやす》（徳川家康）が率いる軍勢に先勢を務めさせた。そして、元康は五月十八日の夜、今川方の尾張大高城に兵糧を入れた後、翌五月十九日の早朝になって織田方の丸根砦《まるねとりで》（愛知県名古屋市緑区）を攻め落とした（『三河物語』）。さらに、今川軍は鷲津砦《わしづ》（愛知県名古屋市緑区）を攻め落とし、戦局を優位にする。大高城への進軍の途次にあった義元はこの時、桶狭間山《おけはざま》（愛知県名古屋市緑区・豊明市）で休息をとった。

一方、今川軍の侵攻で劣勢にあった信長は、五月十九日の明け方に尾張清須城を出発、熱田（愛知県名古屋市熱田区）に向かう。そこで丸根・鷲津両砦が陥落したという情報を得て、丹下砦《たんげ》（同緑区）を経て善照寺砦《ぜんしょうじ》（同前）に入り、軍勢を集結させた。その後、二〇〇〇人足らずの軍勢で中島砦《なかしま》（同前）に移ったのち、桶狭間山の今川本隊を強襲したのである。織田軍の攻撃に、戦勝気分にあった今川本隊は壊滅、義元はここで戦死してしまう（『信長公記』首巻）。これが「桶狭間合戦」である。

この時の織田軍の攻撃については〝正面突破説〟が有力だが［藤本二〇〇三］、ほかに『甲陽軍鑑』に基づいた〝乱取状態強襲説〟などがある［黒田日出男二〇〇六］。桶狭間合戦の戦闘についての検討は、史料が稀少なこともあり、不明なことが多い。今後、同合戦に関わる史料のさらなる検討が求められる。

さて、改めて桶狭間合戦をみると、その前提には、すでに起きていた尾張・西三河国境をめぐる織田・今川両勢力の対立があった。その対立のなか、確保・奪還をめぐる軍事的緊張の高まりが抑えられなくなった「境目」こそが、尾張国鳴海領だった。つまり、永禄三年五月に起こった義元の尾張侵攻は、鳴海領の確保とそれに伴う今川領国の「平和」維持を目的に実施されたものであり、したがって桶狭間合戦とは、直接的には鳴海領の確保のために侵攻した今川軍と、それに反抗した織田軍との間で起きた合戦であったということがわかる。

尾張平定

桶狭間合戦の勝敗は、織田・今川両氏にとって、数多ある合戦のうちの一つといった範疇におさまらず、その後の動きに大きく影響していった。

今川氏はこの思わぬ敗戦で、最高主導者の義元（この時、すでに当主の座は嫡男・氏真《うじざね》に譲っていた）ほか、多くの人員を失った。そのうえ、織田方との「境目」にあった尾張鳴海領の確保に失敗、その領国の範囲を西三河にまで縮減し、この地域が織田勢力との「境目」になってしまった。そこで氏真は、合戦前まで駿河国駿府で過ごしていた松平元康（徳川家康）

を三河岡崎城に帰還させるなど、西三河の安泰を図ろうとする。

しかし、西三河の加茂《かも》郡では、駿河今川氏が勢力を失墜させていくさまを余所目《よそめ》に、早くも桶狭間の敗戦直後から反今川勢力が活動を起こしていた（「観泉寺文書」『愛知』11一七）。氏真は永禄三年（一五六〇）九月、軍勢を派遣したものの（「伊予史談会所蔵諸家文書」『愛知』11一五二）、やがて織田軍の侵攻によって高橋《たかはし》郡域（愛知県豊田市西部）が併呑《へいどん》されてしまう（『信長公記』首巻）。

こうした不安定な情勢は、やがて西三河全域に蔓延していった。だが、氏真は永禄三年八月に始まった越後《えちご》（新潟県）の長尾景虎《ながおかげとら》（上杉謙信《うえすぎけんしん》）の関東侵攻に対する相模《さがみ》（神奈川県）の北条《ほうじょう》・甲斐《かい》（山梨県）の武田《たけだ》両氏らとの共闘に追われ、積極的な対応を取れずにいた。そのため西三河では、松平氏をはじめとする国衆らが、それぞれの「国家」の存立を考え、今川家との統制・従属関係の見直しをせまられることになる。

一方、勝利した信長は、鳴海領の奪還を果たして尾張国東部を安定させ、西三河の高橋郡域にまで勢力を広げた。また、翌永禄四年二月頃には、それまで敵対関係にあった松平元康と和睦する［新行一九八九］。信長が松平氏との和睦に応じたのは、これによって父・信秀以来、東方面で抱えていた勢力が維持され、自身のもとで弾正忠家盛時の勢威を回復させたかったからであろう。つまり、信長にとってこの和睦は、長らく続いた尾張国東部・西三河をめぐる

「麟」の花押

駿河今川氏との対立に区切りをもたらすものであった。そして信長は、残る尾張国北部の平定と美濃一色氏（斎藤氏はこの頃、名字を「一色」と改めたので、以下「一色氏」と記す）への対処に専念していく。

信長は永禄六年（一五六三）二月、尾張国小牧山《こまきやま》（愛知県小牧市）に新たな城を築き、清須城からこちらに移る（『信長公記』首巻）。また十一月には、尾張国内の所領調査を実施、その成果に基づく所領の給与や購入地の保証をおこなった（「西加藤家文書」「林原美術館所蔵文書」『愛知』11三〇八・三一〇）。この動きから、おそらく織田家では、所領高に応じて軍役《ぐんやく》を課す仕組みづくりが進められたと思われる。信長は、地域と向き合わず、客観的な基準を設けずに軍事動員したとする見解もあるが［池上二〇一二a］、この所領調査とそれに関連する動きをみると、その見解には検討の余地がありそうだ。

永禄八年（一五六五）初め、信長は織田広良《ひろよし》の尾張犬山城（愛知県犬山市）を攻略し［横山二〇一五］、尾張平定が成立した。九月からは、「麟《りん》」の字を象《かたど》った花押《かおう》（サイン）を使用し始めている（「寂光院文書」『愛知』11四四五）。

「麟」の字は、「麒《き》」という字と合わせることで、「麒麟」という至治《しじ》（「天下」が極めてよく治まっている状況）の世に姿をみせるという伝説上の動物を意味するとされる。ちょうどこの時期、中央では同年五月十九日に、室町幕府十三代将軍の足利義輝が殺害される、いわゆる「永禄の政変」が起きるのだが（第二章）、それによって中央は、将軍の京都不在と度重なる抗争のため、極度に不安定な状況に陥ってしまう。信長は、この時成し遂げた尾張平定と領国「平和」の成就とを合わせて中央情勢の沈静化を願い、この「麟」の字を象った花押を選び、使用し始めたようだ。

この後も信長は美濃一色氏への対処と織田領国の「平和」維持に努めていく。これも、父・信秀以来の領国「平和」の成就を図る任務であった。そして、彼の生涯に大きな飛躍をもたらす契機がやってくるのである。

第二章　「天下再興」への道

室町幕府将軍足利氏の実像

織田信長の生涯において、彼を飛躍させる契機となったのは、永禄八年(一五六五)五月十九日に起きた「永禄の政変」だった。このことは、太田牛一による『信長公記』巻一の始まりが、この政変についての記述であることからも明白である。当時の人にもそれほど衝撃的な事件であった。

永禄の政変とはいったい、どのような事件であったのだろうか。それをみていく前に、当時、戦国時代の室町幕府将軍足利氏と、畿内の有力権力者であった細川権力(足利一族で管領を務めた細川宗家の京兆家《けいちょう》。京兆は細川宗家の官途名・右京大夫《うきょうだいぶ》の唐名《とうみょう》)や三好《みよし》権力がどのような関係を結び、「天下」の統治に携わってきたのかをみておこう(本書では「天下」=中央を押さえ、全国を傘下に収めて国内統治を主導する権力体に「政権」という用語を使用する)。

一般に、戦国時代の将軍足利氏のイメージとは、政治に無気力な存在で、室町幕府の政権担当者としても政治的な機能を果たせない状況に置かれていたというものであろう。この時代の歴史に詳しい方であれば、いわゆる「京兆専制」といわれる細川権力や三好権力によって将軍足利氏が傀儡《かいらい》化され、事実上の実権は細川氏や三好氏に牛耳られていたという状況をご存じかもしれない。その契機となったのは、明応二年（一四九三）四月に起きた「明応の政変」である。

明応の政変とは、応仁・文明の乱後における混乱のなか、将軍主導による幕府政治を試みる十代将軍の足利義稙《よしたね》が、前将軍義熙《よしひろ》の母・日野富子《ひのとみこ》や細川政元《まさもと》らによって廃立され、新たに十一代将軍として足利義澄《よしずみ》（初名は義遐《よしとお》、のち義高《よしたか》に改名を経て、義澄と名乗る）が擁立された事件である。その結果、下剋上が起き、中央の覇権は細川京兆家や三好家のような畿内の有力権力者が握ったことで、室町幕府は〝換骨奪胎〟させられたといわれる。

しかし、この政変の目的はあくまでも、将軍義稙と側近らが主導する運営手法や方針を改めさせることであり、将軍による中央の統治自体を否定した訳ではなかった。実際、近年の研究成果によると、畿内における公家・寺社（寺社本所）の所領の保証、訴訟の対応、首都・京都の治安維持など、将軍は依然として「天下」＝中央の存立に努め、幕府はそのための奉行人《ぶぎょうにん》（官僚）や奉公衆《ほうこうしゅう》（直臣《じきしん》）を率いていたことが明らかにされている。またこの時代、将軍足利氏は畿内の権勢者との対立によって、京都から追われることもたびたびあったが、それでも彼らは常に京都との関わりを意識していた。それは、京都にあって朝廷の庇護に努め、中央統治の実務に携わる執政者こそが天下人であり、それが難しければ、たとえ将軍職にあっても天下人として振る舞うことなどできなかったからである。そのため、将軍足利氏は「天下静謐」の達成と維持に拘《こだわ》り、それができていない場合、その「再興」に努めた。

さらに、一五四八年（和暦では天文十七年）の夏、インドのゴアの聖パウロ学院長であったニコラオ・ランチロットが、ポルトガル領インド総督のガルシア・デ・サーに宛てた報告書に注目したい（『イエズス会日本書翰集』譯文編之一上）。そこには、同地にあった薩摩《さつま》国（鹿児島県西部）出身のアンジローから聞いたこととして、各地方で諸大名間による戦争が起きた時、「私たちの間にいる皇帝の如き存在であり、彼等の間ではグォシー（御所）と呼ばれる最高の王（将軍）が彼らに宥和《ゆうわ》するように命じます。そして、前述の領主の誰かが頑冥《がんめい》であるならば、前述のグシー（御所）は彼に戦いを挑み、その領国を彼から取り上げてしまいます」と記されている。

ここからは、将軍足利氏が当事者である大名や国衆に停戦を命じ、従わない場合は軍事的制裁を下す中央の権力者として認識されていたことが確認できる。実際、将軍足利氏は国内の秩序を維持するため、各地の戦国大名や国衆の戦争に停戦命令を出していた。また、官位を朝廷に推挙したり、自身の名から一字を授ける（偏諱）といった栄典を授与することで、大名や国衆の地位・家格を保証し荘厳化するなど、応仁・文明の乱以前から培《つちか》ってきた秩序に基づき、影響力（権威）を保ち続けていた［二木一九八五、谷口雄太二〇一九］。

このように、将軍足利氏は、応仁・文明の乱以前のような全国を統治する者として振る舞えるほどの権力こそ持ってはいなかったが、戦国時代になっても中央では依然として統治者であり、また国内の秩序を担う存在としてあり続けていた。

では、明応の政変はそれ以降、何をもたらしたのか。そして、細川・三好両権力と将軍足利氏・幕府の関係はどのように進んだのだろうか。

「二人の将軍」と細川・三好両権力

明応の政変の後、室町幕府将軍足利氏に起こったのは、傀儡化ではなく、「二人の将軍」といわれるような、将軍足利家が〝並立〟する状況だった［山田康弘二〇〇〇］。前述のように、明応の政変によって、将軍義稙は廃立、新将軍に義澄が擁立された。だが、この状況をうけ入れられない勢力は、自身の置かれている立場を計り、廃立された前将軍義稙の復権を後押しする。

その結果、将軍義澄・細川政元らの勢力と、前将軍の義稙と彼を支持する勢力という将軍足利家が並び立つ事態ができてしまった。そしてこの後、義澄の系統は義晴《よしはる》―義輝《よしてる》―義昭《よしあき》、義稙の系統は義維《よしつな》（義澄の子であったが義稙の養子となる）―義栄《よしひで》と続き、「二人の将軍」といわれる状態が繰り広げられていくことになる。

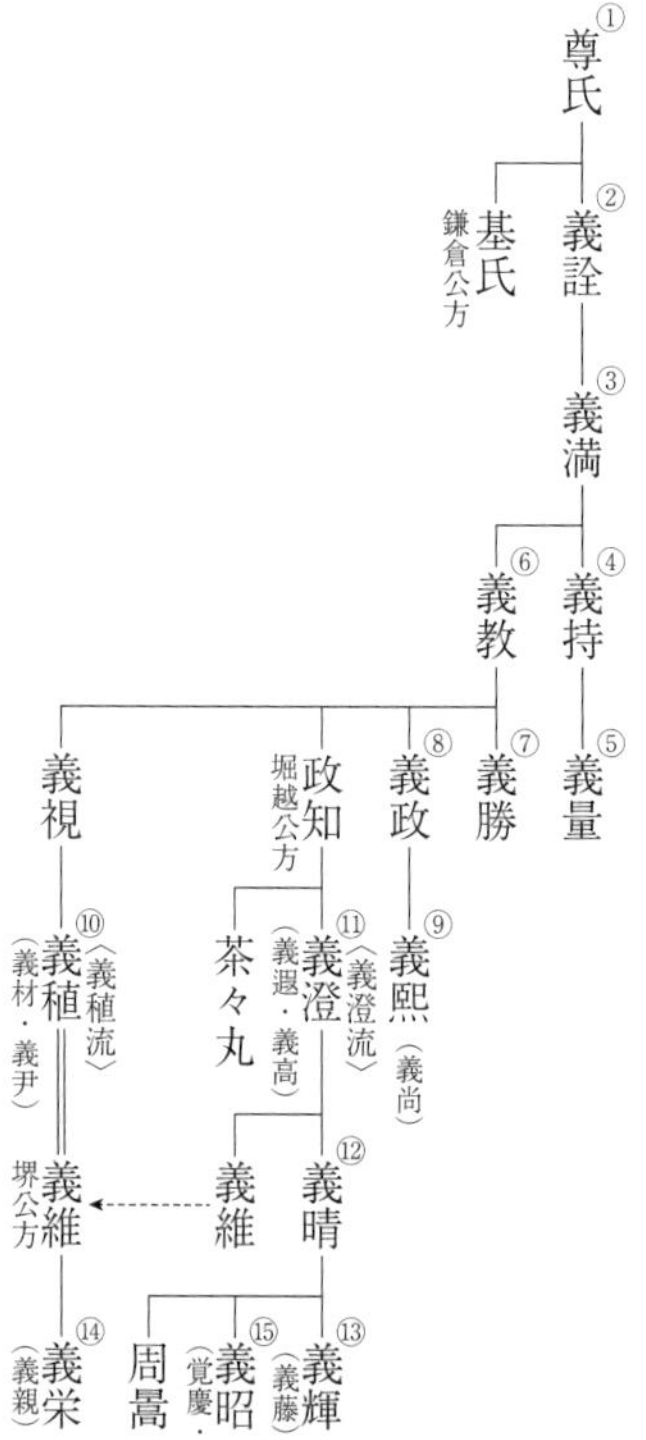

室町幕府将軍足利家の略系図（『週刊新発見！ 日本の歴史26 戦国時代1 乱世を生きた人々』所載図を一部修正）
＊丸数字は将軍の代数であることを示す。

さて、明応の政変の後、細川政元は畿内に勢力圏を広げつつも、擁立した将軍義澄を支え、将軍義澄と政元の政治的・軍事的相互補完の連立関係のもと、中央を統治していった。ところが、永正元年（一五〇四）九月、政元の重臣で摂津守護代だった薬師《やくし》寺《じ》元一《もとかず》の反乱を機に、後継問題も孕《はら》んでいた細川京兆家が内部分裂を起こした。そして、永正四年六月、政元は殺害されてしまう。

その後、政元後継の立場を得た細川高国《たかくに》の時には一時鎮まったが、細川京兆家の内部対立は再び勃発、それを発端として、室町幕府将軍足利家が並立する状態（「二人の将軍」）と畿内の大名・国衆間の対立する状況が互いに交錯し、戦乱は広がっていった。そうしたなか、細川家の重臣であった阿波《あわ》国（徳島県）出身の三好氏が台頭し、長慶《ながよし》が当主の代になると、主家の細川京兆家に代わり、畿内の有力権力者となっていった。

三好長慶は、室町幕府十三代将軍の足利義輝とたびたび敵対し戦いを繰り返すが、最終的には永禄元年（一五五八）十一月に和睦を成立させ、その後は将軍義輝との協調関係のもとで勢力を広げていた。一方、将軍義輝は、長慶が率いる三好権力との政治的・軍事的相互補完の連立関係のもと、「天下静謐」を維持しつつ、各地の大名や国衆に対する和平調停などを通じて、天下人としての存在感を示そうとした。

このように、将軍足利氏とともに中央の統治に携わる細川・三好両権力は、戦国期室町幕府や将軍を否定しなかった。彼らは将軍足利氏の室町幕府との連立関係のもと、畿内の領国化を進め、中央権力として活動していく。現代に生きる私たちは、戦国時代をまったくの〝実力による時代〟という思い込みから、この連立関係というあり方が理解しにくいかもしれない。しかし、前述のように、戦国時代は室町幕府将軍足利家のもとで秩序の維持が図られていて、実力だけで中央に君臨することなどできなかった。あくまで、両者の相互補完による連立関係というスタイルで整合性がとられたのである。

永禄の政変

将軍義輝と三好権力が連立関係をもって中央の政治にあたるさなか、永禄八年（一五六五）五月十九日に「永禄の政変」は起こる。将軍義輝が三好義継《よしつぐ》・松永久通《まつながひさみち》（久秀《ひさひで》の嫡男）らに殺害された事件だった。事件の概要を記した公家・山科言継《やましなときつぐ》の日記『言継卿記』によると、同日の午前八時頃（「辰刻《たつのこく》」）、三好義継・松永久通らが率いる一万人もの軍勢が、将軍義輝の京都二条御所《にじょうごしょ》（京都府京都市上京区）を包囲した。やがて戦闘が始まり、将軍義輝自身も応戦したが、少人数ではいかんともしがたく、昼（「午刻《うまのこく》」）には自刃《じじん》に追い込まれた。これに加え、将軍義輝の母慶寿院《けいじゅいん》（近衛尚通の娘）も自刃、多くの奉公衆らもまた討たれた。

それまでにも、将軍義輝と三好権力の間にはたびたび対立がみられた。天文十七年（一五四八）、三好長慶が主君である細川晴元《はるもと》との対立によって挙兵した時が最初のことで、翌天文十八年六月、晴元を支持した将軍義輝と父の義晴（将軍職は嫡男義輝に譲渡）はこの時、近江《おうみ》国（滋賀県）に逃げている。この後、将軍義輝は京都奪還のため、軍事行動だけでなく、長慶の暗殺をも試みたが失敗、天文二十一年正月、近江の六角義賢《よしかた》の斡旋《あっせん》により、長慶との和睦を成立させて帰京している。

だが、その後も両者は対立関係を解消しきれずにいた。そして、翌天文二十二年（一五五三）三月、将軍義輝が山城霊山《やましろりょうぜん》城（京都府京都市東山区）に入り、再び敵対する。将軍義輝側のこの行動に対して、長慶は八月一日、二万五〇〇〇人の軍勢を率いて出陣し、将軍義輝勢を破り、霊山城を攻略した（『言継卿記』）。その結果、将軍義輝は京都を再び追われることになり、近江国朽木《くつき》（滋賀県高島市）に逃れていった。

こうした経緯から、三好権力は、結果として室町幕府将軍足利氏を擁立することなく、「天下」＝中央統治に携わっていった。その後、将軍義輝勢が京都に進軍したのは、永禄元年（一五五八）六月のことで、三好勢と対戦したのち、六角義賢が仲介を務め、十一月に両者の和睦が成立した。そして、将軍義輝は五年ぶりに帰京する。

足利義輝像（国立歴史民俗博物館蔵）

それ以降、将軍義輝は長慶や嫡男の義興《よしおき》を有力大名の待遇にあたる相伴《しょうばん》衆とした。さらに永禄四年（一五六一）三月には、三好邸への御成《おなり》（訪問）をおこなうなど、三好権力との協調関係に努めた。だが、永禄六年八月に三好義興が死去、翌永禄七年正月には長慶の甥・義継が養嗣子となるが、七月になって長慶自身が死去してしまう。

三好権力が自身の内部事情によって不安定になっていくなか、将軍義輝と反三好方の側近らはそれを余所目に、将軍義輝が主導する中央の統治を求めて動きだす。そして、三好権力との間で対立が再燃し、その結果「永禄の政変」が勃発したのだ。

永禄の政変と「御所巻」

永禄の政変については、三好権力が権威的な存在である室町幕府将軍足利氏に対抗した末に起こった事件として注目され、将軍の擁立に伴うジレンマ、三好権力による相対化といった論点から、その意義が近年注目されている〔山田康弘二〇〇二、天野二〇一六ほか〕。しかし、三好権力は、緊張や対立関係をたびたび生じさせつつも、基本的には室町幕府将軍足利氏との連立関係のもとで中央の統治を進めてきた。このことを踏まえつつ、当時の中央の統治のあり方を考えれば、「天下諸侍御主《おんあるじ》（天下人）」の立場にある将軍の殺害にまで至ったこの政変の特異さはかなり際立っている。

そもそも、三好権力は下剋上によって、室町幕府将軍足利家に代わる中央統治の主導権を獲得することを狙っていたのだろうか。実はこの政変について、将軍義輝の殺害という事態が当初からの計画ではなく、「偶発的な事件」として起きてしまったのではないか、という見方もある［山田邦明二〇〇八］。

そこで、この政変に関わる史料を探っていくと、この政変を記した軍記物『永禄記』（『群書類従』第二十輯所収）には、三好権力の軍勢が「御所巻《ごしょまき》に及」び、「公方様へ訴訟有るよし申し触」れた、という記述が見出せる。この「訴訟」行為は、永禄八年に年代が比定される六月十六日付で越後上杉家重臣・直江《なおえ》政綱《まさつな》に宛てた越前朝倉《あさくら》家重臣の山崎吉家《やまさきよしいえ》・朝倉景連《かげつら》の連署書状（「上杉家文書」『上越』四五九）でも、「三好左京大夫（義継）・松永右衛門佐（久通）訴訟と号し、公方様御門外まで祗候《しこう》致し（三好義継・松永久通が訴えたいことがあるといって、将軍御所の外にやってきた）」と記されていることが確認できるものだ。したがって、三好権力の軍勢が、将軍義輝に対し「御所巻」と認識される行為によって、なんらかの「訴訟」を目的とする行動を起こしたということには間違いなさそうだ。

では、永禄の政変の実態に大きく関係するこの「御所巻」とは、どのような行為だろうか。「御所巻」を検討した清水克行氏の成果によれば、「御所巻」とは、足利直義《ただよし》（尊氏《たかうじ》の弟）の失脚、管領の細川頼之《よりゆき》を失脚に追い込んだ康暦《こうりゃく》の政変、将軍義政《よしまさ》の親政をストップさせた文正《ぶんしょう》の政変などでみられ（類似したものも含む）、それらはいずれも「室町殿《むろまちどの》権力の異議申し立てを目的として、諸大名が室町御所を包囲する訴訟行為」で、「ほとんどが幕府内の有勢者の失脚を意図して実行されている」という［清水二〇〇四］。さらに、清水氏のこの成果を咀嚼《そしやく》したうえで、明応の政変については、細川政元ら主導者とは目的が異なる赤松政則《あかまつまさのり》ら諸大名が、将軍義稙の「側近排除を目指す訴訟、即ち「御所巻」に類するもの」だったとする見解もある［小池二〇一五］。

清水氏の研究成果などに学ぶと、「御所巻」とはそれに類するものも含め、室町幕府の政治において、それまでにもたびたびおこなわれてきた多勢を率いての「訴訟」行為であり、幕府政治の有力者（将軍の側近ら）の排除を求めるものであったことがわかる。ただし、室町幕府将軍の存在自体を否定する政治的行為ではなかった。つまり、この「御所巻」の特質をふまえると、永禄の政変もまた、三好権力が将軍義輝の殺害を目的としたのではなく、反三好派である将軍義輝の側近らを幕府政治から排除することにこそ、その狙いがあったのではないかと思われるのだ。

実は、この推察を裏づける同時代史料がある。政変直後の一五六五年六月十九日、キリスト教イエズス会宣教師のルイス・フロイスが京都より豊後国の司祭・修道士に認《したた》めた書簡がそれだ（『十六・七世紀イエズス会日本報告集』）。そこには、三好側が「公方様に箇条書を渡したいので取りに来るように」と求め、それを受け取りに来た「老人」が読んだところ、

「その第一箇条は、公方様が奥方と同老人の娘、その他多数の大身を殺すこと、そうすれば彼らは平穏に（居城へ）引き返すであろうというものであった」と記されている。この記述は後年、ルイス・フロイスが書簡や報告書を編んだ『日本史』のなかでも確認されるが、記述内容に相違はみられず、訴状の受渡人が石成友通《いわなりともみち》、「老人」は進士晴舎《しんじはるいえ》だったことがわかる。晴舎は、将軍義輝の側近で、三好権力担当の取次《とりつぎ》（交渉窓口役）を務めていた［木下昌規二〇一八］。

ルイス・フロイスのこの書簡の記述から、三好権力が多勢を率いて、将軍義輝に求めた「訴訟」内容は、将軍義輝の「奥方（室）」と「老人の娘」「多数の大身」の殺害の執行（政治生命の奪取）であって、それが執行されれば将軍義輝には危害を加えず、撤退する意向だったことがわかる。このことから、前述の政変の主目的についての推察が裏づけられよう。

しかし、三好権力側のこの「訴訟」内容は、将軍義輝にとっては自身の政治の運営基盤を支える側近を失い、政治生命を失うことにつながりかねないため、うけ入れ難いものだったに違いない。したがって、将軍義輝側は要求を拒絶し、包囲する三好権力の軍勢の排斥に及んだ。その結果が、将軍義輝の殺害という事態を招いてしまったというのが、この政変の実態だったのではないだろうか［柴二〇一六b］。もちろん今後も、さらなる史料分析による実態解明が必要だが、ここでは政変の一実態として紹介しておきたい。

混乱する畿内情勢、中央に現われる信長

永禄の政変による将軍義輝の死が偶発的なものであったにしても、天下人として君臨する将軍を殺害してしまったことの影響は大きい。現代に生きる私たちの眼には、実力者が時代を動かしていく「下剋上」が、ついに最上部でも起こった事件のようにみえるかもしれない。だが、当時を生きる人々にとって、この事態は「非常事態」にほかならなかった。世に激震が走るなか、三好権力は「天下」を統治していくにあたり、まず事後処理に追われていく。

政変直後、三好権力は将軍義輝の弟である鹿苑院周暠《ろくおんいんしゅうこう》を殺害した。さらには、もう一人の弟で大和一乗院（奈良県奈良市）にあった覚慶《かくけい》（のちの足利義昭。なお覚慶はその後、還俗《げんぞく》して義秋《よしあき》、そして義昭と実名を改める。本書では煩雑を避け、以下「足利義昭」とする）の殺害を企てた。彼らは、将軍義輝の系統を排除することで事態を乗り切ろうとしたのだ。そのため当時、阿波国にいた義稙系統の足利義栄を室町幕府将軍に擁立しようとした。だが、三好権力の内部でもこの方針で一枚岩だったわけではなかった。特に、天野忠幸氏が明らかにしたように、宿老の松永久秀は将軍義輝の御供衆《おともしゅう》という立場だったこともあり、義昭を庇護する姿勢をみせた［天野二〇一六・二〇一八］。

結局、三好権力内では意思の統一ができず、やがて三好長逸《ながやす》・三好宗渭《そうい》・石成友通のいわゆる三好三人衆と、松永久秀・久通父子の間で対立が生じ、抗争に発展してしまう。この抗争は三好三人衆の優位に進んだ。

だが、はじめ三好三人衆側にいた当主の義継が、永禄十年(一五六七)二月には三人衆らとの対立から松永方につき、抗争は続いた。こうした畿内の情勢もあって、三好三人衆と阿波三好勢力(三好長治《ながはる》・篠原長房《しのはらながふさ》ら)が擁立した義栄は、征夷大将軍職に任官したものの、摂津国富田《とんだ》(大阪府高槻市)の普門寺に滞在して足止めされたままとなってしまった(結局、将軍義栄は入京できずに病死)。このため、将軍の京都不在が幕府の政治に支障を来すようになり、「天下静謐」による中央情勢の安泰と統治の正常化が求められた。

政変後の三好権力内部の抗争は畿内の情勢に大きな影を落とした。一方で、この政変で討たれた将軍義輝の叔父・大覚寺義俊《ぎしゅん》は、唯一生き残った義昭のもとで「天下御再興(中央統治の再興)」を図るために奔走した。義俊は「天下再興」を実現させるための協力を各地の戦国大名や国衆に求めた。その際、特に協力を期待されたのが、越後の上杉輝虎《てるとら》(謙信)、越前の朝倉氏、若狭《わかさ》(福井県西部)の武田氏、そして尾張の織田信長だった(「河田文書」『愛知』11四二七)。

こうしたなか、義昭は三好方による殺害の危機を逃れて大和国を脱出し、近江国甲賀《こうか》(滋賀県甲賀市）を経て、永禄八年（一五六五）十一月二十一日以降は同国矢島《やじま》（滋賀県守山市）にて再起を図った。そして義昭は、細川藤孝《ふじたか》ら近臣や和田惟政《これまさ》の尽力を得ながら、「天下再興」を実現させるため、各地の大名や国衆に上洛への協力を呼びかけていく。

この呼びかけに応じて、信長は中央の舞台に現われることになった。それは、信長自身の〝野望〟から起こったことではない。当時起こった政治的な求めに応じたものだったのである。

足利義昭の「天下再興」活動に応じる

信長と義昭との出会いといえば、永禄十年（一五六七）に信長が美濃国を平定した後に連絡を取り、翌永禄十一年九月に、当時は越前朝倉家のもとに滞在していた義昭を迎えたというのが通説であろう。実際、『信長公記』に記されている二人の出会いの流れは、そのようになっている。

ところが、信長と義昭との接触は、永禄の政変が起きた永禄八年にはすでにおこなわれていた（「高橋義彦氏所蔵文書」『愛知』11四五九）。つまり、前節でみたように、義昭側の協力要請に対して信長は早くから応じる姿勢をみせていたのだから、一般に知られている時期の二年前にはもう音信が通じていたことになる。

しかし、この頃の信長はようやく尾張国を平定したばかりであった。しかも、美濃一色（斎藤）氏との戦争はまだ続けられていた。これは、父の信秀以来、美濃国の動向が織田領国（地域「国家」）の存立に関係していたうえ、弘治二年（一五五六）四月、舅の斎藤道三が嫡男の一色義龍との戦いで敗死して以降、一色氏は信長の弟・信成や織田伊勢守家といった反信長勢力と結びついていた。そのため、美濃一色氏との問題解決が、領国「平和」を確固としていくのにまだ必要であった。また、美濃国に侵攻し勢力を広げていった織田氏に対して、甲斐武田氏との間にも緊張関係が生まれていた。

甲斐武田氏は、天文二十三年（一五五四）八月に信濃《しなの》国伊那《いな》郡を制圧、この時、信濃国衆の木曾《きそ》氏を従属させ、やがて東美濃にも影響を及ぼすようになった。そして、翌弘治元年には、東美濃国衆の岩村遠山《いわむらとおやま》氏とその一族の苗木《なえぎ》遠山氏（両氏を合わせた場合は「遠山一族」と記載）が、甲斐武田家に政治的・軍事的保護を求めて従属する。これをうけて、美濃の斎藤道三は娘婿の信長とともに武田氏と対立し、遠山領で戦闘を繰り広げたが（「諸家文書写」『戦武』六四五）、道三はその後、嫡男の一色義龍との戦いで敗死する。そのため、信長は甲斐武田氏と単独で対立することになってしまった。だが、武田信玄《しんげん》（正確には、この時はまだ「武田晴信《はるのぶ》」）はこの時、信濃国北部の領有をめぐって越後の長尾景虎（上杉謙信）と対立しており、そちらを優先するために信長と和睦する。この和睦の背景には、織田家と姻戚関係（信長の叔母が岩村遠山家の当主・景任《かげとう》の妻）を持ち、武田氏とは政治的・軍事的に保護される関係にあった遠山一族による働きかけがあったようだ［小笠原二〇一九］。しかし、信長が美濃一色氏と戦争を続けることで美濃との国境地域に勢力を広げたことが、東美濃に勢力を進めていた甲斐武田氏を刺激してしまった。このため、織田氏は甲斐武田氏と敵対する越後上杉氏と、甲斐武田氏は織田氏と敵対する一色氏と手を結ぶ。そして、永禄八年三月、織田・武田両勢はついに美濃国神篦《こうの》（岐阜県瑞浪市）で衝突した（『信長公記』首巻、『甲陽軍鑑』）。

このように、信長が義昭の協力要請に応えようとした時期は、まさに美濃一色氏や甲斐武田氏と抗戦が続くまっただ中であった。だからこそ、義昭の「天下再興」活動に尽力するためには、まずこちらを解決することが必要だったのである。

そこで、信長の意向をうけた義昭は、信長がそのことに専念できるよう、使者を派遣し、尾張織田・美濃一色両家の和睦（「尾濃無事《びじょうぶじ》」）のために奔走する。その結果、永禄九年七月には、義昭の意向をうけた美濃一色氏が和睦に応じ、「尾濃無事」は成立した。そして八月二十二日には、信長を中心とする周辺諸勢力の軍勢が近江国矢島の義昭のもとに参陣し、義昭が京都に向けて進軍する手筈《てはず》が整えられていった（『武家手鑑』『愛知』11五〇八、『多聞院日記』ほか）。

一方、甲斐武田氏との関係も、織田氏側から同盟案が持ちだされた。これをうけて信玄は、対立が続いている越後上杉氏の状況を計りつつ、織田氏との対立を避ける方針をとった。そして、同盟に反対し、織田氏と敵対する親今川派の嫡男・義信《よしのぶ》らの勢力を押さえ込み、織田氏との交渉に応じた。この結果、『甲陽軍鑑』によると、永禄八年十一月に信長の養女・龍《りゅう》勝寺殿《しょうじでん》（苗木遠山直廉《なおかど》の娘）が信玄の四男・諏方《すわ》（のちに武田名字を称す）勝頼《かつより》に嫁ぐことで、甲尾《こうび》同盟が成立した。この同盟のもとで、織田・武田両氏は遠山領の保証と互いの領土への不可侵を確認し、遠山一族の両属、義昭上洛のための協力、駿河今川氏への対処を取り決める。このうち、駿河今川氏への対処については、今川領国への侵攻を旨とする方針が定まっていく。

こうして永禄九年八月、いまだ畿内が永禄の政変の余韻に揺れるなか、「天下再興」を目指す義昭のもとに信長を中心とした周辺諸勢力の軍勢が参陣し、いよいよ上洛戦がおこなわれようとしていた。ところが、それを前にして、信長の取ったある行動をきっかけに、事態は思わぬ方向に向かってしまう。

河野島合戦と上洛計画の失敗

永禄九年（一五六六）八月、義昭の上洛戦が予定される直前に信長が取った行動とは、義昭が奔走し成立させた「尾濃無事」を破棄し、美濃一色氏との戦争を続けたことだった。実際に同月二十九日、戦争継続の意志を示した信長は、尾張と美濃の国境に進軍した。織田軍の出兵をうけて一色軍もまた出陣し、河野島《こうのしま》（岐阜県岐南町）で対峙する。ところが、折からの風雨によって川が増水したため、閏八月八日、織田軍は撤退に追い込まれ、その最中には、溺死する者も出るなど出兵は失敗に終わった（「平井家文書」『戦武』四三四三）。つまり、一色氏との戦争を続けるために出兵した信長だったが、いきなり失敗してしまったのである。ちなみに、この「河野島合戦」について、『信長公記』首巻には記述が見当たらない。

一方、信長が「尾濃無事」を破棄してまでも美濃一色氏との戦争を続けようとしたことは、上洛戦の計画を進めていた義昭にとって驚愕の出来事だったようだ（「名古屋市博物館所蔵文書」『愛知』11五一七）。義昭はこの時、早急に上洛戦を実行するよう信長に促したが、信長は応じず事態は好転しなかった。その結果、信長の参陣は取り止めになり（「出勢相違」）、それをうけて、義昭の上洛計画は頓挫してしまう。そして、義昭側のこの状況をみて、敵対する三好三人衆は、近江六角氏を味方につけて反攻した。この反攻によって義昭は近江国矢島を追われ、妹婿の若狭武田家のもとに身を寄せている。だが、若狭武田氏はこの時、内乱状態にあり、よって義昭は同家に留まることができず、越前の朝倉義景《よしかげ》を頼っていった（「上杉家文書」『愛知』11五一九）。

このように、信長は義昭の参陣の求めに従わず、美濃一色氏との戦争を続ける道を選んでしまった。そして、義昭の上洛計画は頓挫し、さらには義昭を危機に追いやった。しかも、この事態を招いたとして、信長は世間から「天下の嘲弄《ちょうろう》」という誹《そし》りをうけ、面子《メンツ》をも失うことになった（前掲「平井家文書」）。

信長はなぜ、一色氏との戦争を続けてしまったのだろうか。

この戦争継続の背景には、室町幕府将軍足利氏の停戦命令が絶対的な効力を持つものではなく、停戦した状態を維持するには、結局、当事者の〝自力での対応〟が必要であった、という現実がある。戦国大名や国衆にとって、例えば、安芸《あき》（広島県）の毛利《もうり》氏が室町幕府将軍足利義輝による出雲《いずも》（島根県）の尼子《あまご》氏との和平調停に際して、場合によっては「上意《じょうい》を背き候ても、家をかかハり候ハては叶《かな》わざる事に候（将軍の命令に背いてでも、家の維持に努めなければならない）」という考えを示したように（「毛利家文書」『大日本古文書　毛利家文書』七二九号文書）、何より優先されるのは、家中《かちゅう》と領国で構成される地域「国家」の存立（領国

「平和」）であった。そのため、地域「国家」の存立に支障を来すと考えられた場合、戦国大名や国衆は将軍の意向であろうと応じない姿勢をとった。特に、領国の境界に位置した「境目」地域は、常に敵対勢力の脅威に晒され、その防衛策として、時には両属関係を持つなど、帰属は不安定であった。その状況をいかに解決し、領国「平和」を維持するか、戦国大名はその実現に向けて領土をめぐる戦争を繰り広げていた。これが「国郡境目相論」といわれる、戦国時代の戦争の実態だった。

この領国「平和」を維持することが、尾張の戦国大名としての信長にも当然求められた。その答えが義昭の上洛供奉《ぐぶ》を断念することだった。信長が「天下の嘲弄」と詰《なじ》られ、自身の面子を失うことも覚悟のうえで、一色領国との不安定な「境目」地域に出兵することを優先させたのは想像に難くない。これが、河野島合戦に至った背景である。しかし、この出兵も結局は失敗に終わった。

その結果、信長には「天下の嘲弄」に対する名誉挽回も含めて、美濃一色氏との対立を早急に解決し、領国「平和」も実現したうえで、一度は挫折した義昭の「天下再興」を実現させることが課せられた。つまり、この時の失敗がのちのちまで影響し、その後の彼の動きを規定することになったのである［柴二〇一七c］。

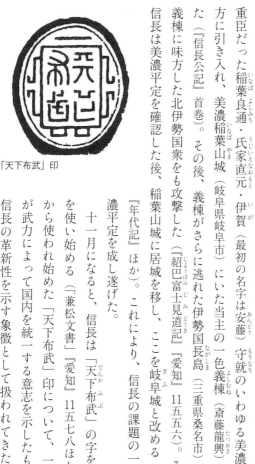

「天下布武」の意思表示

美濃一色氏との戦いは続いていたが、永禄十年（一五六七）八月に信長は、美濃一色家の重臣だった稲葉《いなば》良通《よしみち》・氏家《うじいえ》直元《なおもと》・伊賀《いが》（最初の名字は安藤《あんどう》）守就《もりなり》のいわゆる美濃三人衆を味方に引き入れ、美濃稲葉《いなば》山《やま》城（岐阜県岐阜市）にいた当主の一色義棟《よしむね》（斎藤龍興《たつおき》）を追い払った（『信長公記』首巻）。その後、義棟がさらに逃れた伊勢国長島《ながしま》（三重県桑名市）に兵を進め、義棟に味方した北伊勢国衆をも攻撃した（『紹巴《じょうは》富《ふ》士《じ》見《み》道記《どうき》』『愛知』11五五五六）。そして九月、信長は美濃平定を確認した後、稲葉山城に居城を移し、ここを岐阜《ぎふ》城と改める（竜福寺所蔵『年代記』ほか）。これにより、信長の課題の一つだった美濃平定を成し遂げた。

「天下布武」印

十一月になると、信長は「天下布武《てんかふぶ》」の字を刻んだ印章を使い始める（「兼松文書」『愛知』11五七八ほか）。この時から使われ始めた「天下布武」印について、一般には信長が武力によって国内を統一する意志を示したものといわれ、信長の革新性を示す象徴として扱われてきた。しかし、

「はじめに」でも述べたように、当時の「天下」とは、室町幕府将軍足利氏が管轄していた京都を中核とする五畿内からなる中央領域とその秩序のことを意味していた。このことから「天下布武」という語句は、「五畿内における将軍秩序樹立のスローガン」だったとの見解がある［神田千里二〇一四］。

この見解は、これまでにみてきた信長の置かれている状況を重ねあわせると、よりいっそう明確になる。つまり、美濃平定によって領国「平和」を遂げたいま、次の課題だった義昭のもとでの「天下再興」＝室町幕府再興の実現に再び取り組む、という信長の意志を、「天下布武」という語句によって表わしたというわけだ。極端なことをいえば、今度こそ義昭のもとに「天下再興」を実現する——いうなれば、〝リベンジ〟する意志を世間に表明したことになる［柴二〇一七c］。

そうなると、翌永禄十一年九月に義昭を迎えておこなわれた上洛戦は、果たしてその意志表示にかなった事業であったのか、詳細に追っていく必要がある。また一般に、ここで成し遂げられた信長の上洛は、その後、信長が天下人への道を歩んでいく一階梯《かいてい》として注目され、「近世の開始」に位置づけられている。よって、その位置づけも見直しが求められよう。これらを念頭に、上洛への歩みとそれがもたらした状況を具体的にみていきたい。

「天下再興」の実現へ

永禄十年（一五六七）十一月に「天下布武」の意志を表明した信長は、早速、義昭のもとで「天下再興」を実現させるために動きだす。同年十二月一日には、大和興福寺《こうふくじ》（奈良県奈良市）に対して義昭の上洛に供奉する意志を伝えつつ、大和国の勢力を義昭派として団結させ、自身と通じる松永久秀・久通父子に助勢するよう図った（「柳生文書」『信長文書』八二）。

そして、翌永禄十一年になると、二月に信長は再び北伊勢地域（三重県）に侵攻して、国衆の神戸《かんべ》氏らを従える（『勢州軍記』〔『続群書類従』第二十一輯上所収〕）。これにより、北伊勢地域も織田領国に併呑された。その一方で信長は、永禄九年九月以降、越前朝倉家のもとに滞在していた義昭に美濃国への動座《どうざ》を強く求めた。これは、義昭を窮地に追いやり信頼を失っていたことが理由だろう。そして、やはり永禄九年の上洛計画を頓挫させたという負い目と、「天下の嘲弄」と詰られて失った面子の回復に拘りがあったのだろう。一刻も早い「天下再興」の実現を望んでいた義昭も、信長からの強い求めに折れ、応じる姿勢をみせた。

永禄十一年（一五六八）七月、ようやく義昭・信長・朝倉氏の三者の間で話がまとまり、同月二十二日、ついに信長は義昭を美濃国に迎え入れる（『多聞院日記』）。同月二十五日、義

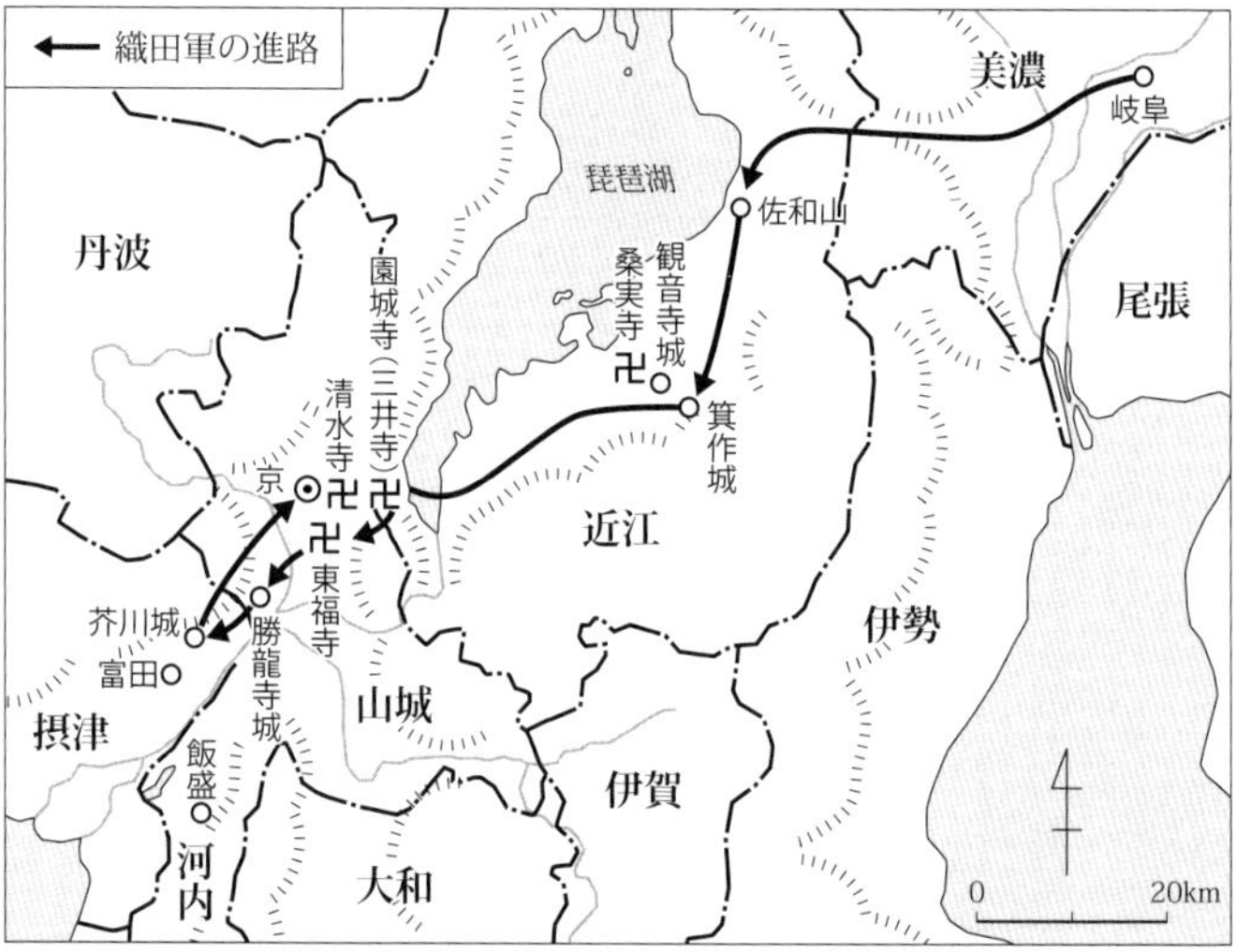

足利義昭・織田信長の進軍経路（山田邦明『戦国の活力』所載図を一部修正）

昭は立政寺《りゅうしょうじ》（岐阜県岐阜市）を上洛までの滞在先とした（『信長公記』巻一）。

義昭を迎え入れた信長は、八月七日には近江国佐和山《さわやま》（滋賀県彦根市）に赴《おもむ》き、近江の六角承禎《じょうてい》（義賢）・義治《よしはる》父子、また越前の朝倉義景にも義昭上洛のための協力を求めた（『信長公記』）。だが、近江六角氏は信長からの要請を拒絶、同月十七日には近江国に赴いた三好長逸・三好宗渭・石成友通ら三好三人衆と「天下の儀」について談合し、今後の関係維持について確認しあった（『言継卿記』）。六角氏が信長の要請を拒絶した背景には、三好三人衆との政治的な関係だけではなく、この時生じていた北伊勢地域をめぐる織田氏との対立も絡んでいた。そのため、六角氏は「天下再興」の実現のために上洛を目指す義昭・信長にとって、敵対勢力となってしまったのだ。

こうしたなか、信長は九月七日、尾張・美濃・北伊勢各国の勢力圏下の軍勢とともに、同盟関係にあった三河徳川氏の軍勢も率いて岐阜を発ち、義昭上洛の進軍を始めた（『足利義昭入洛記』、『信長公記』巻一）。その途中、協力要請を拒絶した六角承禎・義治父子の近江箕作城《みつくりじょう》（滋賀県東近江市）を同月十二日に攻め落とし、翌日には承禎・義治父子を居城の近江観音寺城《かんのんじじょう》（同近江八幡市）から伊賀国（三重県西部）に敗走させた（『言継卿記』ほか）。その後、南近江地域は織田勢に平定されている。

こうして、近江六角氏を観音寺城から追い払い、南近江地域を平定した織田勢に対して、朝廷は九月十四日、入京する軍勢による略奪・暴力行為（「乱妨狼藉《らんぼうろうぜき》」）の取り締まりと御所の警固を信長に要請した（「『蒲生郡史』所収文書」『大日本史料』第十編之一、一〇〇頁）。しかし、織田勢が間近に迫る事態に、京都は「騒動」となってしまったようだ（『言継卿記』）。

一方、織田勢の南近江平定をうけて、美濃立政寺に滞在していた義昭は、九月二十二日までに近江桑実寺《くわのみでら》（滋賀県近江八幡市）に移り、信長から迎え入れられた（『信長公記』巻一ほか）。二十四日、信長は近江国瀬田《せた》（滋賀県大津市）を通過し、翌二十五日になって義昭は近江園城寺《おんじょうじ》（三井寺《みいでら》）光浄院《こうじょういん》（同前）に移った（『足利義昭入洛記』）。そして九月二十六日、義昭・信長は京都に入り、義昭は清水寺《きよみずでら》（京都府京都市東山区）に、信長は東福寺《とうふくじ》（同前）にそれぞれ入った。だが同日中に信長は、石成友通ら京都周辺の三好三人衆勢を攻略するため、東寺《とうじ》（京都府京都市南区）に着陣する（『言継卿記』『足利義昭入洛記』）。その後、信長は石成友通が籠もる山城勝龍寺《しょうりゅうじ》城など西岡《にしのおか》地域（京都府長岡京市）の攻略を進め、二十七日には義昭も清水寺より西岡寂照院に兵を進めた（『言継卿記』）。

勝龍寺城を攻め落とすなど山城国を平定した後、義昭と信長は、三好三人衆方の居城である摂津芥川《あくたがわ》城（大阪府高槻市）に侵攻、同時に敵対する摂津・河内両国方面における三好三人衆勢力の攻略を進めていった。義昭・織田勢の侵攻をうけて、芥川城にいた三好長逸は追い払われ、やがて摂津・河内両国方面における三好三人衆勢力は攻略された。そして、九月三十日、義昭は芥川城に入城した（『言継卿記』）。

十月三日、義昭は芥川城で自身に味方した三好義継・松永久秀らの「御礼」をうけた後、摂津国を和田惟政・池田《いけだ》勝正《かつまさ》・伊丹《いたみ》忠親《ただちか》に、河内国を半国ずつ三好義継と畠山《はたけやま》高政《たかまさ》に、大和国を「切取《きりとり》次第（攻略次第）」という条件つきで松永久秀に、それぞれ支配を認めた（『細川両家記』〈『群書類従』第二十輯所収〉）。こうして、義昭は『信長公記』巻一で「五畿内隣国皆もって下知《げち》に任せらる」「天下御存分に属し」と記されるように、五畿内平定、すなわち「天下静謐」の実現を果たした。

中央情勢のこうした推移をうけて、朝廷も義昭への将軍任官に動く。十月十四日、摂津芥川城から京都に帰還した義昭は、同月十八日に征夷大将軍となった（『言継卿記』）。この後、義昭は十月二十二日に参内《さんだい》し、翌二十三日には信長を招き、祝賀の能《のう》を開催した（『言継卿記』『足利義昭入洛記』）。この際に、信長は義昭から副将軍か管領の格に就くよう求められたが、辞退した。そこで、義昭は功績のある信長を「御父《おんちち》」と待遇し、さらには室町幕府将軍足利家の紋章であった桐《きり》・引両《ひきりょう》の二紋の使用を許し、そのうえ斯波家の家督につかせようとした。これに対して、信長は斯波家の家督は辞退し、二紋のみをうけ取った（『信長公記』巻一、『古今消息集』『大日本史料』第十編之一、二五三頁）。信長としては、義昭からの「恩賞」として二紋はうけ取るが、「天下」の統治は将軍となった義昭の主導のもとにおこなわれるべきものであって、自身がその場に深く関与していこうとは考えていなかったのだろう。その後、信長は義昭に帰国の許可を願い出て、十月二十六日に若干の軍勢を残して京都を発ち、同月二十八日、美濃岐阜城に帰還している（『言継卿記』『足利義昭入洛記』『信長公記』巻一）。

「信長の上洛」は近世の始まりか

ここまで、いわゆる「信長の上洛」といわれる、上洛戦の流れをみた。従来、この一連の出来事は、信長が注目の主体に置かれ、永禄十一年九月二十六日に入京したことが〝新たな時代の始まり（近世の始まり）〟として大きく取り上げられてきた。しかし、ここで確認できたように、この動きはまだ京都を一時的に占拠した状態にすぎない。その後、義昭・信長は、三好三人衆方の居城であった摂津芥川城を攻略し、十月になって義昭のもとに五畿内平定（「天下静謐」）を果たし、義昭は将軍となって室町幕府を再興している。したがって、この上洛戦の意義は、永禄十一年十月の義昭による五畿内平定（「天下静謐」）と、それに伴う室町幕府の再興によって、「天下再興」が実現されたことにこそあるのだ。

また、改めて押さえておきたいのは、この事業が義昭主体で進められ、信長は自身も「供奉」と文書に記しているように、義昭に供奉して「天下再興」に尽力するという態度を取っていることだ。つまり、「信長の上洛」とは、一般にいわれるような信長による全国平定の一階梯ではなく、義昭がそれまでに進めてきた「天下再興」の実現であった。よって、信長の意志を示した「天下布武」とは、義昭のもと、室町幕府将軍足利氏が管轄する京都を中核とする中央領域の「平和」の維持を実現することと、室町幕府による統治と秩序を再構築することにあったといえる。

信長が「天下」に躍り出たそのわけは、自身が備えていた「革新性」などというものでは決してない。あくまでも永禄の政変後に起こった情勢に対処した結果、活動の舞台を中央に飛躍させていったのだった。

第三章　元亀争乱と将軍義昭・信長

足利義昭政権と織田信長

永禄十一年（一五六八）十月、五畿内平定（「天下静謐」）を果たした足利義昭と織田信長は、念願の「天下再興」＝室町幕府政治の再興を実現させた。ここに成立した将軍義昭を主とする室町幕府（以下、これを「足利義昭政権」と記す）だが、一般に、中央の掌握を目指す信長に実権を奪われた傀儡《かいらい》政権としてのイメージが強い。ところが、近年の義昭政権に関する研究成果では、このイメージに見直しをせまっている［久野編二〇一五、久野二〇一七・二〇一九ほか］。その成果に拠りながら、義昭政権の実態をみていこう。

義昭政権が成立すると、それに伴って、政権のもとで活動する人員の登用が進められた。その人員の多くは、父・義晴や兄・義輝からの継承がみられ、義昭政権は義晴・義輝期の人員を継承することで運営されていた［久野二〇一七・二〇一九］。永禄十二年正月十四日、信長とともに幕府政治の運営方針を定めた「殿中御掟《でんちゅうおんおきて》」（「仁和寺文書」『信長文書』一四二）によれば、彼らは、御部屋衆《おへやしゅう》（将軍御所で将軍義昭の側近くに仕える存在）、定詰衆《じょうづめ》（将軍御所の詰めの間で将軍義昭の身辺を警護する存在）、御供衆《おとも》（将軍義昭の近臣）、申次《もうしつぎ》（将軍義昭への申請窓口）、奉行衆（事務官僚）といった役割を務めたことがわかる。

足利義昭像（東京大学史料編纂所所蔵模写）

　そして、義昭政権の運営は、奉行衆による申請案件の審議と裁定を経て、将軍義昭が裁可を下し、将軍の意向をうけた奉行人が奉書《ほうしょ》（奉行人奉書）を発給することで進められた。この奉行人奉書によって申請者は権益を保護され、相論の裁許（争いの裁定）を得た。その活動は、義昭自身が直接管轄する「天下」、つまり日本の中央である五畿内を中心にみられ、義昭政権が傀儡の権力ではないことを示している。

　次に、義昭政権の軍事面に注目しよう。先にみたように、将軍義昭は五畿内を平定した際、摂津国は和田惟政・池田勝正・伊丹忠親に、河内国では半国ずつを三好義継と畠山高政に、大和国は攻略することを条件に松永久秀にといった具合に、自分に味方した諸将を配してそれぞれの支配を認めた。これによって、自身が管轄する「天下」＝五畿内を軍事的に押さえつつ、さらには山城勝龍寺城に細川藤孝《ほそかわふじたか》を配置することで、京都周辺の守衛をも固めた。

　これら将軍義昭の軍勢が活躍をみせたのが、

永禄十二年正月、一度は京都を追われた三好三人衆が京都本圀寺《ほんこくじ》に滞在する義昭を襲った時である。本圀寺は当時、将軍義昭の居所だったが、三好三人衆は、松永久秀が年末・年始の御礼のために美濃岐阜城の信長のもとを訪れたその留守を狙って襲撃した［久野二〇一七］。しかし将軍義昭は、三好義継・池田勝正・伊丹忠親と細川藤孝ら奉公衆を率いて迎え撃ち、これを撃退している（『信長公記』巻二ほか）。このように、義昭政権は軍事力も備えており、中央にある五畿内を統治する政治権力としての実態を持っていたといえる。

それでは、この義昭政権と信長は、どのような関係にあったのだろうか。

一般には、信長の傀儡権力とされる義昭政権だが、基本的に信長は、義昭政権の運営に介入するスタンスをとっていない。そのことは、前章で記したとおり彼自身が将軍義昭から副将軍か管領の格に就くよう求められたにもかかわらず、辞退していることからもわかる（『信長公記』巻二）。通説では、信長の辞退の理由は、中央の実権を握ろうとした彼が、義昭政権内に位置づけられるのを嫌ったためとされるが、実はそうではない。彼自身が義昭政権自体を尊重し、自身の介入を好まなかったからである。天下人として中央を統治する義昭政権を傀儡化しようとする考えは、信長にはなかったといえる。

したがって、信長は義昭政権を幕府政治に関わる一員としてではなく、その外部で政治的・軍事的に支える立場として関わった。例えば、権益の保証にあたり、将軍義昭の意向を踏まえた室町幕府の奉行人奉書と対《つい》で、「天下布武」印を捺した信長の朱印状《しゆいんじよう》が発給されることがあるが、この朱印状は奉行人奉書を補完する役目を果たしていた。また、信長自身も求められて京都の裁判に携わったが、その裁定も義昭政権の存在を意識しつつ執りおこなわれていた。つまり、信長は義昭政権を否定する気など一切なく、政治的・軍事的に支えるというのが基本的なスタンスだったのだ。

一方、将軍義昭としては、まだ発足したばかりの政権において、必ずしも中央の統治が順調に進むとは限らず、また敵対する三好勢力に備えて、自身を政治的・軍事的に支えてくれる信長の存在がどうしても必要だった。将軍義昭側のこうした意向も踏まえて、信長は義昭政権を政治的・軍事的に補佐する立場として活動し続けた。

信長のこの立ち位置は、それまでの室町幕府将軍足利氏が畿内の有力権力者と政治的・軍事的に相互補完の連立関係のもとで中央の統治にあたる、いわば戦国時代の「天下」の統治のあり方を継承したものであって、信長が天下人となっていくための一階梯として進められたわけでは決してない。つまり信長は、同時代にあるべき政治手法や社会の秩序を求めていたのであり、彼もまた、その時代を生きる人物に過ぎなかったことがうかがえるのである。

そして、信長と将軍義昭のこの関係性は、義昭が信長に敵対する元亀《げんき》四年（一五七三）二月まで続いていく。

五ヵ条の条書の誓約

では、これまで足利義昭政権が信長の傀儡権力とされてきた根拠とはなんだったのだろうか。それは、永禄十三年（一五七〇、この年四月に元亀に改元）正月二十三日に出された足利義昭・織田信長条書（「成簣堂文庫所蔵文書」『信長文書』二〇九。なお以下、この条書を「五ヵ条の条書」と記す）の存在が大きく関わっている。そこで、この五ヵ条の条書が実際にどのようなものなのかをみていきたいが、その前にそれが出されるに至った事情を押さえておこう。

前年の永禄十二年正月、三好三人衆による襲撃の報告をうけ、大雪のなか、信長はすぐさま京都に駆けつけた。その後、将軍義昭の御所・二条城（京都府京都市上京区）の建造に取り組むなど、将軍義昭・信長の連立による運営のもと、中央は「静謐（安泰）」が保たれていた。

その一方、南伊勢地域における伊勢北畠《きたばたけ》氏らとの対立を解決するため、八月、信長はこの地域に出陣する。そして同月二十八日には、北畠家の居城・大河内《おおかわち》城（三重県松阪市）を攻囲した。しかし、北畠氏の反攻に織田軍は苦戦し、十月になって信長の二男・茶筅《ちゃせん》（のちの織田信雄《のぶかつ》）を当主・具房《ともふさ》の養嗣子に入れるなどを条件に和睦が成立する（『信長公記』巻二、『勢州軍記』〔『続群書類従』第二十一輯上所収〕）。

その後、信長は上洛するが、その際、将軍義昭と衝突（「上意トセリアイテ」）、すぐに本拠の美濃国岐阜に帰ってしまった（『多聞院日記』）。これをうけて、正親町《おおぎまち》天皇も勅使を派遣したというから、将軍義昭と信長の間には深刻な対立が起きたことがうかがえる。ただし、残念ながら具体的な要因を伝える史料はない。

最終的に将軍義昭と信長は、永禄十三年正月に和解する。そして、両者の間で確認し合ったのが五ヵ条の条書だった。その条書を以下に示そう。

（読み下し）

（足利義昭）
（黒印、印文「義昭宝」）

条々

一、諸国へ御内書をもって仰せ出さるる子細あらば、信長に仰せ聞せられ、書状を添え申すべき事、

一、御下知の儀、皆もって御棄破あり、そのうえ御思案なされ、相定めらるべき事、

一、公儀に対し奉り、忠節の輩に御恩賞・御褒美加えられたく候といえども、領中等こ

れなきにおいては、信長分領の内をもっても、上意次第に申し付くべき事、

一、天下の儀、何様にも信長に任せ置かるるのうえは、誰々に寄らず、上意を得るに及ばず、分別次第に成敗をなすべきの事、

一、天下御静謐の条、禁中の儀、毎事御油断あるべからざるの事、

已上

永禄十参

正月廿三日　（朱印）（織田信長、印文「天下布武」）

日乗上人

明智十兵衛尉殿（光秀）

（現代語訳）※条文のみ

一、諸国へ御内書によって命じられる事柄があれば、信長に命じられて、書状を加えること

一、これまでの将軍義昭の命令や裁定は、すべて無効とし、再度思案されたうえで定

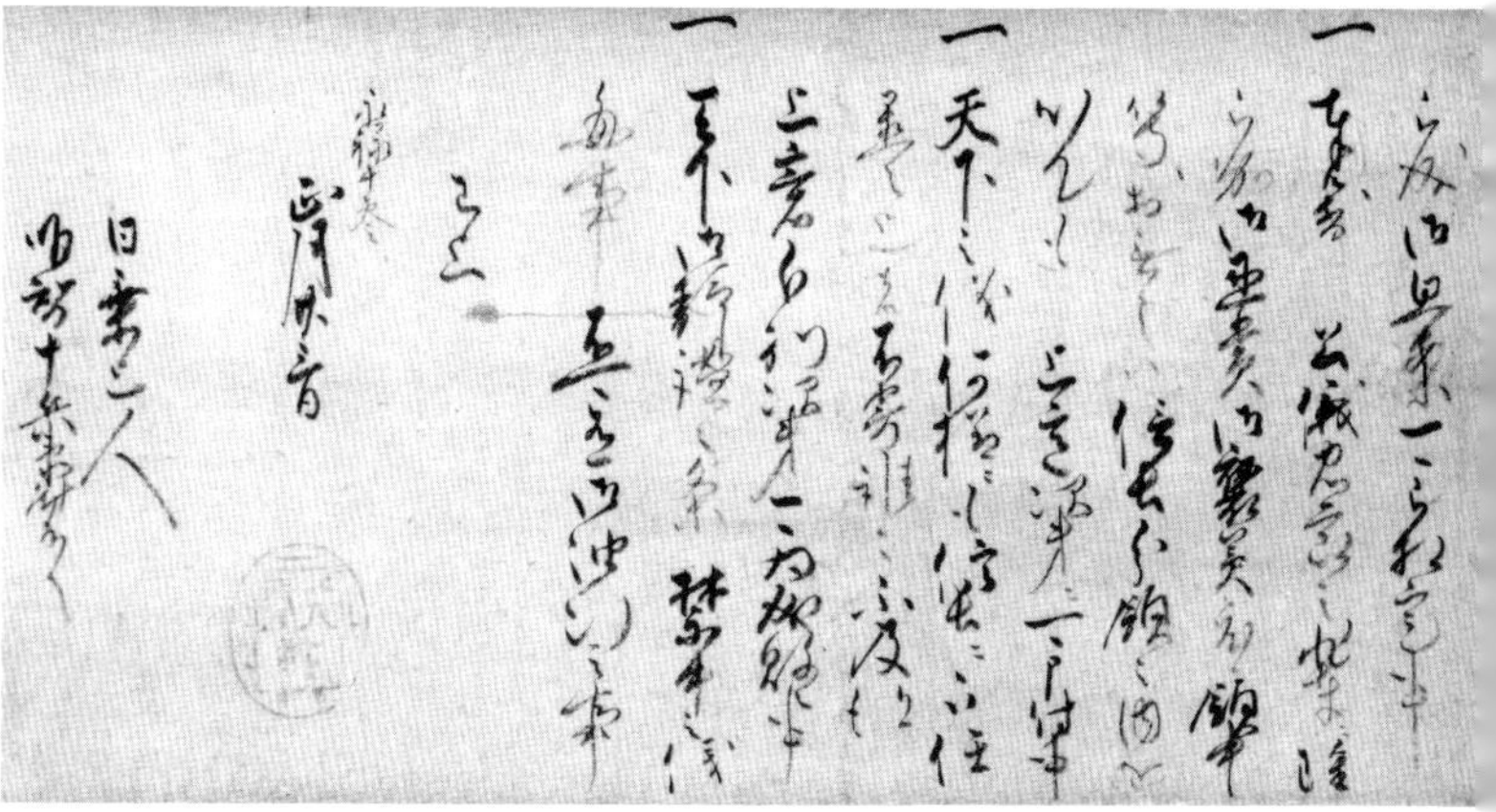

永禄13年（1570）正月23日付足利義昭・織田信長条書（石川武美記念図書館 成簣堂文庫蔵）

めること

一、室町幕府に対して忠節の者に恩賞や褒美を与えたくても、所領などがない場合は、信長の領国内から、将軍義昭の命令をうけて信長が提供すること

一、「天下」の儀は、とにかく信長に任せ置いたうえは、誰であろうとも、将軍義昭の指示をうけるには及ばず、信長自身の判断によって成敗をおこなうこと

一、「天下静謐」がなったので、朝廷への務めを、常に疎《おろそ》かにしてはならないこと

【史料3】足利義昭・織田信長条書（「成簣堂文庫所蔵文書」『信長文書』二〇九）

この条書から、将軍義昭と信長の両者は、互いの関係を今後も維持していくにあたって、将軍義

昭が各地に命令を出す場合は信長の了承を必要とすること、これまでに出された将軍義昭の命令をいったん破棄させ、再び処理すること、忠臣に対する恩賞の所領給付を信長の領国内であってもおこなうこと、「天下」の事柄で信長に任せたことは信長に委ねること、将軍義昭は天下人として、朝廷に対する務めを疎かにしないことを確認し合ったことがわかる。逆にいえば、これらが履行されていなかったことが、将軍義昭と信長との間に深刻な対立を招いたともいえる。

従来は、将軍義昭が命令を出すにあたり、信長の了承をいちいち得ることやこれまでの命令を破棄したこと、そして四条目に、信長に「天下」の政務を委任したとあることから、信長からこの条項を承認させられることで、義昭政権は傀儡権力と化したといわれてきた。それを裏づけるように、義昭政権に従う北畠具教《とものり》や徳川家康など各地の大名・国衆らに宛てて同日付で信長が発給した書状がある（『二条宴乗日記』『信長文書』二一〇）。そこには、禁裏《きんり》（天皇御所）の修理や義昭政権への務めを果たすために上洛するよう指示されている。この書状の存在もあり、かなり長い間、義昭政権は傀儡権力としてイメージされてきた。

条書の真意

では、この評価は妥当であったのだろうか。先に述べてしまうが、この五ヵ条の条書で確認し合った事柄は、実はその後も遵守されず、三年後の元亀三年（一五七二）末、将軍義昭は信長から再び諫言《かんげん》をうけることになる。その際、発給された一七ヵ条におよぶ異見書《いけんしょ》（『尋憲記』『信長文書』三四〇。以下、「一七ヵ条の異見書」と記す）のなかに、この五ヵ条の条書と内容が重なる項目もみられる。これを参考にしながら、五ヵ条の条書の真意を探ろう。

まず一条目は、将軍義昭が各地に命令をする場合は信長の了承を必要とすることという内容であるが、一七ヵ条の異見書でも二条にこれと関わる記述がある。それによると、将軍義昭が各地の大名や国衆にたびたび献馬を求めることがあり、度を超した要求は控えるよう、信長から諫《いさ》められていたことがわかる。馬や鷹の献上をうけることは、相手方の大名や国衆に対し、将軍義昭が彼らの上に君臨する天下人であることを示す政治的行為にもなったが、将軍義昭の側からたびたび献上を求めたとなると、逆に天下人である将軍義昭の強欲と認識されてしまい、その権威に影響してしまう。どうやら信長はこのことを恐れ、それが私欲からでなく、天下人としての要求であることを示すために、自分の了解を将軍義昭に求めたことがこの第一条の狙いであったようだ。

次に、二条目の将軍義昭の命令破棄についてみよう。これも一七ヵ条の異見書にあたると、九条に該当の記述がみられる。同条は、すでに喧嘩《けんか》両成敗の規則に従って裁かれた小泉という人物に対して、将軍義昭がさらに財産を没収、処罰を科したことを諫めたものである。このほか、処罰された烏丸光康《からすまみつやす》への対処に苦言を呈した一一条などをみると、どうやら将軍義昭は一度下した命令や裁定をそれで終わりにせず、さらに追及・撤回することもあり、公正さが問題となっていたようだ。こうした事態は当然、将軍義昭の権威に影響する。そこで信長はいったん不当な命令や裁定を破棄させ、見直しをせまったことが趣旨のようだ。

三条目に関わることも、一七ヵ条の異見書のうち三・七条に関連する記述がみえ、それによると、将軍義昭は忠節の者に見合う恩賞を与えず、大した功績のない者を評価するといった具合で、忠節の者たちからは信長にこうしたことの改善が求められていたようだ。つまり、この条文は、信長が将軍義昭の忠節者に自分の領国から所領を与えて、家臣としてしまうということではなく、報われない状況に不満を抱えていた忠節者に対して、正当な措置を求めたものだったのだ。

最後の五条目は、一七ヵ条の異見書の一条に関係する記述がある。それによると、信長は将軍義昭に、上洛した時から朝廷に対する務めを疎かにしてはならないと説いていたのだが、どうも将軍義昭は朝廷とは距離をとり続けたようである。実際、元亀年間になると参内が途絶えるなど、朝廷との関係が疎遠になったことが明らかにされている［神田裕理二〇一九］。その傾向は、どうもこの頃から顕著になっており、よって信長は、朝廷を庇護《ひご》する天下人としての姿を将軍義昭に諭したのであろう。

　こうしてみると、五ヵ条の条書の内容は、義昭政権を傀儡化するどころか、緩みがみえ始めた姿勢を糺《ただ》しているようにみえる。では、残る四条目はどのように考えられるだろうか。果たして、これによって将軍義昭は実権を失ってしまったのだろうか。

　実は、その後も将軍義昭によって諸大名が動員されているという事実がある。後でもみるように、元亀元年（一五七〇）八月、四国から再上陸した三好三人衆と戦うため、将軍義昭と信長は摂津国野田《のだ》・中島《なかじま》（大阪府大阪市）に出陣した。この時、将軍義昭は河内畠山氏に参陣を命じ、また出陣が重なっていたため、信長から出征を免除されていた徳川家康にも、独自に参陣を求めている（「細川文書」「武田文書」『大日本史料』第十編之四、六九一・八八三頁）。なお、余談だが、将軍義昭は自分が認可に関与していない徳川名字への改姓を認めず、「松平家康」として扱っている［柴二〇一四c・二〇一七b］。

　このように、将軍義昭は依然として諸大名との関係を維持し、取り仕切っている。

　したがって、金子拓氏もいうように、四条目の将軍義昭から任された「「天下」の儀」とは将軍義昭の全実権ではなく、「限定」されたものとしてとらえるべきだろう［金子二〇一四］。つまり、それは将軍義昭より場面に応じて任された政治的・軍事的行為であって、委ねた以上は信長に一任していただきたいというのが、本条の趣旨なのだろう。逆にいえば、これまで信長に任せていたにもかかわらず、将軍義昭が口出しして問題となっていたこともあったことがうかがえる。そうなるとこの四条目も、両者の関係のあり方を確認することに狙いが置かれたのかもしれない。

このように、五ヵ条の条書の真意は、一般にいわれるような義昭政権を掣肘《せいちゅう》して傀儡化し、実権を奪い取ることに目的があったのではない。その意図は、当初からおこなわれていた将軍義昭のもとでの幕府政治、信長の政治的・軍事的補佐のあり方を確認しあうものだったといえる。あくまで、信長には義昭政権を傀儡化するような発想はなく、また将軍義昭も信長の政治的・軍事的補佐を求めていたのである。

代理戦争となった越前攻め

さて、義昭政権と信長の関係が、政治的・軍事的相互補完による連立関係のもとで機能し続けていたとなると、その後に起きた「元亀争乱」はどのようにとらえたらよいのだろうか。

元亀争乱はこれまで、革新的な発想のもと、中央の掌握と領国の拡大を目指す信長に対して、これに反発する将軍義昭の呼びかけに応じた、各地の戦国大名、大坂本願寺《おおざかほんがんじ》や比叡山延暦寺《ひえいざんえんりゃくじ》などの宗教勢力が立ち上がって起きたものとされてきた。ところが、将軍義昭と信長と

朝倉義景像（心月寺蔵、福井市立郷土歴史博物館保管）

の関係は、後でみるように、元亀四年（一五七三）二月まで続いていた。そうなると、元亀争乱を「革命児」信長とそれに対抗する将軍義昭・各地の戦国大名・宗教勢力という構図でとらえることは難しくなる。そこで、その発端からの出来事を一つひとつ追いながら、実態にせまってみたい。

元亀争乱の発端となったのは、永禄十三年（一五七〇、元亀元年）四月の越前攻めである。これは、越前の朝倉義景が信長の上洛要請を拒否したことから起こったとされている。確かに、天正五年（一五七七）四月中旬の奥書を持つ、朝倉氏滅亡に関わる越前国内の動きを記した軍記物『越州軍記《えっしゅうぐんき》』（『続群書類従』第二十二輯下所収）には、信長が義景の上洛を求めてきたのに、朝倉氏は信長の「知略」と判断し、上洛を拒絶したと記されている。ちなみに、永禄十三年正月二十三日付で信長が二一ヵ国の大名や国衆宛てに発給した書状（『二条宴乗日記』『信長文書』二一〇）に朝倉氏の名前はない。本状は、信長が天皇御所の修理や義昭政権への務めを果たすために上洛するよう指示したもので、義昭政権を支持する大名・国衆に宛てられていた。信長がこれを仕切ったのも、義昭政権を政治的・軍事的に補佐するという立場から、将軍義昭に了承を得てのことだろう。『越州軍記』の記述からすると、朝倉氏への上洛要請はどうやら信長のこの書状とは別になされたようだ。別に上洛を求められたとなると、信長のこの書状とは異なる意図があったことになる。では、その意図とはなんであったのだろうか。

前章でみたように、そもそも越前朝倉氏は永禄九年(一五六六)八月、信長が上洛計画を頓挫させ、三好氏の反攻をうけた際、義昭が再起を求めて頼った存在である。そして信長は、朝倉氏の承諾を取りつけて義昭を迎え入れ、義昭のもとに「天下再興」を実現させた。それが、なぜこの時期、朝倉氏が信長の上洛要請を拒否する事態となってしまったのだろうか。

その背景には、この時に生じていた若狭国の情勢をめぐって、将軍義昭・信長と朝倉氏の間の緊張が高まったことがある［功刀二〇一七］。若狭国は守護家の武田氏を中心に統治されていたが、この頃、領国内は国衆らが二手に分かれ対立していた。その一方の勢力が朝倉氏に援護を求め、当主の武田元明《もとあき》は朝倉氏によって越前国に移され、庇護下に置かれていた。これをうけて朝倉派と対立する勢力は、親族関係(先代の当主・武田義統《よしむね》は将軍義昭の妹婿)にあった将軍義昭を頼り、勢力を回復しようと図った。その結果、武田領国内部のこの対立が将軍義昭・信長と朝倉氏の関係にも影響してしまったのだ。信長が朝倉氏に上洛を求めたのは、もしかしたらこの関係を修復しようとしてのことだったかもしれない。しかし、両者の関係はかえって緊張が高まってしまった。

そして将軍義昭は、若狭武田領国内部の対立を解消するため、朝倉氏の援護を得た反対勢力である国衆武藤《むとう》氏の征討に向けて、信長に出陣を命じる。そして永禄十三年（一五七〇）四月、その命令をうけた信長は、将軍義昭麾下の諸将を率いて出陣した（「毛利家文書」『信長文書』二四五）。ところが、信長の若狭侵攻に対して、領国「平和」の危機とみなした越前朝倉氏は反攻する。ここに事態は、将軍義昭・信長と朝倉氏の代理戦争に発展し、信長の率いる軍勢は越前国敦賀郡に侵攻する。そして、同郡内の手筒山《てづつやま》・金崎《かねがさき》両城（福井県敦賀市）を攻略した（前掲「毛利家文書」）。

このように、越前攻めからは、よくいわれる革新勢力の信長と保守勢力の越前朝倉氏という対立構図をみることはできない。将軍義昭・信長周辺の情勢が悪化して、その打開を図ろうとしたものの、結果として越前攻めが勃発する事態に発展してしまったというのが実情である。

江北浅井氏の離反と姉川合戦

永禄十三年（一五七〇、元亀元年）四月、越前手筒山・金崎両城を攻略し、木目《きのめ》峠に進んだ信長の軍勢であったが、ここで思わぬ事態が起こる。近江国北部（江北《ごうほく》）の有力国衆で、小谷《おだに》城（滋賀県長浜市湖北町）の城主・浅井《あざい》氏が離反、越前国に進軍してきたのだ。この情報をうけた信長は、浅井氏の離反をにわかに信じることができなかったといわれる（『信長公記』巻三）。信長にとって、浅井氏は敵対することなど考えられない存在であったからだ。

この時、浅井家当主の長政《ながまさ》は、信長の妹・市《いち》を娶《めと》り、織田・浅井両家は縁戚関係にあった。この縁戚関係の成立時期については、永禄四年説と永禄十一年説がある。前者であれば、信長は桶狭間合戦の勝利をうけて東方面の情勢不安を解決し、美濃一色（斎藤）氏への対処に専念し始めた時で、この時、浅井氏も美濃一色氏と対立していたので、両氏が関係を結んだのは対美濃一色氏を目的とした遠交近攻《えんこうきんこう》策であったということになる。一方、後者であれば、義昭による「天下再興」の実現に動いていた時にあたるので、その一連のものとして関係を結んだことになる。筆者としては、情勢から判断して前者の説を推したいところだが、残念ながら史料がなく、現状ではどちらが正しいか、判断が難しい。ここでは、領国「平和」の確保と義昭による「天下再興」の実現のため、江北浅井氏と縁戚関係を通じての同盟を結んでいたこと、その確認だけをしておきたい。

ところが、浅井氏は同時に越前朝倉氏に「御《お》屋《や》形《かた》様」として従属する国衆でもあり（「下郷共済会所蔵文書」『浅井氏三代文書集』七一頁）、朝倉氏からの政治的・軍事的保護をうけていた。朝倉・浅井両氏のこの関係がいつ成立したか、これも史料が少なく、はっきりしない。ただし、長谷川裕子氏の研究によれば、それは浅井氏が当主・長政のもと、それまで従属していた近江六角氏から独立した永禄四年（一五六一）前後のことのようである［長谷川二〇一九］。

浅井長政像（東京大学史料編纂所所蔵模写）

いずれにせよ、浅井氏はこの時、織田・朝倉両家と両属関係を持つ国衆であったことは間違いない。

そしていま、浅井氏が関係を持つ織田・朝倉両氏が抗争することになった。この状況下で、浅井氏が領国「平和」を維持していくためには、両属関係のままでは難しく、織田・朝倉両家のどちらにつくか、選択することがせまられた。そして、浅井氏が選んだ「道」は、朝倉家への従属関係を優先することだった。これは、浅井氏固有の事情ではなく、自身の地域「国家」存立に努めることが求められた戦国時代の大名や国衆らの持つ特質であり、そこから選択された結果である。

浅井氏の思わぬ離反に、信長の率いる軍勢は侵攻を中断して、木下秀吉《きのしたひでよし》・明智光秀《あけちみつひで》・池田勝正を殿《しんがり》に置き、越前国からの退却を余儀なくされた（『信長公記』巻三ほか）。また南近江でも、甲賀《こうか》郡で信長に抵抗の態度を示し続けていた六角氏が、江北浅井氏と結んで挙兵する（『言継卿記』）。

四月三十日、朽木越《ご》えでなんとか京都に戻った信長は、五月九日、近江国に出陣、宇佐山《うさやま》城（滋賀県大津市）に森可成《もりよしなり》を配置する。続けて永原《ながはら》城（同野洲市）に佐久間信盛《さくまのぶもり》、長光寺《ちょうこうじ》城（同近江八幡市）に柴田勝家《しばたかついえ》、安土《あづち》城（同前）に中川重政《なかがわしげまさ》を配置し、京都・岐阜間の通路を確保するための守衛を固めた。そして五月二十一日、千草《ちぐさ》越えにて岐阜に帰還する。その道中、六角氏に雇われた杉谷善住坊《すぎたにぜんじゅぼう》に狙撃されたが、弾がかすった程度で済んだという（『信長公記』巻三）。

岐阜に戻り、態勢を立て直した信長は六月、室町幕府奉公衆や徳川家康らの軍勢も率いて、報復のため江北に攻め込んだ。そして六月二十四日から信長は、小谷城から姉川《あねがわ》を隔てた対岸南方に位置する浅井方の横山《よこやま》城（滋賀県長浜市堀部町・石田町）の包囲を進める。これに対して、浅井氏の救援に現われた朝倉氏の軍勢と、小谷城から出陣した浅井軍は、姉川の北側に着陣した。そして六月二十八日、織田軍は朝倉・浅井両軍と姉川河畔で衝突、多くの戦死者を出しながら辛くも勝利した（「姉川合戦」）。

この時の江北攻めには、当初は将軍義昭も出陣の予定があった（『言継卿記』）。したがって、姉川合戦は、若狭・越前侵攻以来、対立する将軍義昭・織田軍と朝倉・浅井両軍という構図のもとに繰り広げられた抗争といえる。この合戦後、織田軍は横山城を攻略し、木下秀吉を城将として守衛させ、美濃国へ至る要衝に位置する佐和山城の包囲を固めた。信長は一度上洛し、その後、岐阜に帰還した（『信長公記』巻三）。

大坂本願寺・一向一揆の蜂起

当初、江北攻めに出陣する予定だった将軍義昭が、出陣を断念せざるを得なかった理由は、一つは麾下の摂津国衆の池田家で内紛が起きていたこと、もう一つは阿波国に退いていた三好三人衆が再び上陸の気配をみせていたためであった（『言継卿記』）。そして実際に、元亀元年（一五七〇）七月、三好三人衆は上陸し、摂津国に軍勢を進める。将軍義昭は、信長に三好三人衆の討伐を求めた。

顕如像（西本願寺蔵）

翌八月、信長は三好三人衆と戦うため、将軍義昭を擁して摂津国野田・中島に出陣した。そして、将軍義昭・信長勢と三好三人衆勢がこの地で対峙していたところ、九月、大坂本願寺（大阪府大阪市）の宗主《しゅうす》・顕如《けんにょ》の檄《げき》に応じた一向一揆《いっこういっき》が襲撃してきた（『兼見卿記』ほか）。これが以後、断続的ながらも一〇年間に及ぶ信長と本願寺・一向一揆との戦い（「石山《いしやま》合戦」）の始まりとなった。

一向一揆とは、浄土真宗《じょうどしんしゅう》本願寺派の門徒を中心とした武装蜂起で、特に長享《ちょうきょう》二年（一四八八）六月に加賀国守護の富樫政親《とがしまさちか》を倒し、やがて本願寺のもとに支配を確立していったことで知られる。また、その後も畿内や各地で本願寺宗主の指示のもと、一向一揆が蜂起し、室町幕府将軍やそれを補佐する細川京兆家、あるいは各地の大名と戦っている。その最大規模の戦争が、本願寺教団存続のために信長と戦った、いわゆる「石山合戦」である。これらの事実から、本願寺・一向一揆による戦争を、信仰のための宗教一揆、または権力者に対する民衆の戦いとすることがある。

しかし、近年の研究成果によると、信長と対立し続ける一向一揆のイメージとは、江戸時代に、東・西本願寺派それぞれの立場から自らの正統性を石山合戦と結びつける言説に、門徒の先祖の武勇談が加わって喧伝《けんでん》された結果、定着していったものとされる［神田千里二〇〇七］。また、一揆は本願寺門徒だけでなく、法華宗（日蓮宗）門徒による法華一揆など他の宗派でもみられ、寺院の動員によって門徒が蜂起することは戦国時代において特段珍しいことではなかった。

さらに、近年の研究から、戦国時代は、神仏への信仰と世俗道徳の遵守に基づいた天道《てんとう》思想のもと、個人の内面の問題である信仰の世界（仏法《ぶつぽう》）と世俗の世界（王法《おうほう》）の棲《す》み分けがなされていて、そして当時の諸宗派は、教義の違いはあれ、この棲み分けのもとに共存を果たしてきていたという［神田千里二〇一〇・二〇一六］。したがって、天道思想に基づき、為政者の室町幕府将軍足利氏や戦国大名・国衆も諸宗派を基本的に庇護し、弾圧するに及ぶのは政治的な問題が発生したときに限られていた。つまり、天道思想によって世俗道徳を遵守し、信仰の世界に携わる当時の諸宗派のあり方に、世俗の権力者と対立するという姿勢はうかがえない。実際、加賀一向一揆の蜂起の要因を探ると、応仁・文明の乱から続く国内の不安定な情勢が背景にあった。また、その後の室町幕府将軍や細川京兆家、各地の大名との戦いも、実態は「天下（中央）」や各地の情勢に応じた、本願寺教団存続のための戦いであったといえる。

この時に起こった本願寺・一向一揆の蜂起も、「革命児」信長が既存の宗教勢力を弾圧したという、後世の人が描いたイメージのようなことが理由で引き起こされたわけではない。将軍義昭・信長と対立する三好三人衆と朝倉・浅井両氏が本願寺と懇意にしていて、教団の存立がなされてきたという、本願寺がそれまでに築いてきた関係がその背景にあったのだ。この関係を維持することで教団は維持されてきたのであり、今後も教団を存続させていくために、本願寺・一向一揆は蜂起したのである。

この蜂起をうけて、信長は「仰天《ぎようてん》」したとされる（『細川両家記』）。信長は上洛以来、本願寺と昵懇《じつこん》ではないにしろ、音信を交わし続けてはいた（『顕如御書留』）。だから、信長は本願寺が自分に敵対するとは考えていなかったのであろう。ところが、本願寺にとっては新興勢力の将軍義昭・信長よりも、三好三人衆と朝倉・浅井両氏とのこれまでの関係が優先された。それで、将軍義昭・信長は本願寺の攻撃をうけることになった。

そのため将軍義昭は、正親町天皇を動かし、勅使を派遣させ、本願寺の宗主・顕如に一揆の勃発を鎮めるよう指示させた（『言継卿記』）。しかしその頃、この動きに応じた朝倉・浅井両勢が京都に向かって進軍してきたため、将軍義昭と信長はそちらの対処に追われていく。

かくして元亀争乱を取り巻く構図は、将軍義昭・信長と朝倉義景・浅井長政・三好三人衆・

大坂本願寺と一向一揆という面々に広がっていったのである。

江濃越一和

元亀元年（一五七〇）九月、将軍義昭・信長が大坂本願寺・一向一揆の蜂起への対処に追われるなか、朝倉・浅井両軍が京都に向けて進軍した。九月十日付で本願寺の宗主・顕如が浅井久政《ひさまさ》・長政父子に宛てて懇情を謝した（細やかな配慮に対する御礼）書状があるので（『顕如御書留』）、朝倉・浅井両軍のこの動きは、本願寺と連携したものであったことがわかる。

朝倉・浅井両軍は近江国志賀郡に侵攻し、同月二十日、森可成が守衛する宇佐山城を攻めて可成らを討った（ただし宇佐山城は落城せず）。さらに進軍は続き、山城国山科《やましな》・醍醐《だいご》（京都府京都市山科区・伏見区）を放火するなど勢いを増す。その後、朝倉・浅井両軍は比叡山（滋賀県大津市）に着陣した。これをうけて、将軍義昭と信長は九月二十三日、摂津国の陣営を撤収し、帰京する（『言継卿記』）。

翌九月二十四日、信長はすぐさま近江国坂本《さかもと》（滋賀県大津市）に出陣し、青山《あおやま》（同前）に進軍した朝倉・浅井両軍を討ち破った。ここで、信長は比叡山延暦寺に対して、織田軍に味方するか、それとも中立の立場をとるかを求め、もし朝倉・浅井両軍に味方した場合、それに対する措置として比叡山延暦寺の焼き討ちを宣告する。しかし、比叡山延暦寺は信長の要求に応じなかった。

その後も織田軍と朝倉・浅井両軍は対陣し続け、戦線は膠着する。そのさなかの十月、三好三人衆が阿波三好家（三好長慶の弟実休《じっきゅう》の系統。以下、この系統の三好氏を「阿波三好氏」または「阿波三好家」と記す）宿老の篠原長房が引き連れてきた援軍を得て、河内高屋《たかや》城（大阪府羽曳野市）を攻撃した。また、近江国南部では六角氏が攻勢をみせていた。そして翌十一月、伊勢国長島（三重県桑名市）では、本願寺一族寺院の願証寺《がんしょうじ》のもとで蜂起した一向一揆の攻撃によって、信長の弟で尾張小木江《こきえ》城（愛知県愛西市）の城主・織田信興《のぶおき》が戦死した（『言継卿記』、『信長公記』巻四ほか）。

このように、信長を取り巻く戦況は次第に長期化・広域化していったのだが、十一月十三日、青蓮院門跡尊朝法親王《しょうれんいんもんぜきそんちょうほうしんのう》の要請により、大坂本願寺が信長との和睦に応じる姿勢をみせた（『顕如御書留』）。また、松永久秀が信長と三好三人衆の和睦交渉に動き、同月二十一日に成立させる。さらに同日、信長は六角氏とも和睦した（『言継卿記』）。

そして十一月下旬には、将軍義昭は懇意にする関白二条晴良《はれよし》とともに近江園城寺（三井寺。滋賀県大津市）に自ら出向き、信長と朝倉氏の和睦に乗り出す。この時、信長と朝倉氏が和睦に応じなければ、将軍義昭は高野山《こうやさん》（和歌山県高野町）に遁世する覚悟を示したため（「高野の御すまいと仰せられ候えば」)、十二月十三日、信長と朝倉氏は将軍義昭の意向に従って和睦、浅井氏も応じた。また、朝廷が比叡山延暦寺領の保証を信長・朝倉氏双方に求めたので、これを受諾した(『尋憲記』『大日本史料』第十編之五、一七二頁)。こうして、信長と朝倉・浅井両氏との和睦(江濃越一和《ごうじょうえついっか》)が成立した。

注目したいのは、この和睦が将軍義昭のもとで成立していることである。将軍義昭は、これまでみてきたように、信長とともに活動し、朝倉・浅井両氏とは対立していた存在で、いわば当事者の一人だ。その将軍義昭の働きかけによって和睦が成立したのは、将軍義昭がただの傀儡ではなく、「天下諸侍御主(天下人)」として、世間に影響力を持つ権威ある存在であったからであり、その意向を安易に退けることは難しかった。この講和は、改めて将軍という存在の重さを認識させる機会となったであろう。

信長は、将軍義昭の力によって危機を脱したのである。

比叡山焼き討ち

将軍義昭の力によって成立した江濃越一和であったが、翌元亀二年(一五七一)になると、織田・朝倉両家の勢力圏の「境目」に位置する浅井領国＝江北地域をめぐる動きから、和睦が破られてしまう。それは、この和睦で確認されたのがあくまで停戦状態であり、和睦以後の領国「平和」を維持するほどの解決策にはなっていなかったからであろう。こうしたなか、二月、織田勢によって包囲され続けていた江北浅井氏との「境目」の要城・近江佐和山城が開城する（『信長公記』巻四）。これを機に、織田氏と朝倉・浅井両氏の戦争が再び始まった。

その一方で五月、信長は伊勢長島一向一揆の討伐に出陣する。伊勢国長島は、織田氏の本国だった美濃・尾張両国の「境目」に位置したため、その平定が領国「平和」に関わってい た。そして、織田軍の攻勢に一揆側は降伏を願い出たらしく（「牧田茂兵衛氏所蔵文書」『愛知11九九三』、それをうけて、五月十六日、織田軍は撤退を始めた。ところが、一揆勢の強襲をうけて重臣の柴田勝家は負傷、美濃国衆の氏家卜全《うじいえぼくぜん》らが戦死する事態となり（『信長公記』巻四）、その平定については課題として残ってしまう。

また、近江国内でも金森《かねがもり》（滋賀県守山市）などを拠点に、信長に敵対する一向一揆の勢力が活動していた。そこで九月、信長は金森を攻囲し降伏させた。そして同月十二日、比叡山延暦寺の焼き討ちを実行する（『信長公記』巻四）。

比叡山延暦寺への攻撃は、過去にも室町幕府六代将軍の足利義教《よしのり》と延暦寺との対立が原因で実行された歴史がある。そしていま、前年の朝倉・浅井両氏に味方した行為に対する報復を理由として、信長が実行した。先にもみたように、信長は比叡山延暦寺に対して、織田軍に味方するか、それとも中立の立場をとるかを求め、朝倉・浅井両軍に味方した場合は、比叡山延暦寺の根本中堂《こんぽんちゆうどう》・山王《さんのう》二一社などの焼き討ちを宣告していた。だが、比叡山延暦寺は信長の要求に応じず、その後も朝倉・浅井両軍を支援して信長を苦しめた。こうした敵対行為に対する報復が、宣告に基づく焼き討ちの実態である。延暦寺のこの事件を、「革命児」信長による宗教勢力の弾圧とする見方もある。しかし、これまでみてきたように、そこに宗教的な問題はなんら絡んではいない。焼き討ちは、実に政治的な問題からおこなわれたのだ。

信長はこの時、僧籍の者に限らず、老若男女をも数知れず殺害したという。この時代、領主には、災害や戦乱といった危機から民衆を守るという役割が求められていた。それは、領主の一員であった寺院も同じである。そのため、寺院もまた武装して備えていたが、いま数多の人を殺害され、さらには延暦寺が古代以来持っていた「王城の鎮守」という仏法政界での役割にも傷がつき、領主としてはなはだ不適格ということを世間に晒す事態となった。

この焼き討ちと殺害によって比叡山延暦寺の体たらくを〝暴露〟した信長は、それまで胸に抱えていた鬱憤《うつぷん》を晴らしたという（「年来の御胸朦《きようもう》を散ぜられ訖」）。それにしても、当時の人々にとって、この事件の衝撃は相当大きなものだったらしく、公家の山科言継は「仏法破滅」と評し、今後王法の世界がどうなってしまうかが心配だと記している（『言継卿記』）。

その後、信長はその事後処理と近江国志賀郡の支配を明智光秀に任せた（『信長公記』巻四）。

光秀は、室町時代に美濃国の守護だった土岐《とき》家の一族で、室町幕府の直臣にあった明智家の傍流出身だったが、戦国時代における戦乱のなかで没落し、牢人《ろうにん》としてあったようだ。それから、光秀は滞在先の越前国で室町幕府再興のために活動していた足利義昭に仕え、その近臣である細川藤孝のもとで活動していた。そこで光秀は、室町幕府再興に尽力する信長と出会う。そして、信長の協力を得て将軍になった義昭の室町幕府のもと、将軍義昭と信長の関係維持に努め、京都周辺の支配や軍事に活躍する存在に飛躍していった。彼は近江国志賀郡を与えられ、さらには坂本城（滋賀県大津市）を築いて支配の拠点としていく。

坂本城を拠点とした光秀の支配領域（近江国坂本領）は、のちに羽柴《はしば》秀吉が「坂本領を手にすることは、「天下」を押さえることになってしまう」と書状に記したように（「金井文書」『秀吉』五一二）、「天下」の東端に位置する要地であったようだ。これまで、光秀の近江国坂本領への配置は、織田家の領国支配の下で扱われたものとされてきた。だが、この時に将軍義昭・信長双方のもとで活動していた光秀の立場を考えると、信長の政治的・軍事的補佐をうけて管轄していた「天下」とその周縁の守衛も含め、将軍義昭が配置したのだろう［柴編二〇一九a・二〇一九b］。

武田信玄との対立

元亀三年（一五七二）になっても、江北地域を舞台に、信長と浅井氏の戦争は続いていた。この間、六角承禎・義治父子が近江一向宗門徒を誘い、金森・三宅《みやけ》両城（いずれも滋賀県守山市）で織田氏に抗戦するよう促している。この動きを平定するよう任された宿老の佐久間信盛は、周辺地域の一向宗の僧侶や有力住人に味方しないことを誓約する起請文を提出させた（「福正寺文書」『信長文書』三〇九ほか）。その後、佐久間信盛の攻勢に金森・三宅両城は落城する。

一方、畿内では前年の元亀二年五月から、三好義継と松永久秀・久通父子が畠山高政と対立、河内国を舞台に戦争を始めていた。そのため将軍義昭は、三好義継と松永久秀・久通父子を支持せず、六月、その敵対勢力であった大和国衆の筒井順慶《つついじゅんけい》に養女を嫁がせ、手を結ぶ（『多聞院日記』）。ここに、三好義継と松永久秀・久通父子は将軍義昭と敵対する勢力となった。また八月には、摂津国衆の池田家内部の対立に絡み、和田惟政が摂津国郡山《こおりやま》（大阪府茨木市）での戦いで戦死している（『言継卿記』）。

戦乱に喘《あえ》ぐ畿内の状況は、翌元亀三年になっても続き、四月、信長は河内国で畠山高政と

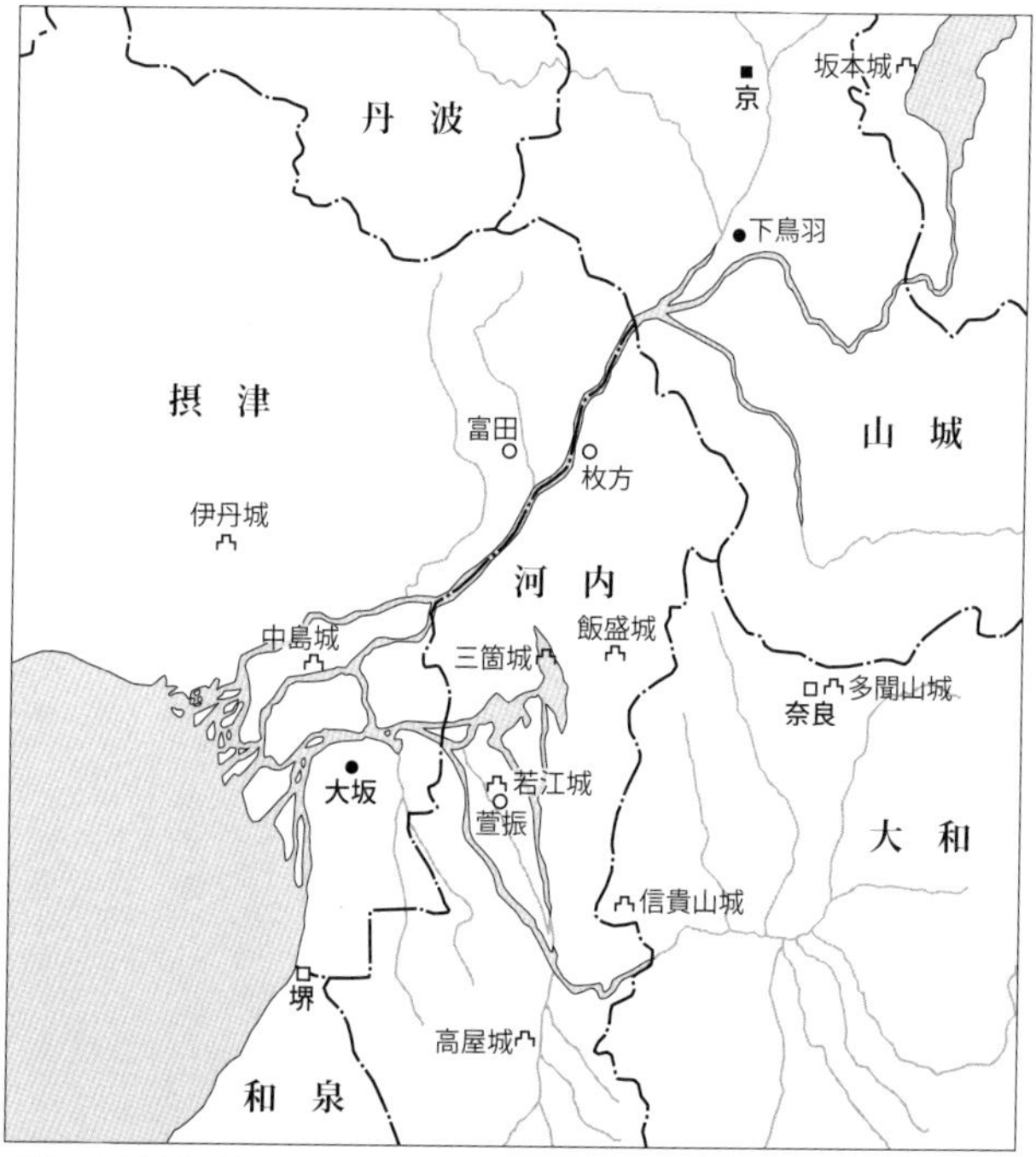

摂津・河内周辺地図（金子拓『信長家臣明智光秀』所載図を一部修正）

戦い続けている三好・松永両氏を討つため、佐久間信盛・柴田勝家らを将軍義昭の奉公衆とともに派遣した。織田軍のこの侵攻に対して、三好・松永両氏は風雨のなかを撤退、三好義継は河内若江《わかえ》城（大阪府東大阪市）に、松永久秀は大和信貴山《しぎさん》城（奈良県平群町）に、松永久通は大和多聞山《たもんやま》城（同奈良市）にそれぞれ籠もった（『信長公記』巻五）。七月になると、すでに水面下で対立が続いていた大坂本願寺との敵対関係が明らかになり、信長は大坂への出入りに規制を加えている（「専福寺文書」『信長文書』三三〇）。このように、将軍義昭・信長の前には、相次ぐ敵対者が現われ、その対処に追われるようになっていた。

こうしたなかで十月、甲斐の武田信玄が将軍義昭・信長陣営の徳川領国に侵攻する（「徳川黎明会所蔵文書」『戦武』一九八九）。第二章でもみたように、かつて織田氏の美濃国に勢力を広げる動きが勢力圏の「境目」にあった東美濃に及んで、武田氏を刺激してしまった経緯があった。そのため、永禄八年（一五六五）十一月、織田・武田両氏は、信長養女の龍勝寺殿（苗木遠山氏の娘）が信玄四男の諏方勝頼に嫁ぐことで同盟を結ぶ。その後、織田・武田両氏はこの同盟のもと、足利義昭の「天下再興」に力を尽くしつつ、この同盟を敵対視する駿河今川氏に相対するようになった。

武田信玄（晴信）像（東京大学史料編纂所所蔵模写）

それまで甲斐武田氏と駿河今川氏とは、相模北条氏を含め、縁戚によって同盟を固めていた。ところが、信玄が信長に接近したことから、今川氏との関係は悪化、ついに対立してしまう。

そこで、今川氏真は武田氏が敵対する越後の上杉謙信に接近し、武田氏への対処を図った。対して信玄はこの時、義昭政権を支えていた信長と徳川家康の協力を取りつけ、永禄十一年十二月、今川領国の本国であった駿河国に侵攻する。一方、武田氏との協力関係から、遠江国には徳川氏が侵攻、翌永禄十二年正月には、武田軍の攻勢によって駿河国駿府を追われた氏真が籠もる遠江懸川《かけがわ》城（静岡県掛川市）を攻囲した。

駿府より氏真を追い払った武田氏だったが、その後、今川氏を支援した相模北条氏の攻勢に苦戦し、駿河国を領有できずにいた。また、信玄は遠江国の領有も企て、武田家配下で重臣の秋山虎繁《あきやまとらしげ》率いる信濃国伊那郡の軍勢を同国に侵攻させたところ、徳川軍と衝突してしまう（『松雲公採集遺編類纂』『戦武』一三五〇）。これは、今川領国の領有配分について、徳川・武田両家における取り決め（国分《くにわけ》協定）が大井《おおい》川を境としながらも、「（あくまで）状況次第」とされたことが原因だった。家康が抗議したため、駿河国の領有を優先とした信玄は衝突を避けようと、秋山虎繁率いる信濃国伊那郡の軍勢を退かせた。だが、家康は武田氏のこの動きに不信を募らせていった。

その影響もあって、家康は氏真と相模北条氏との和睦に動きだす（『松平記』）。それに対して信玄は不審を抱き、信長を詰問《きつもん》している（『武家事紀』『戦武』一三七九）。だが、五月になると、徳川・今川両家間の和睦は成立、同月十五日に氏真は遠江懸川城を開城し、相模北条氏の庇護をうけることになる（『歴代古案』『上越』七三二）。ここに、戦国大名今川氏は滅亡し、遠江国は徳川家の領国となった。

こうして、遠江国に領国を広げた徳川氏であったが、この時生じた甲斐武田氏への不信はその後の両氏の関係を悪化させていった。この関係の変化は、やがて両氏の仲介を果たしていた信長も巻き込んでいく。そして、元亀元年十月、徳川氏は甲斐武田氏との関係を絶ち、越後上杉氏と同盟を結んだ。家康はこの時、信長にも越後上杉氏への入魂《じっこん》（関係強化・協力）を要請し、さらには「甲尾縁談（武田・織田両家間の縁談）」の破棄をも画策する（「上杉家文書」『上越』九四二）。信長との関係を壊しかねない家康のこうした企《たくら》みに対して、信玄は信長を強く非難した（『武家事記』『戦武』一七七五）。だが、その後も信長は変わることなく、徳川氏との関係をこれまで通り、維持していった。

一方、甲斐武田氏は当初、相模北条氏の攻勢に苦慮したものの、駿河国の領有を次第に固めていく。そのため、北条家内部には武田氏との同盟復活を望む気運が生まれていった。元亀二年十月、北条家の最高主導者である氏康《うじやす》が死去すると、それを機にこの年の年末、当主の北条氏政《うじまさ》は武田氏と再び同盟（甲相《こうそう》同盟）を結ぶ。これによって、信玄は駿河国を領国化した。さらに、信玄は越後上杉氏の押さえとして、信長と敵対する大坂本願寺や越前の朝倉義景と同盟する。しかも、武田・徳川両領国の「境目」に位置する奥三河国衆の作手《つくで》奥平定《さだ》能《よし》・田《だ》峯《みね》菅沼《すがぬま》刑部丞《ぎょうぶのじょう》・長篠《ながしの》菅沼右《う》近助《こんのすけ》の山家《やまが》三方衆《さんぽうしゅう》や遠江国衆の犬居《いぬい》天野《あまの》藤秀《ふじひで》が、各々の領国「平和」を維持するため、徳川氏の政治的・軍事的保護から武田氏の傘下に乗りかえていく。いよいよ、徳川・武田両家の対立は避けられない事態になってしまった。

　元亀三年（一五七二）十月、信玄は大坂本願寺・朝倉義景との同盟のもと、それまで抱き続けた「三ケ年の鬱憤」を晴らすため、徳川領国に侵攻する（「武市通弘氏所蔵文書」『愛知』11八二〇）。信玄の本隊は、駿河国方面から遠江高天神城《たかてんじん》（静岡県掛川市）の攻撃を経て、遠江国内中央部に、また重臣の山県昌景《やまがたまさかげ》・秋山虎繁率いる別働隊は信濃国から遠江国を経て、三河国に侵攻したのち、本隊に合流し、遠江二俣《ふたまた》城（静岡県浜松市天竜区）を攻撃した［柴二〇一四c・二〇一七b、本多二〇一九ほか］。信玄の遠江・三河侵攻にあたって、家康は、将軍義昭からこの事態における自分に対する支持を取りつけ、信長からは宿老の佐久間信盛らの援軍を得た（「鹽川利員氏所蔵文書」『新修徳川家康文書の研究』、四九頁）。

　ところで、織田・武田両家の勢力圏が隣りあう「境目」で両属の立場を示していた東美濃国衆の岩村遠山家では、当主・景任の急死によって家中が動揺していた。そこで、岩村遠山家中の動揺を抑えるために信長は、岩村遠山家に軍勢を派遣する。しかし、岩村遠山家中は織田氏の介入に反発し、甲斐武田家に従属してしまう。信長にとっては一転、東美濃の勢力圏を失う危機が生まれてしまい、また先の徳川領国への侵攻も問題化、武田氏との敵対関係はますます深みにはまっていった。

十一月三十日、武田氏は遠江二俣城を攻略し（『雪の出羽路』『千葉県の歴史』資料編中世4、七〇頁）、浜松方面に進軍、徳川方国衆の大沢基胤《おおさわもとたね》が籠もる遠江堀江《ほりえ》城（静岡県浜松市西区）の攻略にかかった（『信長公記』巻五）。これに対して家康が、織田方の加勢を含む徳川軍を率いて救援に向かったところを三方原《みかたがはら》（静岡県浜松市北区）の地で武田軍が迎撃したのが、十二月二十二日のいわゆる「三方原合戦」である。この合戦で、織田・徳川連合軍は、武田軍に敗れてしまう（「伊能文書」『愛知』11八四四ほか）。勝利した信玄は、その後も三河国に侵攻を続け、それが信長打倒を目指す反織田陣営を勢いづかせた。そして甲斐武田氏や大坂本願寺は、江北地域の戦場から冬の備えのために撤退していた越前朝倉氏に一刻も早い出陣を求めた（『顕如御書留』ほか）。

反織田陣営優位の状況は、将軍義昭と信長を危機に追いやるばかりではなく、やがて二人の関係にも影を落としていく。

将軍義昭の挙兵と追放

この状況は、織田・徳川両氏を支持していた義昭政権にも動揺を与え、将軍義昭は「天下静謐」を維持するための対処にせまられた。この時、将軍義昭は信玄に、信長・家康との和睦を促したが、その要請を信玄は拒絶、信長・家康を討伐して「天下静謐」に努める意向を示している（「醍醐寺理性院文書」『戦武』二〇一三）。

この事態に晒され、将軍義昭は京都退去の準備を始めたようである。そのため、動揺する将軍義昭とその周辺に対して、これまでの姿勢や振る舞いを正すよう、信長が求めたのが、先にみた一七ヵ条の異見書（『尋憲記』『信長文書』三四〇）だった。

信長はこの異見書で、将軍義昭が五ヵ条の条書を誓約した後も、変わらず朝廷に対する務めを疎かにしてきたこと、近臣ばかりを重用したこと、命令を改変させ混乱を生じさせたことのほか、相次いで献上を要求し金銭を貯えたこと、京都からの退却を準備したことなど、その姿勢や失政の数々を糾弾した。さらに信長は、将軍義昭が天下人としての器量に欠け、世間では「あしき御所」と評価されていると述べ、これまでの姿勢や態度を改めるよう求めた。

なお、この異見書はこれまで、元亀三年（一五七二）九月に提出され、これを契機として将軍義昭と信長の関係は決裂したとみなされてきた。だが、この異見書について記した一五七三年四月二十日付のルイス・フロイス書簡（『十六・七世紀イエズス会日本報告集』）には、「美濃から公方様のもとに十五ヵ条（十七ヵ条の誤り）を送り、厳しくこの不備を指摘した」

とみえているのだ。つまり、この異見書は、当時の信長の居城であった美濃岐阜城から提出されたことが確認できる。実際、信長は九月、越前朝倉・江北浅井両軍との対陣で近江横山城に在城していて、美濃国に帰国したのは翌十月十六日である（『越州軍記』）。したがって、元亀三年九月説は成り立たない。これまでの流れから、おそらく同年末から翌元亀四年（七月に天正へ改元）正月初頭にかけて提出されたと推定できる［柴二〇一六ａ］。

さて、信長からの異見書により、姿勢や態度を正すようせまられた将軍義昭とその周辺だったが、彼らからすれば、義昭政権による「天下静謐」を不安定な状況に陥らせ、危機を招いた信長の手腕こそが問題だった。将軍義昭側と信長側の双方がそれぞれにこうした認識のズレを抱えたまま、この異見書はやり取りがなされたわけだが、現状の「天下静謐」に対する危機意識も絡んで、将軍義昭と信長は次第に溝を深めていく。

そして元亀四年（一五七三）二月、将軍義昭は「天下静謐」を維持するため、信長と敵対する意思を表明、反織田連合に与《くみ》して挙兵する態度を示した（「土井家文書」『戦武』四〇六四ほか）。ここに、将軍義昭を盟主とした反織田連合が生まれ、元亀争乱はいよいよ信長と将軍義昭を盟主とする反織田連合との対立にその構図を変化させた。

これまで、元亀争乱は「天下」の掌握と領国の拡大を意図する信長と、それに対抗する室町幕府将軍足利義昭を中心とした反織田連合との争い、という見立てのもとに解釈されてき

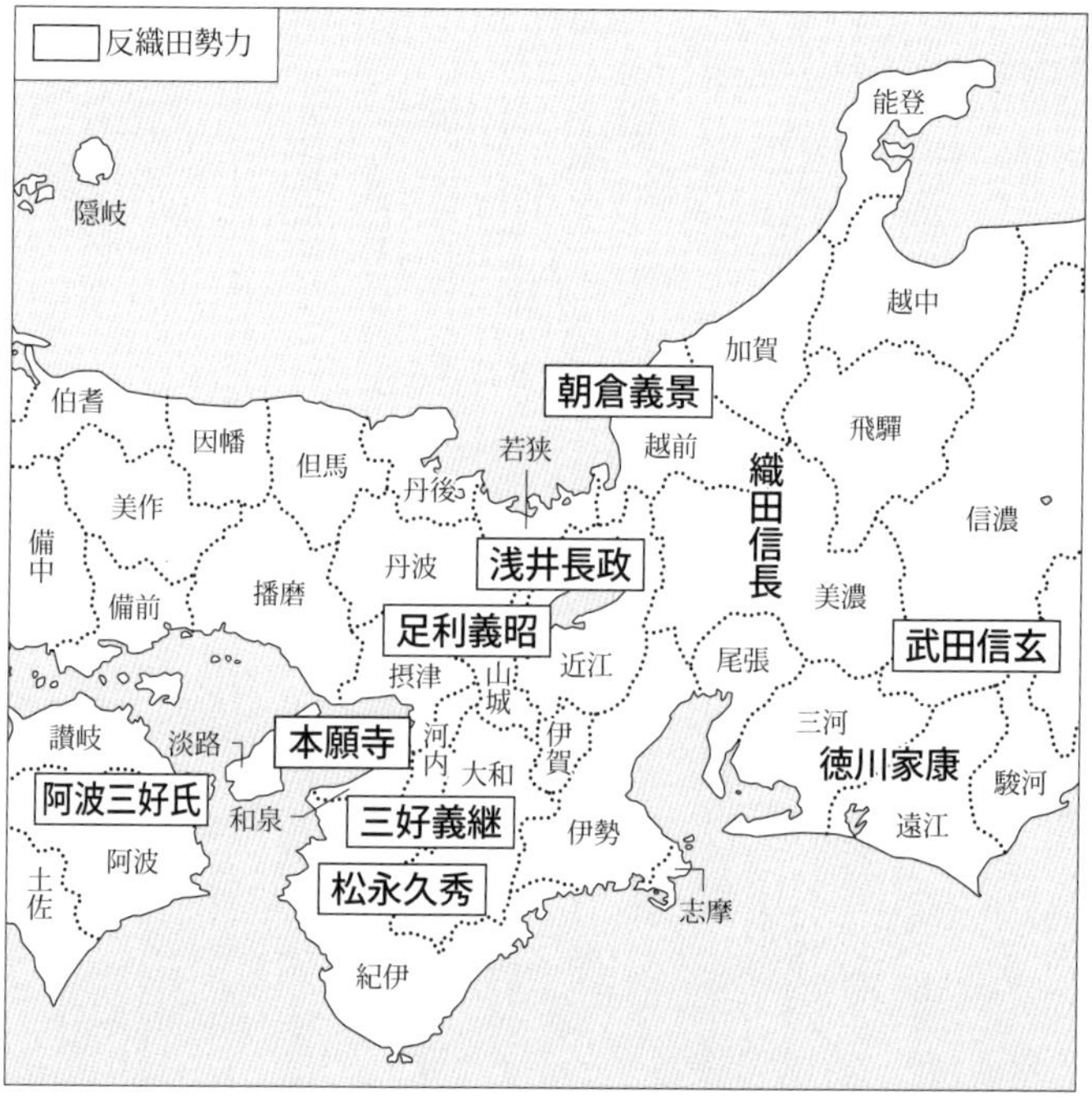

反織田連合の展開（池上裕子『織田信長』所載図を一部修正）

た。しかし、元亀元年の将軍義昭・信長が朝倉義景・浅井長政・三好氏・大坂本願寺と一向一揆の反織田連合と対立するという構図から、甲斐武田氏が反織田連合に加わり、さらに元亀四年二月、将軍義昭が信長に敵対する意思を表明したことから、将軍義昭を盟主とする反織田連合に発展したというのが実態である。最早これまでの見方で元亀争乱をとらえることは、見直さなければならない。

とはいえ、将軍義昭の意

思表明に対して、信長は将軍義昭との君臣の関係を重視し、非礼を詫《わ》び、実子《じっし》を差し出すなどして和平を求めた。だが、将軍義昭は信長の求めを拒絶した。そこで三月二十九日、信長は京都に出陣して包囲、将軍義昭に態度の改変をせまったうえ、四月二、三日は洛外、四日には上京《かみぎょう》を焼き払った（『古文書纂』『信長文書』三六七、『兼見卿記』）。これをうけ、正親町天皇が将軍義昭と信長の和平斡旋《あっせん》に動き、四月二十七日に両者は和睦した（『兼見卿記』）。だが、両者の関係はこれまでのように戻る気配はなかった。将軍義昭はその後も武田信玄・越前朝倉氏ら反織田連合との関係を維持し、その関係のもとで「天下静謐」を図ろうとしたのだった（「大槻家文書」『戦武』四〇四九）。

ところが、将軍義昭の期待とは裏腹に事態は動く。まず、三河侵攻中の信玄が発病によって四月に死去してしまう。そのため、甲斐武田軍の進撃は途絶える。また、朝倉・浅井両軍はなかなか戦果を挙げられずにいた。そして七月、将軍義昭は信長との和睦を破り、山城槙島《まきしま》城（京都府宇治市）にて再び蜂起する。しかし、信長はすぐさま応戦に転じたことで、将軍義昭は降伏し、三好義継のいる河内若江城に追放されてしまう（『信長公記』巻六）。将軍義昭はその後も征夷大将軍職にあり続けたが、京都を追放されたことで、次第に朝廷の庇護者たる天下人の役割を果たせなくなった。つまり、この追放が事実上の室町幕府の滅亡といってよい。勢いづいた織田勢はその後、八月に越前朝倉氏、九月に江北浅井氏を滅亡させて、反織田連合を瓦解に追い込んでゆく。

そして信長は、室町幕府将軍足利家に代わり、いよいよ天下人への道を歩きはじめる。しかしそれは、彼が最初から抱いていた構想に基づく行為であったわけではなく、元亀争乱が展開した結果、自身にもたらされた状況であった［柴二〇一六a］。

信長といえど、その時間、その歴史の瞬間に生き、活動した人間に過ぎないのであって、決して同時代人から乖離した存在ではないことを忘れてはならない。その視点を保ちつつ、信長の歩みを引き続き、次章以降もみていこう。

第四章　天下人信長の出来

将軍不在のための代行者

元亀四年（一五七三）七月、織田信長は再び敵対することになった室町幕府将軍の足利義昭を京都から追放した。その直後、信長は朝廷に改元を申し出る。朝廷はこれに応じ、七月二十八日、「天正」と年号を改元した（『お湯殿上の日記』）。

天正への改元は、信長による働きかけをうけて実施されたことから、信長が自分の時代の始まりを示すためにおこなわれたといわれることがある。だが、朝廷は信長の働きかけをうける前から、戦乱が治まらない元亀年号は不吉であるとして改元を望んでいた。そして古代以来、改元は朝廷が進めるべき案件であったが、その手続きに関わる費用などは長らく室町幕府が負担してきたことから、室町幕府との協働のもと、幕府の意向も汲みながら進められてきた。そのため、元亀年号を改元するのも、義昭政権の承諾を必要とした。

ところが、将軍義昭は朝廷側の改元要請に応じなかった。実は、元亀年号が義昭政権の代《だい》始《はじ》めの年号だったこともあり、そう簡単には応じられなかったのだろう。信長は、将軍義昭のこの振る舞いが朝廷を庇護する天下人としてふさわしいものではないとし、一七ヵ条の異見書をもって態度を改めるよう求めた。しかし、将軍義昭は信長に応じず、その後、敵対したため京都を追放された。そこで、信長が朝廷からの改元要請への応対を引き継ぎ、信長の働きかけによって、「天正」へと改元されたのである。したがって、この改元は信長が自分の時代の始まりを示すためになされたものではない。

さて、将軍義昭を追放したいま、信長は自ら望んで天下人になろうとしたのだろうか。実は元亀四年七月、将軍義昭が山城槙島城で再蜂起した際、信長はこの時、懇意にしていた安芸の毛利輝元《てるもと》に、将軍義昭が「天下」を放棄したので信長が上洛して鎮めたことを告げ、「将軍家のこと、諸事議定《ぎじょう》を遂げ、それに随うべく候（将軍家のことはすべて相談のうえで取り計らいたい）」と書状に記している（「太田荘之進氏所蔵文書」『信長文書』三七七）。確かにこれだけならば、自身の行為を正当化させるためのものとも考えられよう。

しかしその後、毛利家を頼ろうとした将軍義昭の扱いに毛利氏は困惑し、信長に将軍義昭の帰京を打診した。信長はそれに応じ、重臣の羽柴秀吉と朝山日乗《あさやまにちじょう》を派遣して、十一月に和泉国堺《さかい》（大阪府堺市）で毛利側の使僧・安国寺恵瓊《あんこくじえけい》を交え、将軍義昭の帰京について会談した。この会談自体は、将軍義昭が信長からの人質を強く要求したことに秀吉が応じず、決裂してしまったが（「吉川家文書」『大日本古文書　吉川家文書』六一〇号文書）、信長が将軍義昭の帰京をうけ入れようとしていたことは間違いない。というのも、信長はその後も将軍義昭に帰京を求めたようなのだ。しかしその求めも空しく、義昭に断られている（「織田文書」『大日本史料』第十編之十八、三一五頁)。

したがって、彼自身、室町幕府将軍足利家に代わって天下人になることを望んではおらず、また室町幕府を否定する気もなかったようなのだ。つまり、この時点での信長は、室町幕府将軍足利氏が不在となっていたため、代行者として振る舞っているというだけのことだったのである。

「天下静謐」へ向けた大坂本願寺・武田氏との戦い

その一方、信長は天正元年(一五七三)八月、江北地域から退陣した越前朝倉軍を追って越前国に進軍し、同月二十日、一族の朝倉景鏡《かげあきら》に離反された朝倉義景を自刃に追い込み、朝倉氏を滅亡させた。その勢いに乗じて、織田軍は近江小谷城を攻撃、同月二十七日に浅井久政(当主・長政の父)を、九月一日には浅井長政を自刃させ、浅井氏も滅亡させた。その後、十一月十六日に河内若江城の三好義継を自刃させ、十二月二十六日には大和多聞山城の松永久秀を降伏させた(『信長公記』巻六ほか)。また、織田方優勢との情報に接し、大坂本願寺も講和を求めたため、信長はこれに応じる。こうして、元亀争乱から続く改元後の情勢は、信長に優位な状況で「天下静謐」の実現が進んでいく。

ところが翌天正二年初め、織田領国に併呑されたばかりの越前国で、「守護代」にあった朝倉家旧臣の桂田長俊《かつらだながとし》（もとの名は前波吉継《まえばよしつぐ》）が、麾下の富田長繁《とだながしげ》との対立により殺害されてしまう。これを機に同国は内乱状態となり、そこに加賀一向一揆が介入、この動きに応じた国内勢力と結集し「一揆持《もち》」といわれる体制が成立する（『信長公記』巻七）。

これに追いうちをかけるように、将軍義昭から織田氏打倒の働きかけをうけた大坂本願寺が、信長との講和を破棄、再び蜂起した。また、甲斐の武田勝頼は、父・信玄の時から続く将軍義昭や大坂本願寺との外交を守り、二月に東美濃、五月に徳川家康の領国だった遠江国に侵攻し、徳川方の遠江国衆小笠原氏の高天神城を攻撃する。この要衝陥落の危機に瀕して、家康は信長に救援を求めるが間に合わず、六月十七日、ついに小笠原氏は武田氏に降伏した（『信長公記』巻七、『大須賀記』『大日本史料』第十編之二十三、一九頁）。

武田勝頼像（東京大学史料編纂所所蔵模写）

この時、信長は摂津国中島（大阪府大阪市）での大坂本願寺との戦闘を進めながら、七月には伊勢長島一向一揆の鎮圧のために出陣している。伊勢長島一向一揆とはそれまで、元亀二年（一五七一）、天正元年の二度にわたって戦っており、相手側が降伏の意を示せば赦すつもりで臨んだものの、帰陣の際、いずれも一揆側の攻撃をうけ、損害を被っていた。こうした経緯から、信長は今回、一揆勢を「根切《ねぎり》（根絶やし）」にする覚悟で臨み、伊勢長島の城々を攻囲する（『玉証鑑』『愛知』11一〇三四ほか）。織田軍の厳しい攻囲に一揆方は追い詰められ、ついには餓死する者もみられたという。この戦況から、九月になって一揆方は降伏を願い出て長島から船で退却してきたが、信長は当初からの「根切」の方針に従い、船で出てきたこれら一揆方の人々に容赦なく弓・鉄砲を射かけ撃ちかけ惨殺した。織田軍のこの行為に一揆方も反抗し、信長の庶兄・信広を討つなどしたが、信長は攻撃の手を緩めることなく、願証寺の住持らを討ちとったうえ、長島に火を放って殲滅《せんめつ》した。信長は九月三十日付の書状で、この行為を「信長一人のためにあらず、併せて天下のため候（信長個人のためだけではなく、「天下」のために実施した）」と評している（「氷上町所蔵文書」『愛知』11一〇五三）。

　ところで、この「根切」について、信長と一揆勢が相容れない存在であるために実行されたとみる見解もある。だが、前述のように、信長は当初、降伏の意を示せば赦すつもりで臨んでいた。信長がいうには「色々物好仕《いろいろものずきつかまつ》り候（いろいろと手立てを講じた）」ものの、一揆側が従順な態度を示さなかったので、世間への見せしめということも含め、結果として「根切」という処置が取られたというのが実態であろう。いずれにせよ、信長にとって長島一向一揆が平定されたことは、この一揆勢と連携し、信長の味方である徳川の領国に侵攻していた甲斐武田氏への対処に専念できる状況をもたらすことにもなった［小笠原二〇一九］。

翌天正三年（一五七五）になると、信長は大坂本願寺を攻撃する準備を着々と進めていく。そして四月、本願寺への攻撃に先駆けて、三好康長《やすなが》が籠もる河内高屋《たかや》城を攻め、開城させた（『信長公記』巻八）。

一方、甲斐武田氏は三月下旬、奥三河に侵攻し、四月に足助《あすけ》城（愛知県豊田市）、その直後には近辺の浅賀井《あさがい》などの諸城（同前）を落城させた。その後、遅れて進発した当主の勝頼が合流して、徳川方の菅沼定盈《さだみつ》の野田《のだ》城（愛知県新城市）も攻略した。さらに、徳川方の東三河統治の拠点だった吉田《よしだ》城（愛知県豊橋市）に進軍し、周辺の二連木《にれんぎ》城（同前）を開城させ、この時、救援に赴いた家康の軍勢をも退散させた。そして五月一日には、長篠《ながしの》城（愛知県新城市）の攻撃を始める。長篠城はもともと、この地域を治める作手奥平・田峯菅沼・長篠菅沼氏ら山家三方衆の従属によって、武田方に属する城であった。それが前々年の天正元年九月、家康によって攻略され、これにより徳川方の城となって、奥平信昌《のぶまさ》（当主・定能の嫡男）が城将として配置されていた。

武田軍がこの時期、奥三河に侵攻した背景には、家康の嫡男で岡崎城主・松平信康《のぶやす》の家臣で、「岡崎町奉行」を務めていた大岡弥四郎ら家臣の一派が、勝頼に通じて武田氏の軍勢を岡崎城へ引き入れようと企てた徳川家の内紛があった〔大岡弥四郎〔大賀《おおが》弥四郎〕事件。柴二〇一四c・二〇一七b〕。また、将軍義昭を中心とする諸勢力との外交情勢も関わっていた。ちょうどこの時、信長は三好康長の河内高屋城を攻撃し、大坂本願寺近辺にも軍事行動を起こしていた。織田軍のこの攻勢に対して、将軍義昭や六角承禎らは、勝頼に早急に出陣するよう求めていた。つまり、この時の武田軍の三河侵攻は、徳川家の内紛への対処と、畿内の義昭方諸勢力や大坂本願寺との連携によって信長を牽制するためという、二つのことを目的にした軍事行動であった。

さらにこの頃、奥三河でも、山家三方衆の作手奥平家では当主の定能・信昌父子が徳川方、定能の父・道紋《どうもん》（定勝）が武田方に、また田峯菅沼家でも当主の刑部丞と一族の者とで武田方と徳川方に家中が分裂していた。これは、奥三河が徳川・武田両家それぞれの勢力圏の「境目」に位置し、各々の地域「国家」の存立をめぐって生じた争いでもあるからで、勝頼はその解決も含めて、奥三河に侵攻したというわけだ。

武田軍の攻勢が続くなか、大岡ら首謀者を極刑に処すことで内紛を鎮めた徳川氏は、長篠城の奪還を進める武田氏を前に、早く救援を送るよう信長に強く求めた。大坂本願寺の攻撃を優先して進めていた信長は当初、この要請をうけて渋ったようだが最終的には応じた〔金子二〇一九b〕。五月十三日、信長は美濃岐阜城を出馬、三河岡崎城で徳川軍と合流し、五月十八日には、設楽《したら》あるみ原（愛知県新城市）に着陣した。そして五月二十一日、織田・徳川両軍と武田軍の合戦が始まるのである（『信長公記』巻八ほか）。

長篠合戦のなかの信長

いわゆる「長篠合戦」の火蓋はここに切って落とされた。織田・徳川両軍は陣前に馬防柵《ばぼうさく》を設置して一〇〇〇挺の鉄砲隊を配置する。その一方で、徳川家重臣の酒井忠次《さかいただつぐ》率いる別働隊に、武田方の後方拠点・鳶巣山砦《とびのすやま》（愛知県新城市）を攻略させた。これにより、武田軍の軍勢は織田・徳川両軍の正面に押し出されたまま、戦闘せざるを得ない状況となった。その結果、数で勝る織田・徳川両軍が勝利し、勝頼は父・信玄以来の重臣である山県昌景《やまがたまさかげ》や馬場《ばば》信春《のぶはる》ら多くの諸将を失うなど大きな痛手を被《こうむ》った。ただし、藤本正行氏が明らかにしているように、合戦は数時間に及び、すぐに決着がついたわけではない〔藤本二〇〇三〕。

また、長篠合戦は織田・徳川両軍が武田軍に勝利したことばかりに注目が集まるが、この合戦の本質はむしろ内実にあり、当時、戦国大名・国衆らが戦争に及ばざるを得なかった条件が明確にみられるところにある。なぜ長篠領の確保をめぐって争われるかといえば、ここが武田・徳川双方の領国「境目」に位置したからである。しかも、信長にとっては、同盟関係にある徳川氏を介した東方面の「防衛線」にあたる場所だった。したがって、この戦いに勝利した信長にとって、「東方面」の勢力圏を死守したこと自体に大きな意義があったといえる。

そして、この合戦は一般に、鉄砲隊の集団戦で守旧的な武田騎馬隊を破ったものとしても語られている。だが、近年の研究成果によって、武田氏を始めとする戦国大名の軍隊は、永禄年間（一五五八〜七〇）頃の軍制改革を経て、騎馬衆・弓衆・鉄砲衆といった兵種ごとの部隊が編制され、なおかつ鍛錬も積んでいたことが明らかになっている［平山二〇一四a・b、丸島二〇一七ほか］。つまり、武田氏の騎馬衆は、寄せ集めの存在では決してなく、編制された戦闘集団であったのだ。そのうえ、東国では騎乗による戦闘も盛んだったので、守旧的な戦闘というとらえ方は実態にそぐわない。さらに、武田氏は鉄砲を蔑《ないがし》ろにしていたわけでもなく、長篠合戦の戦場にも鉄砲衆が存在したことが「合戦図屏風」（犬山城白帝文庫蔵）から確認でき、織田・徳川両軍とは緒戦で競合しあっていた。この時に使用された鉄砲も、口径から推定される大きさなどから、織田・徳川両軍が使用した鉄砲と比べてもまったく遜色ないという［平山二〇一四a・b］。

ところで、織田・徳川両軍と武田軍の兵士の差の要因として「兵農分離《へいのうぶんり》」があげられることがある。織田・徳川両軍は城下に集住させられた専業兵士であるのに対して、武田軍は在村を基本とした兼業兵士であったという説である。しかし、後述するが、信長が近江国安土城下に集住させたのは、馬廻《うままわり》衆や御弓衆などの直臣のみに過ぎない。一方、武田氏では、すでに勝頼の祖父・信虎《のぶとら》の時代、国衆も含めて甲斐国甲府（山梨県甲府市）城下での集住が進められている［平山二〇一九］。

そもそも、村人たちが兵士を務めたのは、恒常的に戦争が起きる状況のなか、なんとか生き残るためであって、いわば〝非常勤働き〟としてであった。このため、兵農分離とされる現象は、戦場がなくなり（「平和」の実現）、本来従事する生業《なりわい》が安定的に保たれる社会の実現によって、解決していった結果によるものである。つまり、両軍の兵士の資質に差は生じようもない。そうなると、両者の勝敗を分けたのは、両軍の戦闘のあり方ではなく、兵力・物量の差にあったということになる。いまだ、この合戦を「軍事の天才」信長が編み出した新戦術による勝利という見方が蔓延《はびこ》っているが、やはり同時代の軍制の展開や長篠合戦の研究成果を踏まえつつ、そうした解釈からはもう〝卒業〟しなければならないだろう。

さて、長篠合戦の勝利を経て、八月に信長は、当初計画していた本願寺攻撃を変更し、越前一向一揆の鎮圧に出陣する。一揆勢は織田軍の侵攻を迎え撃ったが、先勢を務めた羽柴秀吉と惟任《これとう》（明智）光秀の軍勢がこれを打ち破り、府中《ふちゅう》（福井県越前市）で一揆勢二〇〇〇人余りを斬殺した。八月十七日、信長は京都代官の村井貞勝《むらいさだかつ》に宛てた書状で、この時の状況を「死かい計《ばかり》にて、一円あき所なく候（死骸ばかりで、足の踏み場も一切ない）」と伝えている（「泉文書」『信長文書』五三三）。その後も越前国内では惨殺が続けられたが、信長からすれば、これも一度は織田領国に併呑された越前国を乱したことに対する「制裁」だった。一揆勢が相容れない存在だったから、このような措置がとられたわけでは決してない。もちろん、斬殺という「制裁」をうけた地域にとっては、彼の掲げる正当性によってなされた行為でしかなかったことはいうまでもない。

勢いに乗る織田軍はさらに、越前国の情勢にも影響を及ぼす加賀国に進み、南部の能美《のみ》・江沼《えぬま》両郡を勢力圏下に置いた（『多聞院日記』）。また北部でも、服属を願い出る動きがみられるようになっていく（「高橋源一郎氏持参文書」『信長文書』五三五）。これをうけて信長は、加賀国南部の備えを固め、越前国には柴田勝家と前田利家・佐々成政《さっさなりまさ》・不破光治《ふわみつはる》ら三人衆を配置、今後とるべき方針を示し、それぞれに管轄する領域の支配を任せて帰陣した（『信長公記』巻八）。

そして、信長は十月、劣勢となった大坂本願寺からの求めに応じて和睦する（『信長公記』巻八）。そのうえで翌天正四年二月十五日には、本願寺に参詣者の往来と末寺存立の保障をおこなっている（「八木家文書」）。信長は本願寺と和睦（敵対関係の解消）した以上、弾圧を止め、天下人として教団存立の保護に努めていった。
こうして、天正三年末、中央は信長の優位のもと、「天下静謐」の実現が間近に迫ってきていた。

天下人への歩み

元亀争乱以降、信長による「天下静謐」の実現がせまったことで、信長は室町幕府将軍足利家に代わり、天下人として君臨するよう求められた。特に、朝廷のなかには、将軍義昭が京都を追放されたことを機に、新たな庇護者として信長に近づき、「公家《くげ》一統《いっとう》」を目指す動きがみられた。この動きに応じて、信長も天下人への道を歩みだす。

信長は天正元年（一五七三）十二月、正親町天皇に譲位の執行を申し入れた。正親町天皇はこの時、この申し出を「朝家再興（朝廷再興）」の時節到来として歓迎した（「京都御所東山文庫所蔵文書」『大日本史料』第十編之十九、一一頁）。

正親町天皇はなぜこの申し出を歓迎したのか。それは中世における天皇のあり方に関わっている。中世という時代には、天皇は譲位し、上皇として政務にあたるという流れが半ば慣例化していたが、正親町天皇の曾祖父にあたる後土御門《ごつちみかど》天皇（在位一四六四～一五〇〇）以降、

正親町天皇像（東京大学史料編纂所所蔵模写）

譲位はおこなわれずにいた。それは、譲位のためにかかる費用がなかったことが原因だった。信長の死後のことだが、本願寺宗主・顕如の側近だった宇野《うの》主水《もんど》が記した『貝塚御座所日記』には、ようやくおこなわれようとした正親町天皇の譲位に際して、儀式や御所の建設費などを含め、その経費の総額は一万貫《がん》文《もん》（一貫文はおよそ一〇万円なので約一〇億円）に及ぶという噂が立ったことが記されている。譲位の執行は、それほどに多額の負担が求められる国家行事だった。そしてこの負担は、室町時代からは朝廷の庇護に努め、執政役（天下人）として活動する武家の棟梁、すなわち室町幕府将軍足利家に課せられた。しかし、戦国時代にあって将軍足利家の権力は全国に及ばず、費用の負担は困難となった。そして、後土御門天皇以来、譲位の執行が滞ったままとなっていたのである。

　信長の申し出は、「異常」ともいうべきこの状況を、本来の「有姿《ありすがた》（あるべき姿）」に正すためになされたものだった。信長がそう申し出たのは、彼が将軍足利家に代わり、天下人としての立場をまっとうしなければならない、という自覚が芽生え始めたということだろう。したがって、かつて語られていたように、信長が天皇に譲位を強行させ、意のままにしようとしていたわけではないのである。だが、譲位の執行は、「天下静謐」を優先する信長がその対処に追われたこともあって実現できず、秀吉の時代に持ち越されることになる。

翌天正二年三月、信長は朝廷に東大寺秘蔵の名香木・蘭奢待《らんじゃたい》の拝領を求めた（「京都御所東山文庫記録」『大日本史料』第十編之二十一、二四八頁ほか）。蘭奢待とは、奈良東大寺の正倉院に収められた天皇家の御物《ぎょぶつ》で、これまでの記録をみる限り、天皇の許しを得て拝領したのは、室町幕府八代将軍の足利義政の事例が知られるのみである。信長はいま、その蘭奢待の拝領を求めたのである。かつて、この行為の背景には、信長が朝廷に対して威圧する意図があったと考えられていた。

だが、近年の研究成果が明らかにしたように、信長は天皇に拝領の許可を得たうえで大和多聞山城に下向し、信長自ら正倉院に出向くのは専横の振る舞いと世間に評されるのでこれを避けて、多聞山城に蘭奢待を運ばせた。そして蘭奢待を拝領する時も、自らが截《き》り取ることを憚《はばか》って手をつけなかった。そのため、寺僧衆に一寸四分ほどの大きさで二片を截り取らせ、一つは正親町天皇に、もう一つは自身の拝領物にした。さらに信長は香木・紅沈《こうじん》を拝見したいと申し出た。こちらはこれまでに截り取られたことがなかったため、みるだけに止めている（『天正二年截香記』『大日本史料』第十編之二十一、二五一頁）。

この一連の経過をみると、信長の態度から朝廷に対する横暴な姿勢をうかがうことはできず、むしろ丁重に応対する様子が感じられる。この蘭奢待の截り取りは、大和国が織田家の勢力圏に収まったことに合わせて、信長自身が室町幕府将軍足利家に代わり、天下人としての務めをまっとうするという自覚によって実行されたのだろう。

実際、同時期に信長が太政大臣となって「禁中守護（朝廷庇護）」に努める、あるいは関白に就任するという噂が広まるようになる（「聚光院文書」『尋憲記』、『大日本史料』第十編之二十一、一九二・一九七頁）。信長は世間の求めに応え、天下人として君臨することを自覚し、着実にその歩みを進めていった。

天下人として君臨する

天正三年（一五七五）になると、信長の天下人への歩みはいっそう本格化する。正月十日、洛中・洛外の寺社本所領の運営を正し、寺社本所の存立を保護する姿勢を示した（「立入家文書」『信長文書』四九二）。ここに「寺社本所」とみえるのは、公家や朝廷に深い関わりを持つ寺社のことで、「天下」＝日本の中央を構成し運営に携わる存在である。彼らの活動基盤だった所領が押妨《おうぼう》されるなどの支障を来せば、「天下」の運営にもはなはだ不具合が生じる。信長はそのことを危惧した。そもそも、寺社本所を保護することは、これまで天下人であった室町幕府将軍足利氏が果たしてきたわけで、信長のこの動きには、天下人の役割を継承し務めようとしたことが反映されているといってもよい。

寺社本所を保護する信長の活動は、これに留まらなかった。三月三日に上洛すると、同月十四日には公家に米を頒布《はんぷ》、なおかつ公家・寺社に売却所領や借用物の還付（徳政《とくせい》）を実施した（『信長公記』巻八ほか）。信長は、この担当に京都奉行の村井貞勝と寺社取次を務めていた丹羽《にわ》長秀《ながひで》をあてている（「徳大寺家文書」『大日本史料』第十編之二十九、六頁ほか）。

それにより朝廷は、信長に対して天下人にふさわしい官位に叙任されることを求めた。しかし、信長は朝廷側の要請を辞退してしまう（『信長公記』巻八）。これは、畿内にはまだこの時、敵対する大坂本願寺が健在であって、信長にとってはまず本願寺を従えることが優先されたからであろう。その一方で、信長は「御家老の御衆（宿老）」に列する重臣の松井友《ゆう》閑《かん》を宮内《くない》卿《きょう》法印《ほういん》、武井夕庵《たけいせきあん》を二位法印とし、明智光秀には惟任の名字と日向《ひゅうが》守の受領、丹羽長秀に惟住《これずみ》の名字、簗田《やなだ》広正《ひろまさ》に別喜《べつき》の名字と右近大夫《うこんだいぶ》の官途、塙直政《ばんなおまさ》に原田の名字と備《びっ》中《ちゅう》守の受領を授けている（『信長公記』巻八）。ほかにも、同時期に羽柴秀吉が筑前《ちくぜん》守、滝川《たきがわ》一益《かずます》が伊予《いよ》守、村井貞勝が長門《ながと》守などとみえるので、彼らもこの時、受領を授与されたのであろう。この名字・官途の授与は、信長が自身の昇進を辞退する代わりに、朝廷に推挙して実施されたという。だが、名字の授与は朝廷が関わる事柄ではなく、また彼らの官途授与に関わる記録も確認できない。したがって、金子拓氏がいうように、『信長公記』の記載に素直に従い、「信長は考えるところがあって、この機会に家臣たちに名字や官途名・僧位の名乗りを与えただけにすぎない」ととらえたほうがよいのではないだろうか［金子二〇一四］。ちなみに、惟任・惟住・別喜・原田の名字は、いずれも九州名族の名字である（なお、以下これらの名字を与えられた各人を同名字で記す）。さらに、この時、惟任光秀、別喜広正、原田直政、羽柴秀吉、滝川一益に与えられた受領は、いずれも西国の国名だった。このことから、信長が「西国征服の意図を表した」ものとも説かれる［池上二〇一二a］。しかし、すでに金子氏も指摘したように、これらの名字・官途の授与が西国征服の意図を込めたものであったとするには、史料もないことからはっきりせず、検討の余地が残されている。よって確かなことは、これら名字・官途の授与によって、元亀争乱を経て拡大していく織田家中の秩序の整備に、信長が取り掛かったということであろう。なお、この直後の八月に信長に対する呼称が、それまでの「殿様」から天下人に対する「上様」に変わっている（「橘文書」『信長文書』五二六参考）。信長が名実ともに天下人として認識されていったことがわかる。

この後、越前一向一揆を鎮圧した信長は、十月に上洛する。そして同月二十一日、三好康長と松井友閑による交渉の結果、大坂本願寺を赦免して講和が成立した（『信長公記』巻八）。これをもって、信長は「天下静謐」を成し遂げたことになる。

　これをうけ、朝廷は信長に対し、天下人にふさわしい官位に叙任されることを再び求めた。朝廷からの再要請に信長は応じ、十一月、従三位《じゅさんみ》権大納言《ごんのだいなごん》兼右近衛《うこのえ》大将《たいしょう》となった。従三位権大納言は室町幕府将軍の義昭と同位であり、なおかつ右近衛大将は源頼朝《みなもとのよりとも》以来、朝廷の庇護者にある武家の棟梁の任官職である。同じく武家の棟梁の任官職であった征夷大将軍職が、室町幕府将軍足利家の家職《かしょく》と化していたこの時、右近衛大将の任官は、将軍職と同様、「天下」を統治する天下人＝武家の棟梁という社会的地位の高さを示すのにふさわしいものだった。ここで注意したいのは、右近衛大将になることで、信長が天下人の権限を得たのではないということだ。信長は、自身が天下人として公認されたことを、右近衛大将になることによって世間に示したのである。

　そしてこの後、さらに信長は昇進し、天正六年正月には正二位《しょうにい》右《う》大臣《だいじん》兼右近衛大将となり、同時期の武家として最高位に上り詰める。これにより、信長は将軍義昭に代わって天下人として君臨することになった。こうして、天下人信長を頂点とする中央権力としての「織田権力」が本格的に始動する。

　なお、本書ではこれ以降、「政権」の言葉を使用しない。それは、「政権」の概念が現在、

①中央権力、②統一権力と区別なく使用され、政権化＝統一権力に展開する様子を充分に押さえられていないことによる。本書では、「天下一統」のあり方に注目していくこともあり、戦国時代、日本の中央に君臨した領域権力の「織田権力」としてみていくこととしたい。

さて、ここに始動した織田権力は、それまでの天下人と畿内の有力権力者が政治的・軍事的に補完しつつ連立しあう中央の運営とは異なり、天下人と畿内の有力権力者が一体となったことに特徴がある。つまり、天下人として公認された権威と、それに見合う軍事力を兼ね備えた「武威《ぶい》」を持つ中央権力が初めて現われたということだ。天下人の立場は、ここまでみてきたような歴史的事象が重ねられ、室町幕府将軍足利家から織田信長に移っていった。

そして十一月二十八日、自身の立場を強く意識してのことか、信長は織田家の家督と織田家本領国（織田家当主が治める領国）にあった美濃・尾張両国を嫡男の信忠《のぶただ》に譲る（『信長公記』巻八）。ここに、信長は天下人の立場に専念する姿勢を明確にした。

織田権力は、天下人である最高主導者の信長を中核とし、その傘下に織田家当主の信忠を配置する体制のもと、運営されることになったのである。

政庁・安土城の築城

天下人の立場に専念することになった信長は、天正四年（一五七六）正月中旬、宿老の惟住長秀を奉行にして、近江国安土に築城するよう命じた。信長は前年十一月、嫡男の信忠に家督と美濃・尾張の織田本領国を譲った際、すでに織田家居城の美濃岐阜城を出て、宿老の佐久間信盛の邸宅に移っていた。そして二月二十三日になって信長は、自身の新たな拠点とするべく、安土に入っている（『信長公記』巻九）。

安土は「天下」の中核にあった京都と、織田本領国の本拠にあった美濃国岐阜との中間に位置する。地理的にみると、城下を東山道《とうさんどう》（中山道《なかせんどう》）の下街道（いわゆる朝鮮人街道）が通っていて、東国・北陸方面に通じている。また、琵琶湖の水運によって、日本海側の地域と京都を繋ぐ要地でもあった。また歴史的にみても、戦国時代、近辺の観音寺城を居城とした六角氏がこの地より京都の幕政に携わっていた前例もある。この地が信長に「天下」を管轄する本拠とされたのも、こうした地理的・歴史的な条件を踏まえ、織田領国全体の本拠にふさわしい要地として選ばれたからであろう。

そして、信長は四月一日から、当時の勢力範囲だった畿内・尾張・美濃・伊勢・三河・越前・若狭各国の諸領主、京都・奈良・堺の大工や諸職人を動員し、安土の築城に着手する。城郭は着実に築かれ、天正七年五月一日には「天主《てんしゅ》（天守）」が完成、信長は移住した（『信長公記』巻十二）。

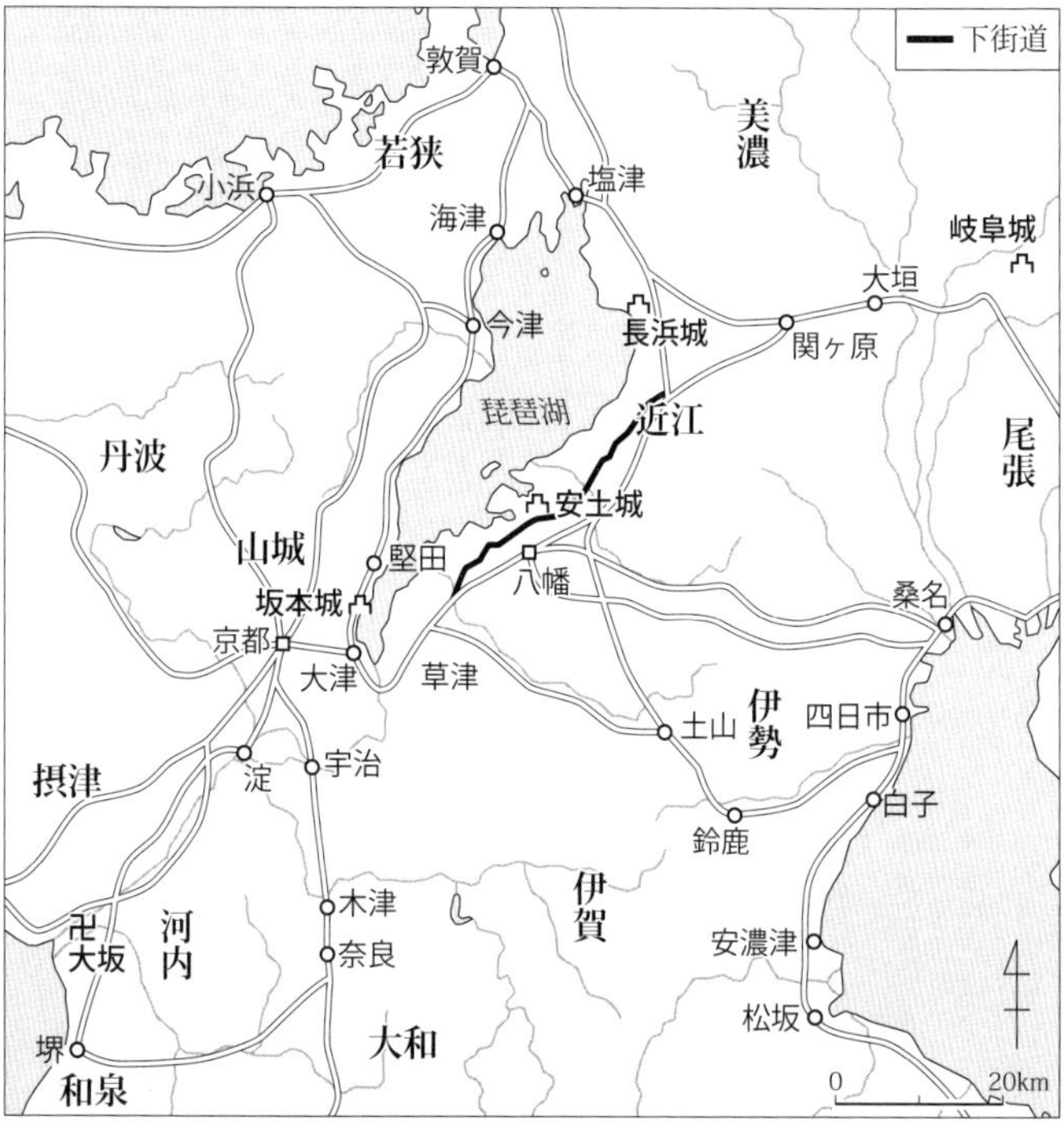

安土城周辺図（黒田基樹監修『別冊太陽 戦国大名』所載図を一部修正）

「天主」は地上六階で地下一階、堅固で高い石垣の上に七重の高層建築として建てられた。ちなみに、この時期すでに「天主」が築かれた城はほかでもみられたようで、『兼見卿記』の記述により、織田家中でも、宿老である惟任光秀の居城・近江坂本城が「天主」を持つ城郭だったことがわかっている。だが、安土城の「天主」は、天下人信長の居城にふさわしく、それより先に築かれたどの城の「天主」よりも、高くて厳《おごそ》かで美しい建築物であった。

『信長公記』巻九の記述によれば、「天主」内部の障壁《しょうへき》には絵師・狩野永徳《かのうえいとく》によって仏教・儒教・道教の各思想を表わす画が描かれたといわれる。これらは、当時の東アジア世界の影響を示すものである。また近年、城郭の発掘調査によって、主郭区域から十六世紀末頃の内《だい》裏《り》（天皇御所）に設けられた清涼殿《せいりょうでん》に酷似する建物の跡と、その主郭区域に向かって一直線に造られた大《お》手《て》道がみつかった。これらは、信長が安土城に天皇を行幸させる計画があった事実との関わりから、にわかに注目が集まっている。

安土城跡航空写真（画像提供：滋賀県）

　ともあれ、信長は一般に〝「革命児」像に基づく既存の秩序の破壊者〟というイメージが強い。そのため、これら障壁画や清涼殿に酷似した建物の位置づけは、こうした印象のもとに評価されてしまうことが多い。例えば、東アジア世界に対する意識を表わす障壁画の存在から、国内の枠組みを超え、東アジア世界に君臨しようとする信長というイメージが押し出される。だが、それは過大な像であり、この時の時代環境に照らしてみても、室町幕府将軍足利家に代わって東アジア世界の一小帝国・日本の執政者（天下人）である自身の立場を顕示したというに過ぎない。

また、「天主」の側に立つ清涼殿に酷似した建物は、高層の「天主」を仰ぎみる位置にある。このことから、一般に流布する天下人信長という視点から天皇との関係がとらえられ、信長が天皇を超えようとした証といった評価がなされることがある。しかし、「天主」と清涼殿に酷似した建物が近接してあるのは、むしろ天下人信長と天皇がともに補完し合って君臨する公武王権のあり方を示しているともいえるのではないだろうか。

後述するように、実際の信長は朝廷の活動を支え、当時の王法・仏法の両輪によって成り立つ社会観のもとでの営みを重視していた。信長のこのありようを踏まえると、自身の居所であった「天主」に仏教・儒教・道教を崇敬する画を配し、天皇を安土城に迎えようとする姿勢からうかがえるのは、むしろ同時代の社会秩序を保障しようとする者の意志であり、「実像」である。

安土城は、このように同時代の社会秩序を保障する立場である天下人信長の政庁であった。

安土城下の様相と「楽市令」

ここで、安土城下の様相とそれに関係する「楽市令《らくいち》」についてみておこう。

信長の政庁・安土城の城下に広がる安土山下町《あづちさんげちょう》は、大和薬師寺の荘園・豊浦荘《といら》としてあった下豊浦・上豊浦や港を持つ常楽寺など、既存の集落を活用して開設された［松下二〇〇八、近江八幡市史編集委員会編二〇一四］。つまり、安土山下町は安土城の築城に合わせて、織田権力によって新たに開設されたものではなかった。そのため、城下の区割も既存のものを活かして整備されていった。

この城下には家臣らとその家族が住んでいた。それを示す具体例としてよく引き合いに出されるのが、天正六年（一五七八）正月二十九日に起きた御弓衆《おゆみ》（信長直属の弓衆）・福田与一《ふくだよいち》の宿での火事である（『信長公記』巻十一）。信長はこの時、福田与一が単身で安土に住まい、家族は在所に残したまま、安土城下に連れてきていないことが火事の原因だと判断した。そこで、近臣の菅屋長頼《すがやながより》に命じて、御弓衆と馬廻衆（親衛隊）を調査させたところ、およそ一二〇名にも及ぶ者が家族を連れず、安土に居住していることがわかった。信長は彼らを折檻《せっかん》したうえ、美濃・尾張両国の織田本領国を管轄する嫡男の信忠に指示して、在所の邸宅に放火させる。そして、妻子を安土城下に移住させた。この記述から、直臣団の城下集住という事実、また別の史料から、重臣らの屋敷の存在が確認されることから、城下集住はこれまで、織田軍団の兵農分離化に繋がる「革命児」信長の事業として高く評価されてきた。

しかし、平井上総氏による集住の実態を検討した成果によると、この評価には見直しが必要となる［平井二〇一七・二〇一八］。まず、馬廻衆ら直臣は安土城下に集住しており、また信長から特別に目をかけられた側近は、城内に屋敷を構えていたことが知られるが、それ以外の者はそれぞれの所領で活動していた。つまり、集住の対象者は限定されたものだったのだ。この限られた存在のみに注目して、革新的な織田軍団というイメージを語ることはできないだろう。

そもそも、側近や馬廻衆といった直臣は、信長の側で昼夜を問わず働くことが求められた存在である。彼らが、安土城下から離れていることは、その務めのあり方からして支障を来しかねない。したがって、側近や馬廻衆ら直臣が集住し生活を営むのは、彼らの身分と役割に応じたあり方だった。

実は、家臣を城下集住させたのは、安土が初めてではない。例えば、先にも述べたように、甲斐武田家は信虎（信玄の父）の時代に、甲斐国甲府を本拠地として整備するとともに、一門・譜代らが城下に屋敷を持ち、居住していた［平山二〇一九］。また、相模北条・駿河今川・周防大内・豊後大友といった戦国大名などにも、家臣が城下に集住したことは確認されている。そうなると、安土での集住を、時代を画するような「革命児」信長の事業として評価することは難しい。信長も他の戦国大名と同様、城下に馬廻衆ら直臣を集住させたというのが正しいとらえ方だろう。

実際、織田軍団もその多くは、村人たちが軍役衆《ぐんやくしゆう》（兵士）として仕官した在村被官《ざいそんひかん》に拠っていた。村人たちが軍役衆を務めたのは、恒常的に戦争が起きる状況のなか、なんとか生き残るためであり、いわば〝非常勤働き〟だった。つまり、戦場がなくなり（「平和」の実現）、本来従事する生業が安定的に保たれる社会が実現されれば、彼らは専ら農業に励むことができるのである。その状況は、身分編成の政策（ただし、その政策自体、実態の見直しが必要である）によってもたらされるものでは決してない。詳論はここでは差し控えるが、筆者の兵農分離についての考えを明示しておく。

さて、安土は東山道（中山道）の本線として利用された上街道にはなく、下街道に位置していた。下街道は、信長自身の行き来も含めて当時、往還によく利用されていたのだが、やはり脇街道でしかない。そのため、人やモノの往来が上街道ばかりに集約され、下街道に位置する安土を通らずに行き交うようになると、特に市場を避ける取引である「迎買《むかえがい》」といった、いわゆる管理・統制を逸脱した取引行為がまかり通る恐れがあった［功刀二〇一二］。そうなると、城下の安土山下町の存立に悪い影響が出てしまう。

そこで、新興都市である安土山下町の存立のために織田権力から発給されたのが、「楽市令」としてよく知られる、天正五年（一五七七）六月の織田信長掟書であった（各条文冒頭の丸数字は、筆者が便宜上に付したもので、この数字により各条を示す）。

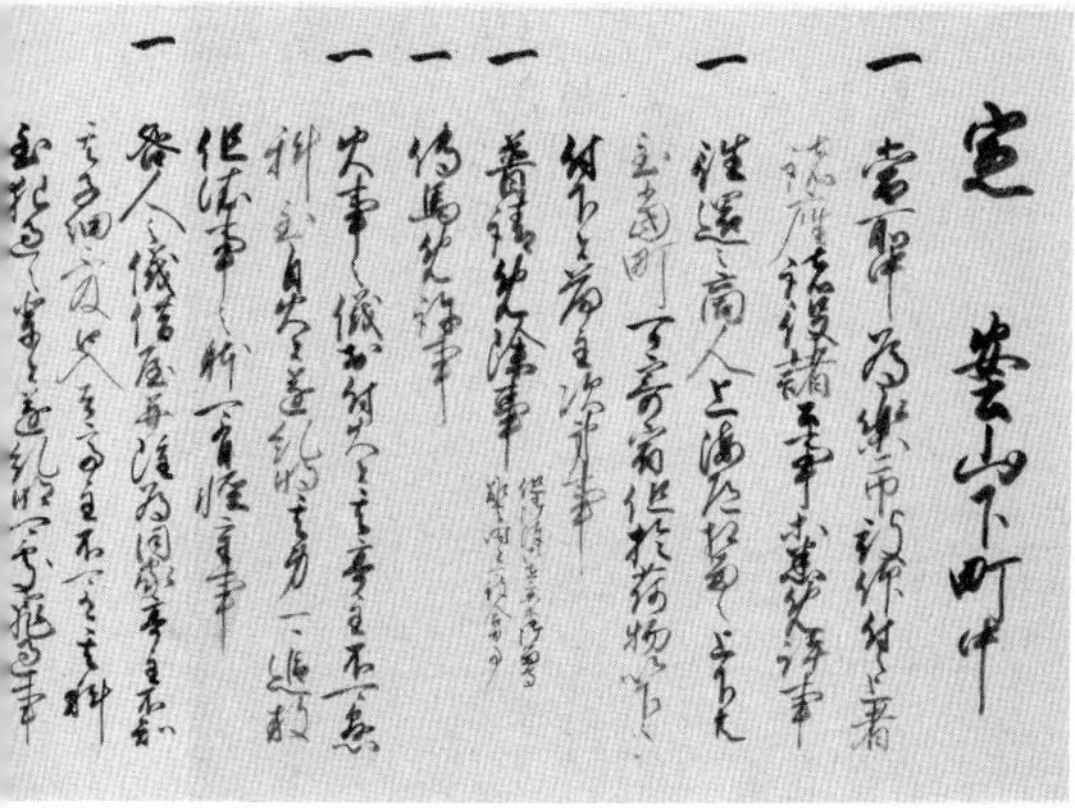

（読み下し）

定　安土山下町中

①一、当所中楽市として仰せ付けらるるのうえは、諸座・諸役・諸公事等悉《ことごと》く免許の事、

②一、往還の商人、上海〔街〕道を相留め、上下共に当町に至り寄宿すべし、ただし荷物以下の付け下だしにおいては、荷主次第の事、

③一、普請免除の事、ただし御陣・御在京等、御留守去り難きの時は、合力致すべきの事、

④一、伝馬免許の事、

⑤一、火事の儀、付火《つけび》においては、その亭主科《とが》に懸けるべからず、自火に至らば糺明を遂げ、

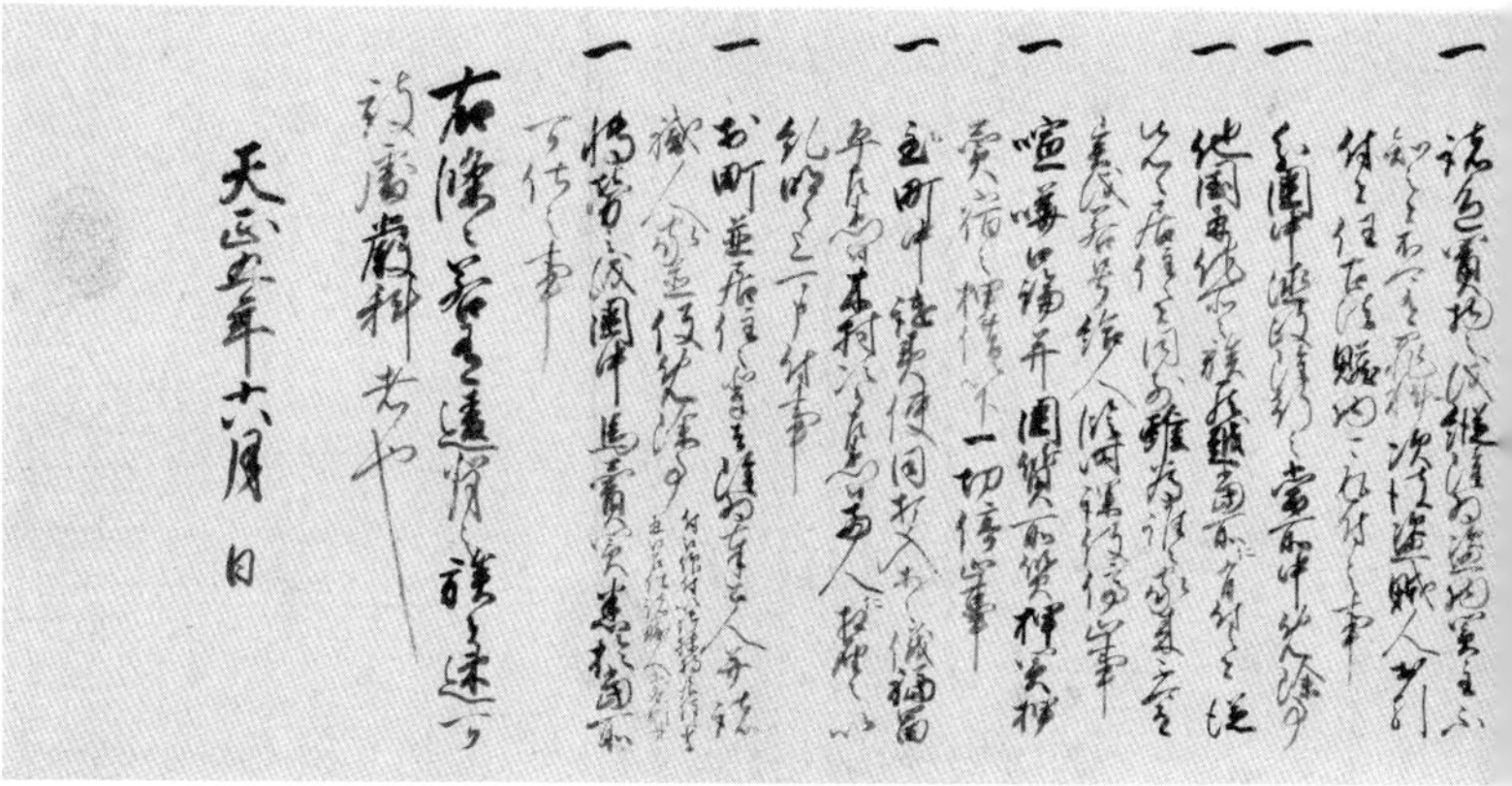

天正５年（1577）６月付安土山下町宛織田信長掟書（近江八幡市蔵）

その身を追放すべし、ただし事の躰により
軽重あるべきの事、

⑥一、咎《とが》人の儀、借家ならび同家たるといえども、
亭主その子細を知らず、口入《くちいれ》におよばざる
者、亭主その科あるべからず、犯過の輩《やから》に
至らば糺明を遂げ、罪過に処すべきの事、

⑦一、諸色買物の儀、縦《たと》い盗物たりといえども、
買主知らざれば、罪科あるべからず、次い
で彼の盗賊人を引き付くるにおいては、古
法に任せ、贓物《ぞうもつ》を返付すべきの事、

⑧一、分国《ぶんこく》中徳政これを行うと雖《いえど》も、当所中免除
の事、

⑨一、他国ならび他所の族《やから》罷越《まかりこし》当所に有り付け
候わば、先々より居住の者同前、誰々家来
たりといえども、異儀あるべからず、もし
給人と号し、臨時の課役停止《ちょうじ》の事、

⑩一、喧嘩・口論ならび国質《くにじち》・所質《ところじち》・押買《おしがい》・押売《おしうり》・宿の押借《おしがり》以下、一切停止の事、
⑪一、町中に至る譴責使《けんせきし》・同打入等の儀、福富平左衛門尉（秀勝）・木村次郎左衛門尉両人にこれ相届け、糺明のうえをもって申し付くべきの事、
⑫一、町並居住の輩においては、奉公人ならび諸職人たるといえども、家並役免除の事、
付けたり、仰せ付られ、御扶持《ふち》をもって居住の輩、ならびに召し仕わるる諸職人等各別の事、
⑬一、博労《ばくろう》の儀、国中馬売買、悉く当所において仕るべきの事、
右の条々、もし違背《いはい》の族あらば、速やかに厳科に処さるべきものなり、

天正五年六月　日

〈紙背〉「（織田信長　印文「天下布武」）（朱印）」

【史料4】織田信長掟書（「近江八幡市教育委員会所蔵文書」『信長文書』七二二）

【史料4】によると、信長は安土山下町の振興を保護するために、「楽市」とし座役・諸公事などを免除（①）、下・上街道往還者の滞在を義務化（②）、普請役・伝馬役の免除（③・④）、火事や犯罪に対する処置（⑤・⑥・⑦・⑪）、徳政の免除＝債権保証（⑧）、居住者の保護（⑨・⑫）、不法行為の禁止（⑩）、馬の独占売買（⑬）を定め、特権を認めている。

すでに、信長は美濃平定の後、加納《かのう》（岐阜県岐阜市）の市場を「楽市楽座《らくいちらくざ》」として指定し

ていた（「円徳寺所蔵文書」『信長文書』七四・一〇〇）。また、元亀三年（一五七二）九月には、近江国金森にも「楽市楽座」を認めていた（「善立寺文書」『信長文書』三四一）。「楽市楽座」とは、専売権のない商売と、それに伴う商売物役（商人の身分に応じた物品・金銭税）の負担免除を認めた権益である。また、「楽市楽座」を認められた市場はこの権益と合わせて、諸役の免除や債務の保証といった特権も認められ、市場の振興が促された。そしてこれらの事例は、長らく「革命児」信長のイメージのもと、信長による画期的な事業として位置づけられてきた。しかし、「楽市楽座」は各地の戦国大名のもとでもおこなわれていたこと、またその背景には、それぞれの地域に固有の地理的条件や歴史的状況（以下、これを「地域事情」と記す）があったことが明らかとなっている［長澤二〇一七・二〇一九］。

美濃国加納市場や近江国金森は、いずれも地域経済の拠点である一方、戦争による損害を被っていたという地域事情を抱えていた。信長が、これらの地に「楽市楽座」を認めたのは、その戦後復興と発展を求められてのことだったのだ。一方、安土山下町の場合、織田権力の拠点と化したことで急ぎ開設された新興都市であったという地域事情から、この都市の振興のための措置が必要とされた。そのため、【史料4】によって楽市として認められ、またさまざまな特権が与えられたというわけだ。したがって、これは安土山下町が抱える地域事情に応じた対策と評価すべきであって、時代を画すような政策ではない。

さらに、これらの対策をうまく機能させるため、信長は同業者組合である座に対して、彼らによって市場流通が支障なく運営されるようであれば、座を保護する姿勢を示した。織田権力が保護した座としては、越前国北庄《きたのしょう》（福井県福井市）の橘屋が営む絹織物を扱った軽物《かるもの》座や唐物《からもの》を扱う唐人座（「橘文書」『信長文書』三八八・四三九ほか）、摂津国平野《ひらの》（大阪市平野区）の末吉家のもとで営まれた和泉国堺の南北馬座（「末吉文書」『信長文書』八二〇）などがあるが、かつてはこの動きを織田権力の限界（もしくは保守性）とみる向きもあった。しかし、革新か、保守かといった二者択一な評価からではなく、それぞれの地域事情を踏まえることが重要であろう。つまり、織田権力の市場流通対策は、支障がなければ現状の運営母体を活用するなど、実に現実的な選択をしていたことが明らかである。あくまでそれぞれの地域事情に沿った対応であり、よって、その対策は決して画一的なものにはならなかった［柴二〇一七d］。

こうして、安土山下町も、その地域事情に応じた織田権力の保護政策のもと、振興の道を歩んでいったのである。

関所の撤廃

織田権力による革新的な交通・流通政策には、「楽市楽座」のほかに関所の撤廃と道路・橋梁の整備があげられる。これらは、すでに同時代、偉業として認識されており、例えば、家臣の太田牛一による『信長公記』では、人々の交通・流通における労苦を改善した偉業として特記されている。

中世の関所は、朝廷や幕府、寺社本所の保護のもと、地域の安泰や活動の保障を目的に設置され、その代償として関銭《せきせん》を徴収していた。しかし、それがあちこちに林立していき、やがては交通の障害と関銭の負担に伴う物価の高騰を引き起こすようになっていった。この状況を改善するため、関所の撤廃に取り組んだのが戦国大名である。ここで押さえておきたいのは、関所の撤廃は信長によって始められたのではないということだ。

例えば、領国の「境目」や交通の要衝を除き、戦国大名によって関所の撤廃が進められた様子は、駿河今川氏の分国法『かな目録』〔『中世法制史料集』第三巻所収〕の二十四条などからもうかがえる。戦国大名はこうした動きによって、領国内の地域の帰属をはっきりとさせ、世間に「平和（安泰）」をアピールしていった。戦国時代において関所を撤廃することは「平和（安泰）」の一環としてあり、各地に展開する領域権力（戦国大名・国衆）それぞれに寄せられる社会的要請として、すでに進められていた事業であった〔黒田基樹二〇一四〕。

では、織田権力の場合、関所撤廃はどのように進められていったのだろうか。

史料を追っていくと、その初見は永禄十一年（一五六八）十月、室町幕府将軍足利義昭のもとで「天下再興」を実現した直後にみられる（『細川両家記』では、その時期を永禄十二年二月とする）。この時、信長は将軍義昭が管轄する「天下」のため、また往還の煩《わずら》いをなくすために、織田領国下にあった美濃・尾張の両国と北伊勢、南近江の関所を撤廃している（『信長公記』巻二）。「天下再興」、すなわち室町幕府政治の再興に伴う「天下静謐（京都掌握・五畿内平定）」の動きに応じた関所の撤廃は、織田領国内の地域社会に対して領国「平和」をアピールしつつ、永禄八年五月の永禄の政変以来、ようやく鎮まった「天下」の安寧のために実施されたのだろう。

その後、南伊勢地域や越前国、甲斐武田領国などを併呑し、領国が拡張された際も、同じように織田権力による領国「平和」を地域社会にアピールするため、関所の撤廃が進められた。この政策手法は、天正三年（一五七五）九月、信長が越前国北庄領（越前北庄城を拠点とした領域、旧朝倉家当主の直轄領域）に重臣の柴田勝家を配置した時、施政方針として授けた「掟《おきて》条々」（いわゆる「越前国掟」。「福井県立図書館松平文庫所蔵『寄合物入』所収文書」『織田信長の古文書』一〇三号文書）でも「分国いずれも」と記したように、自律性の強い従属国衆領や支城領にも例外なく、おのおのの領域支配者のもとでおこなわれた。

ただし、例えば、京都の内外を画する「入口」の七口《ななくち》に設けられた、朝廷が管理する禁裏率分関《そつぶん》などについては、義昭政権期を経て、信長が天下人となり、京都を直接統治した後も廃止されていない。その廃止は本能寺の変後のことである（『言経卿記《ときつねきょうき》』）。このことから、織田権力の「限界」をみる向きもある。

しかし、この関所の認可については、日本の中央としての「天下」に影響を持つ朝廷や権門寺社の存立、また「首都」である京都の守衛と交通・流通面の統制上の理由から撤廃が見送られたのだろう。やはり、同時期の京都が持つ地域事情と関所の持つ機能を踏まえて保護・活用され、関所の認可がなされたのである。

このように、領国内では、織田権力による関所の撤廃と、地域事情による関所の認可が同時に進められた。また、敵対する外部勢力への対抗策として、他の戦国大名や国衆と同様、路次封鎖（通路留《どめ》）や荷留《にどめ》をおこなっている。こうして、織田権力のもとで領国内の交通・流通が統制・管理されることによって、「平和」が維持されていた。

道路・橋梁の整備

織田領国内の交通・流通が統制・管理される一方、道路・橋梁の整備はどのように進められたのだろうか。

それについては、早くも足利義昭政権の時、近江国志賀郡から京都に通じる山中越の街道整備をおこなっている（『多聞院日記』）。しかし、織田権力が本格的に取り組んだのは、天正二年（一五七四）閏十一月以後である（「酒井家文書」『信長文書』四八六ほか）。

ここで確認しておきたいのは、街道・橋梁の整備に関する本格的な事業が関所の撤廃と同時に始められたものではないということだ。それでは、織田権力はなぜこの時期になって整備に取り組むようになったのだろうか。

信長はこの時期、中央の情勢において優位にあり、ちょうど室町幕府将軍足利家に代わって天下人への道を歩み始めていた。織田権力による道路・橋梁の整備は、どうも信長が天下人として君臨する過程に応じて進められたようである。この事業は一時的なものではなく、その後、領国の拡大に伴って続けられたが、その整備は関所の撤廃とともに、従属国衆領や支城領も含め、領域支配担当者それぞれによって進められたことが確認される。

さらに、織田権力に従属する大名（織田従属大名）である徳川氏が、旧武田領国の平定の処理を終えて帰国する天下人信長のため、甲斐国から家臣に命じ、駿河・遠江・三河の領国内の街道・橋梁の整備をおこなわせている（『信長公記』巻十五）。このことから、織田従属大名にも、この事業を進めさせる方針だったと推測される。

ところで、道路・橋梁の整備が進められるなか、宿駅《しゅくえき》の運営と伝馬《てんま》（宿伝いでの人・馬による輸送）のありようについて、近年、織田権力が使用していた伝馬朱印状の存在が確認されたが［江田二〇一七］、史料が稀だということもあって、その実態はいまだわからないことが多い。

とはいえ、天正十年五月、上野《こうずけ》国安中《あんなか》宿（群馬県安中市）に上野厩橋《まやばし》城（同前橋市）の城主・滝川一益が定めた伝馬掟（「須藤文書」『滝川』九四）からは、織田領国内における伝馬制の様子がうかがえる。それによると、滝川一益は「自判（自身の判物、証状）」か、一益の意向をうけた「取次（奉行）」の「折紙《おりがみ》（認可状）」による伝馬の使用を定めている。ここから、織田領国での伝馬制は、信長朱印状による領国全体に通用するものと、支城に配置され、統治を委ねられた重臣（支城領主、「織田大名」）や従属国衆による各領国内で通用するものの、二重の構造のもとに運営されていたことがわかる。こうした伝馬制の運営における重層的な仕組みは、織田権力だけで

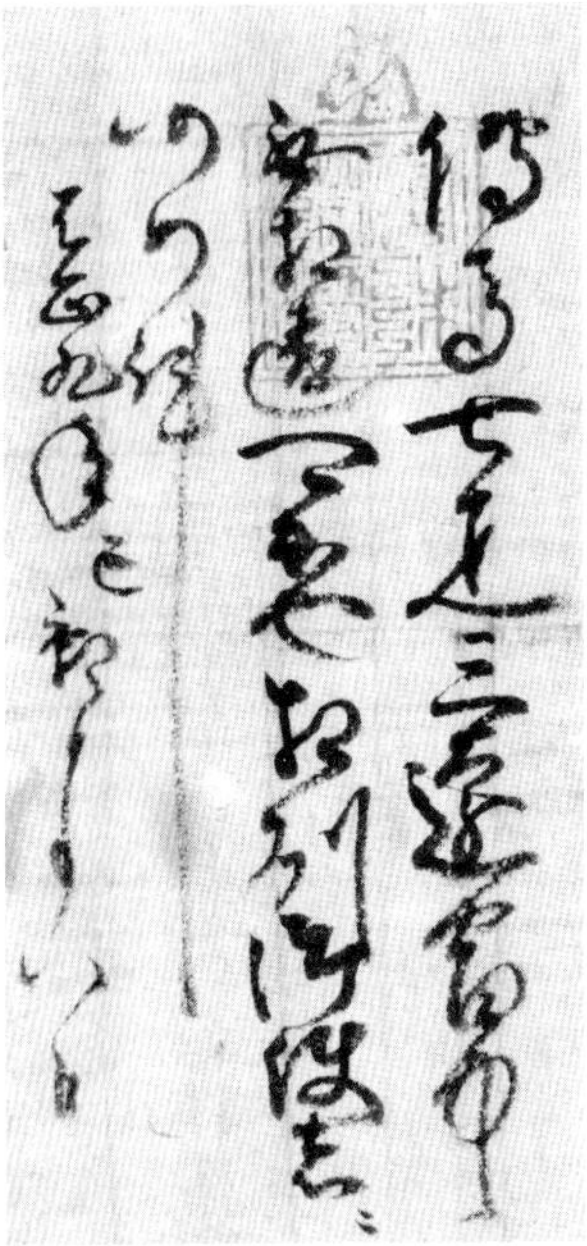

天正9年（1581）11月8日付織田信長伝馬朱印状（皆川文書、個人蔵、画像提供：栃木県立博物館）

なく、同時期の他の戦国大名にもみられる。これは、戦国大名領国の運営上、特徴的にみられる重層的な複合構造に拠るもので、織田権力に特別なものではない。それどころか、同時期の領域権力と同様に伝馬制が運営されていたことが明らかである。

さて、ここまで織田権力による交通・流通政策の実態を追ってきたが、その政策自体はいずれも当該期の社会の状況に応じたもの、すなわち現実的な対応に過ぎないことが確認できた。織田権力の交通・流通政策には、同時期の戦国大名のそれと比べて、時代を画するような質的な差をうかがうことはできない。大方説かれるような特別な権力による革新的な政治、つまり「革命児」信長だからこそできた政策という見立てからではなく、織田権力が「天下」の統治と領国の拡張にあわせて、政策を領国の広域に推進していったという歴史的事実にこそ違いが求められるのではないだろうか。

織田権力の交通・流通政策は、予定調和的な画一化を前提とした革新＝先進性や達成度でとらえるのではなく、その時代の抱える事情に相対した現実的な対応ととらえてこそ、実態がみえるのである［柴二〇一七d］。

寺社本所の存立を保護

信長が天下人として君臨することになった話に戻そう。

いま天下人と公認された信長であったが、その後、朝廷やそれと関わりの深い権門寺社とはどのように接していったのだろうか。一般に「革命児」信長のイメージでは、彼らの存在を認めず、打破する対象として描かれる。しかし近年、このイメージは大方覆されている。信長と公家・寺社との関係を追うことは、実は信長の描く政治構想を探ることにも繋がっていくため、まずは最新の研究成果に拠りつつみていこう。

天正三年（一五七五）十一月、信長は従三位権大納言兼右近衛大将となり、天下人として公認された。その任官とともに信長は、摂関家《せっかん》の近衛前久《このえさきひさ》をはじめとする公家、門跡《もんぜき》寺院を中心とする寺社に対して、「天下布武」印を捺した朱印状を出し、所領の給与をおこなった。すでに信長は三月、公家に米を頒布し、また公家・寺社に対して、売却した所領や借用物の還付を施していた。しかし、それでも公家や寺社を存立させるためには、充分でなかった。そこで、信長は彼らの活動基盤を保証するため、彼らの庇護者＝天下人として所領の給与を実施することにした。

ここで確認しておきたいのは、信長がとったこうした措置がこの時限りではなく、こののち彼が死去するまで続けられたことである。ここには、一般にいわれるような朝廷や寺社という伝統的な勢力を排除する信長の姿はみられない。

またこの時から、公家や寺社への対応が「天下布武」印をもってなされていることに注目したい。一般に「天下布武」とは、信長自身が勢力を広げる意志を表明するために掲げた全国統一の指針とされる。しかし、これまでにも述べてきたように、信長が生きた当時の「天下」とは、日本の中央である京都を中核とした五畿内（現代でいうならば首都圏）を意味した。また、信長がこの指針を掲げたのも、そもそもは足利義昭のもとで「天下再興」を果たす意志の表明であった。「天下布武」印はすでに義昭政権時にも使用されていたが、そのあり方は領国内部を除き、本文書の内容を補う付属文書のみに原則限られていた。つまり、「天下布武」印の使用について信長は、自身の勢力範囲外の存在には自らの立場に応じた書札礼《しょさつれい》（手紙の作法）に基づき、控えていたのだ。

だが、その状況は、信長の天下人への歩みとともに変わってくる。まず、信長は天正三年二月二十日、出羽国《でわのくに》檜山《ひやま》（秋田県能代市）の国衆・安東愛季《あんどうちかすえ》に接触するために発給した書状を皮切りに（「湊文書」『千葉県史料』中世篇補遺、一〇七号文書）、以後、各地の大名や国衆に「天下布武」印を捺した朱印状を使っていく［柴二〇一九a］。そして同年中には、先にみた公家の最上層である摂関家や門跡にまでこの印を捺した朱印状を出すようになる。ここには、天下人に立場が上昇したことを誇示する信長の姿が見え隠れするのであり、それが発給文書によく表われている事例といえよう。このように、「天下布武」印は、信長が室町幕府足利家に代わり、「天下」の安泰と統治の正常化（「天下静謐」）に努める天下人として、その立場を示す「象徴」の役割を果たすようになっていった。

繰り返しになるが、寺社本所の存立を保護することは天下人に求められた役割である。この行為は、信長が天下人としての役割を果たすべく、おこなわれたものだ。ここからうかがえるのは、信長自身に「天下」を構成する朝廷・寺社を否定する構えがあったのではなく、むしろ庇護に努めることで、同時代が求めた「天下人像」をまっとうしたいという意志ではないだろうか。

朝廷政治を正す

応仁・文明の乱を経て、室町幕府は弱体化し、そのことは朝廷の存立にも大きな影響を及ぼした。そのため、室町幕府によって庇護され、存立を図ってきた朝廷は、戦国時代になって幕府の弱体化が進むにつれ、その政治活動（朝廷政治）も縮小していった。それでも、朝廷は国内における王法（世俗界）・仏法（宗教界）の秩序の維持に努め、改元や官位の授与、寺社の統制といった役割を果たし続ける。また、朝廷のもとでは裁判もおこなわれていた。

こうした朝廷政治は、重要事項においては摂関家もその議定に加わったが、日常的な運営は天皇と中流公家の近臣集団である禁裏小番《きんりこばん》の内々《ないない》衆とで進められた。禁裏小番とは、本来、室町時代に設けられた天皇御所の守衛を務める公家の集団である。いつしかそれが、守衛を務める外様衆と天皇の側近くで近臣として活動する内々衆に分離していった。そして内々衆は、天皇の側近くで活動する近臣としての立場から、朝廷政治の運営に大きな影響力を持つようになっていく。やがて、その立場や活動が天皇の判断にも影響を与えて綸旨《りんじ》（天皇の命令書）の頻発や改変も起きるなど、朝廷の権威を失墜させる事態にも繋がっていた。

　室町幕府将軍足利家に代わって天下人となった信長は、こうした朝廷政治の運営に対して、朝廷の審議をチェックし正常化を図る「五人の奉行」（以下、便宜上「五人衆」とする）を設けた［堀二〇一一・金子二〇一四］。「五人衆」はその後、三条西《さんじょうにし》実枝《さねき》が高齢のため辞退し、勧修寺《かじゅうじ》晴右《はれみぎ》・中山《なかやま》孝親《たかちか》・庭田《にわた》重保《しげやす》・甘露寺《かんろじ》経元《つねもと》の「四人衆」となる。

　信長が設けたこの集団のもと、朝廷政治は運営されていった。ところが、天正四年（一五七六）の大乗院尋円《じんえん》と東北院兼深《けんじん》の大和興福寺別当（長官）職をめぐる相論で、「四人衆」が中心となり、朝廷は恣意《しい》的に東北院兼深を興福寺別当に決めようとする。それを知った信長は七月、「四人衆」を処罰した（『兼見卿記』）。

　果たして信長は、朝廷に強く干渉することで、朝廷政治を自分の思うままにできるよう、傀儡化を図ったのだろうか。

大和興福寺別当職をめぐるこの相論については、金子拓氏の研究によって実態が明らかにされている［金子二〇一五］。その成果に拠りつつ、過程を追っていくと、興福寺内部ではすでに大乗院尋円を別当職とすることで決まっていた。ところが、東北院兼深は別当職獲得をあきらめきれず、それに認可を与える朝廷に働きかけたため、相論にまで発展してしまう。この時、信長にも解決が求められた。信長は、興福寺内部での決定を尊重し、大乗院尋円を別当とすることを認めていた。ところが、朝廷は「四人衆」も含めて東北院兼深の働きかけに応じ、決定を覆そうとした。朝廷のこうした振る舞いは、恣意的な判断ととらえられかねず、権威を失墜させてしまう恐れもある。信長はそもそも、こうした行為を正すために「四人衆」（当初は「五人衆」）を設定したはずである。しかし、今回その「四人衆」は信長の期待を裏切り、朝廷が恣意的な判断を下す片棒を担いでしまった。そのため、信長は「四人衆」を一連の動きに対する「咎《とが》め」として処罰したのだ。

信長は、朝廷政治の運営に対して、正常で理に適ったあり方を求めていた。そこに、朝廷を傀儡化しようとする信長の意図はうかがえない。つまり、この時の彼の干渉は、朝廷政治が正しく運営されていれば起こらなかったことであり、支障があって、それを正すためにおこなわれた、極めて限定的なものであった。

大和興福寺別当職の相論に関わって、天正四年六月二十九日付で烏丸光康《みつやす》・飛鳥井《あすかい》雅教《まさのり》に宛てた織田信長の書状写（「古典籍展観入札目録」『信長文書』補遺一八〇）がある。そこにみえる「禁裏御外聞を失わるるの儀に候、左候えば信長も同前に面目を失い候（朝廷の権威の失墜は、その庇護に努める天下人信長の面目喪失にもなる）」という記述が、信長の意図や思いを端的に表わしている。

このように信長は、朝廷を否定し傀儡化することは考えず、これまでと変わらず武家の庇護による協調関係を前提として、朝廷政治の運営に「有姿（あるべき姿）」を求めた。そのようにして、天下人としての立場による活動に努めていたのだ。朝廷に対する信長の考え方は、これ以降も変わらず、共存を前提とする関係が続けられた。

寺社との「共存」

一方、寺社との関係はどうだろうか。

一般に、大坂本願寺や比叡山延暦寺と対立し、伊勢長島や越前の一向一揆を撫で切りにし、比叡山延暦寺を焼き討ちにしたことから、時代の「革命児」とされる信長と伝統的勢力の象徴ともいえる寺社とは相容れない関係だったとよくいわれる。そして天正七年（一五七九）五月、信長は近江国安土の浄厳院《じょうごんいん》で法華宗（日蓮宗）と浄土宗の僧侶たちに宗論《しゅうろん》という教義論争（安土宗論）をおこなわせ、法華宗側を意図的に敗北に追いこみ、弾圧したことも知られている。

だが、大坂本願寺や一向一揆、比叡山延暦寺との対立は、これまでにみてきたように、宗教教義をめぐる弾圧だったわけではなかった。その要因は、織田権力と政治的に対立したことにあった。したがって、それをもって織田権力と寺社との関係性を普遍化してしまうことはできないだろう。

また、安土宗論については、神田千里氏による分析がある〔神田千里二〇一七〕。その成果に拠れば、宗論は〝自力救済〟の観念に基づく教義論争であったことから、実力行使が伴ったため、戦国大名から警戒される節があった。戦国時代になると、例えば、駿河今川氏や甲斐武田氏がそれぞれ分国法（前者は『かな目録』、後者は『甲州《こうしゅう》法度《はっと》之《の》次第《しだい》』。いずれも『中世法制史料集』第三巻所収）で抑制しているように、自力救済行為は取り締まりの対象であった。安土宗論の場合も、信長が宗論の実施を止め、和解するよう求めたところ、浄土宗側はうけ入れる態度をみせたが、法華宗側は拒否したとみられる（『信長公記』巻十二）。そこで、信長が宗論に敗北した時の処罰の仕方を示したところ、法華宗側はそれを厭わず宗論を求めてきたので、実施することになったとされる。つまり、信長による法華宗への弾圧も、教義内容そのものに問題があったのではなく、宗論という自力救済行為の抑制に反したため、秩序を乱す行為ととられ、処罰が下されたのである。これは当時、自力救済行為が横行し、世を殺伐とさせる風潮が人々から忌み嫌われる歴史的潮流があって、宗論がその自力救済行為とみなされる対象であったにもかかわらず、あえて争いを求めてしまう、そんな時代状況の認識のズレが引き起こした事態だったといえるかもしれない。ということで、これも寺社に対する普遍的な態度として括ることはできない。

では、信長はどのようなスタンスで寺社との関係に臨んだのであろうか。

先に第三章でもみたように、この時代、天道思想に基づき、為政者の室町幕府将軍や戦国大名・国衆は諸宗派を保護する姿勢が求められ、それが弾圧に及ぶのは政治的な問題に発展した時に限られていた。信長の場合も同様であり、織田権力は寺社との共存を前提に諸宗派の保護に努めていた。またキリスト教も、この天道思想のもと、国内の宗派と同様に保護されたわけで、決して特異なものではない。そもそも、この頃のキリシタンはまだ勢力が弱く、国内の諸宗派に代われるほどの存在ではなかったという［高瀬二〇一三］。つまり、信長にとってキリシタンは、政治的に対立する恐れはなく、信長自身の旺盛な好奇心と中央政治の執政者（天下人）という立場のいずれからも、何の問題もなく接することのできる存在であったのだ。

信長の寺社に対する関与は、教義自体についてなされたのではなく、寺社側の存立の保護や紛争解決の求めにより、応じたものであった。つまり、彼の姿勢は同時代の為政者が求められ、その役割を果たそうとした姿勢と少しも変わらない。

そのことをはっきり示しているのが、「はじめに」で取り上げた豊後大友家重臣の志賀道易ほか連署条書案（「帆足悦蔵氏所蔵文書」）にみえる、「又信長は寺社破却の事、我がために敵と思う所を打ち崩し、さもあらんには、いささかいろいなし」という記述だ。信長による寺社破却は敵対したためにおこなわれたのであって、そうでなければ介入しなかったという その態度は、まさに貴重な同時代人の「証言」である。

また、法隆寺西寺（諸堂の管理に努める）と同東寺（学業を主任務とする）が権益を争っていたため、信長が双方ともに存立しあえるよう取り計らっていたところ、天正七年（一五七九）五月、不満を募らせた西寺が東寺の破壊行為におよんだ。そのため信長は、西寺の行為を「曲事《くせごと》」として処罰してしまうと、「惣寺《そうじ》滅亡（法隆寺の滅亡）」という事態に陥ってしまうので、改めて東寺・西寺の「何れも相立ち候よう（両寺いずれもが存立しあえるよう）」に解決を図っている（「法隆寺文書」『信長文書』八三二）。この「何れも相立ち候よう」という姿勢には、寺社への恣意的な対応などではなく、存立の保護に努める庇護者の姿をみることができる。

このように、信長と寺社の関係は、決して同時代からかけ離れたものではなく、彼はその時代の政治権力者として求められた姿勢に基づいて行動したのであった。

天下人信長のもと、織田権力は朝廷や寺社といった「天下」に関わる勢力を排除するようなことはしなかった。そして、室町幕府将軍足利家と同様、信長は「天下静謐」のもとに庇護する立場にあり、天下人として求められる役割を果たすよう努めていった。

第五章　「天下一統」と政治構想

丹波攻略・東国政策の開始

織田信長は天正三年（一五七五）、元亀争乱から続く室町幕府将軍足利義昭らとの抗争を優位に治め、中央の情勢の安泰と統治の正常化＝「天下静謐」が成されつつあった。この年十一月には、朝廷から従三位権大納言・右近衛大将に叙任され、足利家に代わる天下人として歩み始めたが、「天下静謐」を確かにするため、まだ大名や国衆の存立をめぐる抗争が続いていた地方の統制・従属に取り組んでいった。

その一つが、この年から進められた丹波《たんば》（京都府北部および兵庫県北東部）攻略である。京都の北西に位置する丹波国は、朝廷や室町幕府の所領（御料所《ごりょうしょ》）があるなど、京周辺との関係が深い要地で、丹波国衆である内藤《ないとう》氏・荻野《おぎの》氏・波多野《はたの》氏らは、たびたび室町幕府や細川・三好両氏による中央の政局にも関わってきた。そして、将軍義昭・信長が三好三人衆を追い払い、室町幕府を再興した時も、丹波国衆は将軍義昭・信長に応じ、それ以後も両者のもとで活動してきた。しかし、将軍義昭と信長が対立すると、もともと丹波国衆の間にあった微妙な関係も相まって、国内には国衆どうしの対立の様相が広まっていった。

天正三年四月、信長は京から出陣、堺近辺を攻略して畿内における将軍義昭の勢力を大坂

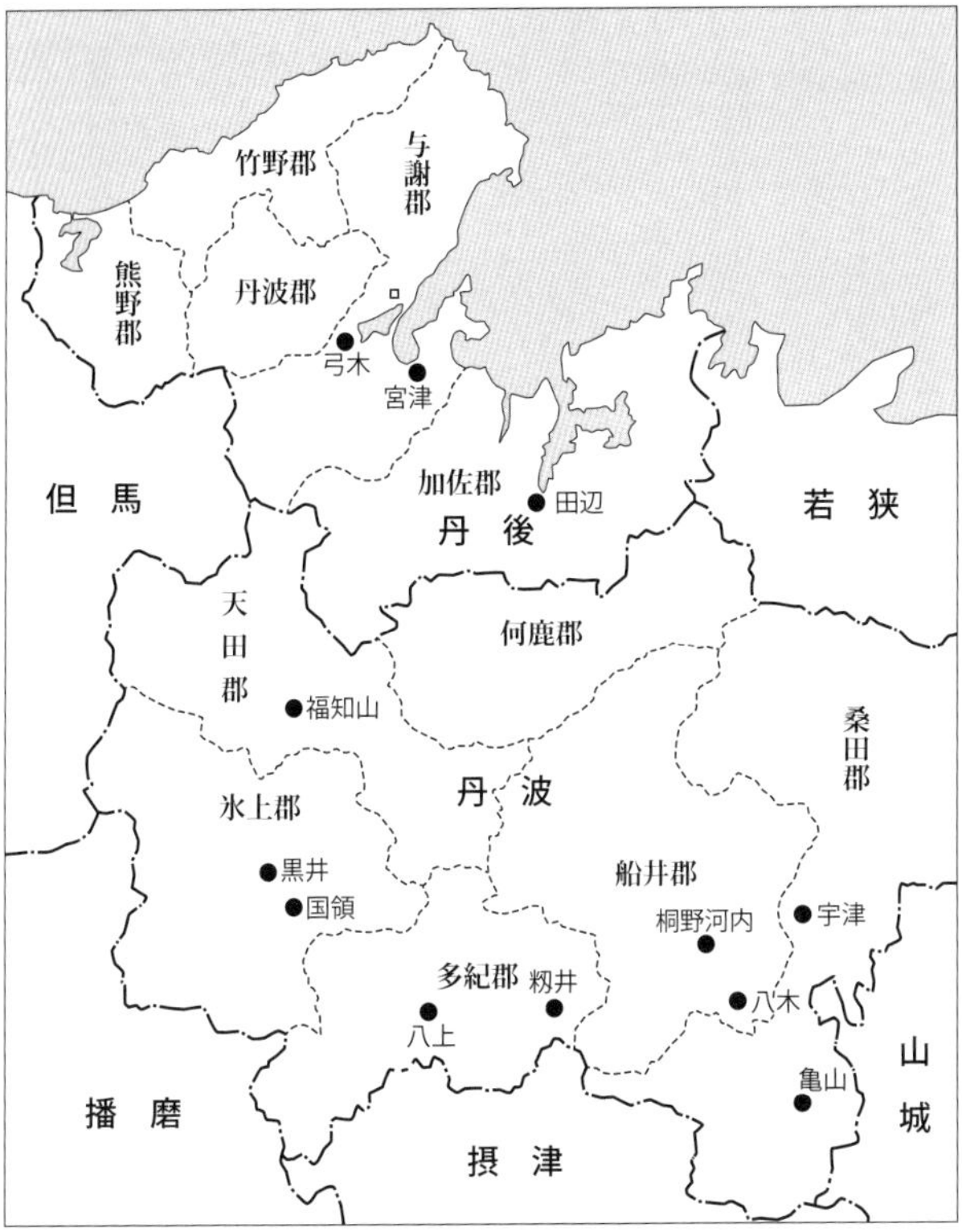

惟任光秀の丹波・丹後攻略図（金子拓『信長家臣明智光秀』所載図を一部修正）

本願寺に追い込み、五月には、甲斐武田氏を長篠合戦で破った。六月になると、信長は丹波に出陣、そこで味方の意を示した小畠左馬助《こばたけさまのすけ》らの協力のもと、丹波国内にある将軍義昭勢力の攻略に着手する。この時、信長から丹波攻略の総大将に抜擢された人物こそ、翌七月に惟任名字と日向守の受領を授与された、織田家宿老の一人である惟任(明智)光秀だった。

同年七月、光秀は丹波攻略にあたって、同国桐野河内《きりのこうち》(京都府南丹市)に向かった(「大東急記念文庫所蔵小畠文書」『明智』五九)。だが、光秀はその直後、越前一向一揆の平定に追われる身となったため、丹波攻略については九月、改めて信長の命をうけて出陣している(『信長公記』巻八ほか)。この時、再出陣が命じられた背景には、小畠氏ら織田方国衆が光秀の出陣を待ち続けていたことと、反織田勢力として氷上《ひかみ》・天田《あまた》・何鹿《いかるが》といった丹波奥郡に勢力を持つ赤井忠家《あかいただいえ》・荻野直正《おぎのなおまさ》と対立している但馬《たじま》(兵庫県北部)の山名氏から救援の要請が何度も届いていたという事情があった。そして光秀は十一月、再び丹波国に進軍し、荻野直正の居城・黒井城《くろい》(兵庫県丹波市)を包囲する(「吉川家文書」『大日本古文書 吉川家文書』九三号文書)。

その一方でもう一つ、信長が進めていたのが、敵対する甲斐武田氏の討伐を視野に入れ、関東・南奥羽《みなみおうう》(東北地方南部)の大名や国衆らと関係を築くことであった。これは、「天下布武」印を捺した朱印状を相手に送ることで事が進められている。この時に信長が送った朱印状は、現在三通が確認され、そのうちの一通が常陸《ひたち》国太田《おおた》（茨城県常陸太田市）を拠点に活動していた佐竹義重《さたけよししげ》に宛てられたものだ（「飯野盛雄氏所蔵文書」『信長文書』六〇七）。

この信長朱印状には、いずれも冒頭に「いまだ申し通《つう》ぜずといえども（これまで互いの通交がなかったが）」と記されている。つまり、信長はそれまでに、佐竹義重らと音信を交わしたことはなく、これが初めての接触だったのである。にもかかわらず信長は、甲斐武田氏の討伐にあたり、天下人の自分に従って活動するよう求めていった。

そしてこの時、義重は信長からの要請に応じている。義重が応じたのは、常陸佐竹氏が置かれていた状況が大きく関わっていた。この時、関東では、長年にわたり敵対してきた相模北条氏が前年の天正二年十二月に下総関宿《しもうさせきやど》城（千葉県野田市）を開城させ、北関東や上総国（千葉県中央部）に侵攻していた。この事態に義重は、天正三年八月、一時途絶えていた越後の上杉謙信との同盟を復活させたが、いかんせん頼みの謙信自身、この時期は北陸方面の対処で手いっぱいであった。こうした状況が、常陸佐竹氏に天下人信長のもとに政治的・軍事的保護＝統制・従属する関係を選ばせ、対北条氏の備えをさせたのだ。そして、常陸佐竹氏のこの動きが影響したのか、北関東の他の国衆らもそれに倣い、織田権力に接近していく。

こうして、織田権力はその威勢のもと、ゆるやかながら北関東の大名や国衆を従えることになった。信長は、義重の従順な態度を評価、翌天正四年六月十日には信長の執奏《しっそう》により、義重を従五《じゅご》位下《いのげ》常陸介に叙任させている（『歴名土代』、「千秋文庫所蔵文書」『織田信長の古文書』一一五号文書）。

　このように、織田権力は各地の大名・国衆に対して、室町幕府に代わる「中央政権」としての活動をみせ始めていた［久野二〇一九］。

　だが、この時、紀伊《きい》国由良《ゆら》（和歌山県由良町）に滞在していた将軍義昭も、信長を討伐し

「当家再興」＝室町幕府の再興を期して動きだしていた。将軍義昭は、安芸の毛利輝元に対して、自身が毛利領国に下向するのをうけ入れることと「当家再興」のために働くことを強く要請、また、甲斐の武田勝頼を中心に「甲相越《こうそうえつ》三和《さんか》（甲斐武田・相模北条・越後上杉の三家間の和睦）」を実現し、「当家再興」に尽力するよう求めた［丸島二〇一六］。謙信はこの和睦要請に対し、相模北条氏との宿怨のため、和平を望まないと答えたが（「猪崎憲蔵所蔵文書」『上越』一三一〇）、北条氏政《うじまさ》は、将軍義昭の「当家再興」に勝頼との協働で尽力すると応じている（「小田原城天守閣所蔵文書」『戦国遺文　後北条氏編』一八六四号文書ほか）。また、時を同じくして、すでに天正三年十月に信長と和睦していた大坂本願寺も、信長を討伐するために蜂起するよう、将軍義昭から促されていた［神田千里二〇〇七］。

　そのため、勢力圏を広げていく織田権力と越後上杉氏・安芸毛利氏の間に、勢力圏の「境目」をめぐる緊張が高まりつつあった。これが、やがて開戦の火種となる。

天正三年末のこの状況が、ここまで優位を保ちつつ「天下静謐」を築き上げていた織田権力を、再び戦乱に引きずり込む。しかし、それらに対処しつつ、織田権力は目指すべき「天下一統」の達成に向けてさらに進んでいく。

「天下統一」と「天下一統」

ここで、織田権力が目指した「天下一統」について、少し言及しておきたい。

一般に、信長は日本の中世社会を解体し、近世の扉を開いた「革命児」というイメージを持たれている。そのイメージのもと、「天下布武」を掲げ、同時代の勢力を武力によって制圧し、国内を平定したことで「天下統一」を達成したとされる。ここでいう「天下統一」とは、戦国時代に大名や国衆の台頭でバラバラになってしまった国内を、中央に君臨する天下人が武力制圧によって再び一つにまとめるという意味で、つまりは日本国内の一元化を図る事業であった、というものだ。

ところが、同時代の史料をみると、織田権力が進めていた国内での事業とは「天下一統」だった（『笠系大成附録』三　書翰幷証文集」『信長文書』補遺二〇八ほか）。ここで問題となるのが、「天下一統」は「天下統一」と同じと考えてよいのかということだ。

定評ある国語辞典である『日本国語大辞典』（小学館）によると、「統一」は「一つのものにまとめること、一つにすべて合わせて支配すること」、「一統」は「一つにすべて合わせること、一つにまとめ合わせた全体」を意味する。つまり、統一・一統という語句自体に基本的な意味の差異はない。

だが、それぞれに「天下」の言葉を加えると話は違ってくる。「天下」が一般にいわれるような日本国全体を意味する場合、「統一」の「一つにすべて合わせて支配すること」の意が合っている。したがって、「天下統一」は一般にいわれるように、「日本を一つにし、支配する」ということになる。

しかし、ここまでみてきたように、「天下」を日本の中央である京都とその周辺（五畿内）で、その秩序をも含むこととしてとらえた場合、「一統」の「一つにまとめ合わせた全体」＝まとまり・グループという意味に注意しなければならない。この意味に従えば、「天下一統」は「天下（中軸）」のもとに一つとなったまとまり・グループという意になる。なお、この「天下一統」の解釈から、「天下」が表わす内容は、日本の中央である京都とその周辺（五畿内）という意味から、全国の意に〝拡大〟したとする議論がある［池上二〇一二aほか］。だが、その〝拡大〟のあり方、すなわち「天下」が「統一」と同様に国内の一元化のもとで拡大していったのか、それとも根源的な「天下」＝日本の中央である京都とその周辺（五畿内）

を中軸として、その統制・従属のもとにまとまり・グループとして広がっていったのか、その点の吟味がなされていない。もし、「天下一統」を国内一元化の意味あいでとらえるならば、日本は「日本国」というまとまりを持つものの、その内部は一元化しておらず、「天下」と地域「国家」との重層的複合国家として統合されていったことになる。そして、「天下」を中軸とするまとまり・グループでの広がりの果てに「天下」は「拡大」していったといえるのではないか。

これは、「天下統一」あるいは「天下一統」を経て、日本がどのようになったのかということも含め、信長の進めていた事業が同時代の勢力に対する武力制圧なのか、それとも同時代の勢力との共存による統合なのか、その実態の解明にも関わる大きな問題だ。さらには、信長が自身の立場をどのように認識し活動していったのか、彼の実像と彼が描いた政治構想を追究することにもなる。

そこで、信長と各地の大名・国衆がどのような関係のもとに活動したのか、天正四年（一五七六）以降の情勢と関連させながらみていこう。

備後国鞆に下向する将軍義昭

天正四年（一五七六）正月、信長は近江安土城の築城に取りかかり、天下人としての活動をいっそう本格化させた。この間、宿老の惟任光秀のもと、順調に進んでいた丹波攻略に思わぬ事態が起きる。惟任軍に従軍していた丹波国衆で八上城《やがみ》（兵庫県丹波篠山市）の城主・波多野秀治《ひではる》が離反したのだ。波多野自身、国衆間の対立を抱えたまま、織田権力が勢力を広げていくことに自らの行く末を危惧するなかで、そこに将軍義昭から誘いが入ったようだ［柴編二〇一九a・二〇一九b］。

このため、光秀は一時、撤退に追い込まれてしまう。その後、光秀は畿内周辺の敵対勢力との戦いに参加しつつ、丹波攻略の拠点として亀山城《かめやま》（京都府亀岡市）を築き、丹波・丹後《たんご》（京都府北部）両国の攻略を進めていく。そして、天正七年（一五七九）十月、開始から四年の時を経て、丹波・丹後は平定された（『信長公記』巻十二）。

だが、この丹波攻略の過程で、織田権力が勢力を広げたために地域では軋轢《あつれき》が生じ、また将軍義昭による働きかけもあって、反織田勢力が次々と立ち上がっていた。そして、将軍義昭はこれら反織田勢力を結束させ、「当家再興」＝室町幕府再興の達成に向けて積極的に動きだす。天正四年二月、かねてより安芸毛利氏の支援を強く望んでいた将軍義昭は、半ば強引に領国内の備後《びんご》国鞆《とも》（広島県福山市）に下向した（「小早川家文書」『大日本古文書　小早川家文書』二四九号文書）。以後、将軍義昭は鞆から、反織田勢力に信長の討伐に加勢するよう促していく。

ところで、将軍義昭によるこうした働きかけや、彼につき従う奉公衆・奉行人の存在に注目し、鞆における将軍義昭政権＝「鞆幕府」を説く向きもみられる［藤田二〇一〇］。実際、将軍義昭は反織田勢力を取りまとめ、再起を図るだけではなく、禅宗寺院の住持を任命する公帖《こうじょう》を発給したり、諸士に栄典を授与するなど、室町幕府将軍としての活動は続けられていた。また、奉公衆は将軍義昭の活動を支え、外交上の交渉などに従事し、奉行人は奉行人奉書という公式文書を発給している［木下昌規二〇一四］。こうしたことから、将軍義昭とその周辺は、鞆に下向しても、依然として政治的な「勢力」としてあり続けたことは間違いない。

しかし、注意したいのは、鞆に滞在した時の将軍義昭には朝廷との関わりがみられないことだ。天下人とは、「天下静謐」を果たし、朝廷を庇護しつつ活動する存在だった。天下人のこの特質に照らすと、この時の将軍義昭は「天下」を掌握できておらず、なおかつ朝廷との関わりも持っていないから、やはり天下人にはあたらない。したがって、本書ではこの時の将軍義昭権力を「鞆幕府」とはしない。

だが、将軍義昭権力との対立が、それ以後、織田権力の戦争に大きく関わっていったことは間違いない。では、織田権力は敵対する大名とどのような関係を持ち、そこに将軍義昭権力との対立を絡ませ、戦争するようになっていったのだろうか。そのことを考えるにあたり、具体的な事例として、天正四年に敵対関係を顕わにし、開戦するに至った安芸毛利・越後上杉両氏との経緯をみていこう。

織田・毛利両氏の開戦

織田・毛利両氏は、永禄十一年（一五六八）の義昭の上洛以来、備前《びぜん》（岡山県東部）の浦《うら》上宗景《がみむねかげ》・阿波三好氏と敵対していたことから、軍事協力を含む友好的な関係を結んでいた。そしてこの関係は、天正元年（一五七三）七月、信長が将軍義昭を京都から追放し、天下人として歩むこととなった後も続いた。しかし、両氏は敵対し、開戦することになってしまう。そこには、織田・毛利両氏の勢力圏の「境目」で活動する浦上・宇喜多《うきた》両氏らの動きと将軍義昭が備後国鞆に下向したことが大きく関わっていた。

浦上宗景は当初、播磨《はりま》国（兵庫県西南部）の国衆・御着小寺《ごちゃくこでら》氏らを従え、織田・毛利両氏と敵対していた。だが、次第に毛利方の勢いが増してくると、宗景は織田氏に接近、天正元年十二月頃には信長から朱印状を与えられ、備前・播磨・美作《みまさか》（岡山県北部）の三ヵ国の領有を認められた（「吉川家文書」『大日本古文書 吉川家文書』六一〇号文書）。

ところが、宗景はこの後、毛利方に属する備前国岡山（岡山県岡山市）の宇喜多直家《なおいえ》と対立するようになる。天正三年九月には、直家によって居城の備前天神山《てんじんやま》城（同和気町）を攻略され、播磨国に逃れてしまう。そのため、信長は麾下の荒木《あらき》村重《むらしげ》を派遣、播磨国衆も従えたこの軍勢に宇喜多方の城々を攻略させ、浦上宗景を元の城に戻した。十月二十日、赤松則《のり》房《ふさ》や別所《べっしょ》長治《ながはる》・小寺政職《まさとも》ら播磨国衆は、織田軍の支援に対する「御礼」のため、在京していた信長のもとに参謁している（『信長公記』巻八）。こうして織田氏は浦上宗景を保護し、播磨国衆を従えて勢力を広げていった。

だが、この動きは宇喜多氏を従え、備前・播磨の国境地域にまで勢力を広げていた毛利氏との軍事衝突を招いてしまった。そこで信長は和平交渉に入る。この交渉のなかでは、毛利家のもとに下向を望む将軍義昭の待遇についても、織田・毛利両氏の間で話し合いが持たれることになっていた（「湯浅家文書」『山口県史』史料編 中世3、一〇〇五頁）。

ところが、前述の通り、この和平交渉の最中、一刻も早い下向を望む将軍義昭が、半ば強引に鞆まで動いてしまった。このことが、織田・毛利両氏の間に疑いを持たせることとなり、「境目」にあった備前・播磨国境ではもはや戦争が避けられないほど切迫した状況になって

毛利輝元像（東京大学史料編纂所所蔵模写）

いたため、和平交渉は決裂してしまう［柴二〇一四b］。

　その結果、織田・毛利両氏は周辺勢力をも巻き込み、織田権力・備前浦上氏・播磨国衆・尼子再興勢力（尼子勝久《かつひさ》・山中幸盛《やまなかゆきもり》ら）と室町幕府将軍足利義昭・安芸毛利氏・備前宇喜多氏らが対立する構図が生まれてしまった。そして天正四年四月、将軍義昭の要請に応じて大坂本願寺・一向一揆も蜂起すると、七月、安芸毛利氏が派遣した水軍は大坂本願寺に兵糧を補給したうえ、摂津木津川口《きづかわぐち》で織田軍を撃退する。こうして織田・毛利両氏は戦争に突入したのである。

　さらに翌天正五年四月、勢いを得た毛利勢は海と陸から播磨国に侵攻し、英賀《あが》（兵庫県姫路市）の一向一揆勢とともに織田方の播磨国衆に襲いかかる。これに対して五月十四日、織田方の播磨国衆・小寺政職は英賀を攻撃し、重臣の小寺（黒田）孝高《よしたか》の活躍もあって勝利を収めた。直後の六月、小寺孝高は織田家重臣で近江長浜《ながはま》城（滋賀県長浜市）の城主の羽柴秀吉に近づき、七月二十三日には秀吉から弟の小一郎長秀《こいちろうながひで》（のちの秀長《ひでなが》）同然の存在であると記した自筆の書状を与えられている（「黒田家文書」『秀吉』一四〇）。孝高が秀吉に近づいたのは、毛利勢の攻勢を躱《かわ》そうと、信長の信任が厚い織田家重臣の派遣を求めたことがきっかけだったのだろうか。

こうした経緯もあって、秀吉は十月、それまでの毛利氏らとの取次の実績も加味され、織田家の対中国地方攻略の総大将として出陣する（『兼見卿記』）。以後、織田権力は天正十年（一五八二）六月までのおよそ五年におよび、毛利勢との戦争をすすめていく。

越後上杉氏と対立する信長

一方、北陸地方では、越後上杉氏との間で緊張が高まっていた。信長と謙信のつながりは、甲斐武田氏に対する警戒から始まったが、元亀三年（一五七二）十月、信長が武田氏と敵対したことを機に、両者の関係は軍事協力を目的とした同盟に発展していた。

ところが、織田・上杉両氏の同盟はすれ違いもあって、次第に機能しなくなっていく。そして天正三年（一五七五）八月、信長は越前一向一揆の討伐を実施し、越前国を平定する。それに留まらず、加賀国にも勢力を広げていった。織田氏のこの動きに連動して、上杉氏も敵対する越中国《えっちゅう》（富山県）の勢力を鎮め、その勢いに乗じて加賀一向一揆を従属させた。

上杉謙信像（新潟県上越市林泉寺蔵）

また、能登国《のと》（石川県北部）では、能登畠山家内部の対立などから国内が不安定であったため、織田・上杉両氏それぞれにその対応が求められていた。

加賀・能登両国は織田・上杉両氏の勢力圏の「境目」に位置している。そのため、これらの動きが対立を生じさせ、両氏の関係は次第に緊張を帯びていく。この時、上杉氏のもとには、信長の討伐に力を尽くすよう、室町幕府将軍足利義昭からの求めが届いていた。そして上杉氏は、翌天正四年五月までに織田権力との同盟を絶ち、将軍義昭を盟主とする反織田連合に加わる［柴二〇一八a］。八月、謙信は越中国に出陣して反勢力を討ち、さらに能登国に兵を進める。そして、能登畠山家の居城・七尾城《ななお》（石川県七尾市）の攻略を残すのみとなるほど、能登平定は目前に迫った。

越後上杉氏による侵攻に対して、信長は当初、対戦を避けようとしていた（『歴代古案』『信長文書』七三四）。だが、能登・加賀両国の織田勢力を維持するため、やがて上杉氏との

越中・能登・加賀方面地図（大西泰正『前田利家・利長』所載図を一部修正）

開戦に舵を切っていく。天正五年閏七月には、信長が自ら出陣する予定で、上杉氏討伐の計画を進めていた（「伊達家文書」、「酒井家文書」『信長文書』七二八・補遺一八六）。信長はしかし、上杉氏と連携する大坂本願寺や安芸毛利氏ら反織田勢力の対処に追われ、出陣の計画変更を余儀なくされる。

そこで八月八日、信長は宿老の柴田勝家を総大将にして、滝川一益・羽柴秀吉・惟住（丹羽）長秀のほか、美濃・越前両国の諸将で構成された軍勢を派遣した。ところが、陣中で総大将の勝家と秀吉が今後の行動をめぐって対立、秀吉は勝家のもとでの行動を嫌い、信長の許しを得ず、勝手に帰陣してしまう（『信長公記』巻十）。織田軍はこうした内部のまとまりを欠いたうえ、さらには道筋の確保もままならず、越後上杉・加賀一向一揆両軍の備えに苦慮し、能登国に兵を進めることができなかった。

織田勢のそんな状況を余所目に、越後上杉氏は九月十五日、かねてより通じていた畠山家重臣の遊佐《ゆさ》続光《つぐみつ》の内応により、敵対的な態度をとる長続連《ちょうつぐつら》らを討ち、能登七尾城を攻略した。その後、九月十七日には加能両国境に位置する能登末森《すえもり》（末守）城（石川県宝達志水町）を攻略、さらに翌十八日、織田勢と対峙するため、両勢力圏の境界線にあった加賀国湊川《みなとがわ》まで兵を進める。そして、形勢不利となって退却を余儀なくされた勝家率いる織田軍は、湊川で上杉氏の攻撃をうけ、敗れてしまう（手取川《てどりがわ》合戦。『歴代古案』『上越』一三四九）。

この後、越後上杉氏は能登国を領国化し、また加賀国を勢力圏のもとに置いた（「上杉家文書」『上越』一三六九）。しかし、上杉氏はこれ以上、織田方の勢力圏に侵攻しなかった。これは、越後上杉氏にとって、加賀・能登両国の「境目」に生じた対立状況の解決＝領国「平和」の実現こそが、もっとも優先すべきことだったからだろう。そして、この状況は、天正六年（一五七八）三月に謙信が死去し、それに端を発する騒動「御館《おたて》の乱」の勃発まで続いていった。

大名・国衆に「共存」を求める姿勢

さて、安芸毛利・越後上杉両氏との敵対から開戦に至る過程をたどることではっきりするのは、互いの勢力が広がり、接した結果、勢力圏の「境目」をめぐる衝突が引き起こされるということだ。これは、安芸毛利・越後上杉両氏との間のみに起きたのではないことに注意したい。

これまでもみてきたように、駿河今川氏・美濃一色氏・越前朝倉氏・甲斐武田氏らと敵対し、戦争が起こった時にも同様の現象がみられた。つまり、織田権力の戦争は、革新的な織田権力が同時代の勢力を排除するといった類ではなく、他の戦国大名と同様、同時代の領域権力レベルでおこなわれた政治的措置だったのだ。すなわち、この政治的措置とは、勢力圏の維持や奪還をめぐる解決手段としての戦争＝「国郡境目相論」である。したがって、この戦争は、勢力圏の「境目」に生じた動きに連動して敵対関係が生じた末に戦争が起こる、つまりは戦国時代の領域権力のそれと同じであるというところに特質がある［神田千里二〇一四］。織田権力の戦争からはこうした特質が見出され、そして優位な状況のうえで、領国を広げていった。

ただ、もう一つ押さえておかなければならないことは、織田権力が、室町幕府将軍足利義昭と対立しながらも優位を保ち、中央権力として活動していることだ。そのため、織田権力を中央権力として認めない勢力は、その対抗手段として将軍義昭と手を組んだ。ただし、その関係は、越後上杉氏との戦争でもみたように、織田権力の脅威に対する勢力圏の維持＝領国「平和」を実現することが優先された。そのため、「当家再興」を求めて活動を促す将軍義昭にとっては、常にまとまりを欠く状態であったことも見落とせない。この動きは、彼らが劣勢に追い込まれるほど、いっそう顕在化する。そして、将軍義昭の活動は次第に鈍くなっていく［水野二〇二〇］。

これが、丹波攻略や毛利・上杉両氏との戦争でもみた、織田権力の戦争の「実情」である。ただし、最終目的は相手を討滅させることではなく、場合によっては和睦の道も用意されていたようである。もちろん、自らの優位が保たれていることが前提であるが、例えば、天正八年（一五八〇）五月十二日付の安国寺恵瓊書状（「巻子本厳島神社文書」『丹羽』参考三八）によると、安芸毛利氏との戦争では、織田権力側から惟住長秀・武井夕庵、また近衛信基《のぶもと》（のち信尹《のぶただ》）・勧修寺晴豊《はれとよ》ら公家衆と松井友閑・村井貞勝、さらには惟任光秀による三通りのルートから和平交渉が図られていたことが知られる［山本二〇一〇］。また、後にもみるが、甲斐武田氏との戦争でも、武田氏側からの根強い和睦の働きかけもあって、天正九年九月にはおおかた決着がつきそうな情勢にあった、という事例もある［平山二〇一七］。

したがって、勢力圏をめぐる争いを回避、あるいは、うまく治まって敵対関係が解決されれば、織田権力に相手方を徹底的に排除・討滅しようという意図は原則なかったということになる。実際、織田権力は広域にわたる大名や国衆と通交し、鷹や馬の献上を通じて関係を深めており、もっぱら修好を基本としていた［原田一九九二］。このことは、織田権力と各地の大名・国衆との関係が一般にイメージされているような討滅＝彼らのもとで営まれている地域「国家」の否定ではなく、むしろ共存が可能であったことを示している［柴二〇一七a・b］。それは、織田権力のもとであろうとも、日本国内は一元化されるのではなく、「天下」と地域「国家」が併存し構成された重層的複合国家としてあり続けたことを意味する。これこそ、戦国時代の日本を表わす政治的な構造の正体である。そうした秩序のもと、織田権力は中央権力として君臨し、各地の大名・国衆との関係を築いていたのだ。

そうであれば、織田権力が進めた「天下一統」という事業は、各地の大名や国衆と共存し、重層的複合国家であった日本において、どのように進められていったのか、またその事業のあり方とはいかなるものであったのかが問われよう。

そこで、以降の動きを確認しつつ、織田権力が「天下一統」と併せて進めた統制・従属策の「惣無事《そうぶじ》」に注目したい。

「天下静謐」の実現

天正四年（一五七六）四月、将軍義昭の求めに応じて、大坂本願寺・一向一揆が再蜂起し、その直後には安芸毛利・越後上杉両氏が織田権力に敵対したため開戦する。信長は再び、将軍義昭に与《くみ》する敵対勢力との戦争に追われることになる。

そうしたなか、天正五年八月十七日、摂津国大坂天王寺《てんのうじ》（大阪府大阪市）の砦の守備を担当していた松永久秀・久通父子が信長に謀反し、居城の大和信貴山城に籠城する（『信長公記』巻十）。実は前年の天正四年五月、摂津国天王寺での大坂本願寺・一向一揆との合戦で、信長から大和国の「守護」として据えられた宿老の原田《はらだ》直政《なおまさ》が戦死した。これをうけて信長は、織田権力に従う国衆の筒井順慶のもとで、大和国を統治していった。順慶は永年にわたり、松永父子と対立してきた。大和国の統治が順慶を中心とされたことをうけ、織田権力内部での立場が下がったことを悲観した久秀・久通父子は、将軍義昭ら反織田勢力の働きかけもあり、今後の生き残りをかけて謀反に及んだようだ。松永父子の行動に対して、九月、信長は嫡男の信忠を総大将とする軍勢を派遣する。そして十月十日、信貴山城を囲まれた久秀は、「天主」に火を放ち、自刃した（『多聞院日記』）。

また、天正六年十月には、摂津有岡城《ありおか》（兵庫県伊丹市）を居城に摂津国の主要地域を支配し、高山氏や中川《なかがわ》氏ら国衆を統率する荒木村重が信長に謀反した。村重はもともと摂津国衆・池田家の宿老であったが、将軍義昭と信長が敵対した際、いち早く信長に味方して従い、信長から摂津国の統治を任された。また、織田家に従属の意を示した備前の浦上宗景の救援や御着小寺氏ら播磨国衆の統制にも携わっていた。ところが、安芸毛利氏との戦争が始まると、やがて村重に代わり、羽柴秀吉が中国方面を担当することになり、次第に村重の立場は後退する。このことで村重は荒木家の行く末（将来）を案じたのか［柴二〇一四a、天野二〇一七］、敵対する将軍義昭や安芸毛利氏、大坂本願寺に通じ、謀反を起こしたのである。この時、信長は説得にあたるが村重は応じず、有岡城は織田勢に攻囲された。その後、天正七年九月、村重は有岡城を出て尼崎城《あまがさき》（兵庫県尼崎市）に移るが、十二月、有岡開城によって捕らわれた村重の妻など一族は、信長の指示により、京都六条河原で殺害された（『信長公記』巻十二）。

織田権力が、こうした敵対勢力との戦争や謀反の対処に追われるなか、大坂本願寺は、織田軍を破った毛利水軍が運んできた兵糧を得ていたが、天正六年七月、織田方は建造した大船を九鬼嘉隆《くきよしたか》が率いる伊勢・志摩《しま》水軍に運航させ、大坂湾の海上封鎖に努めさせた（『信長

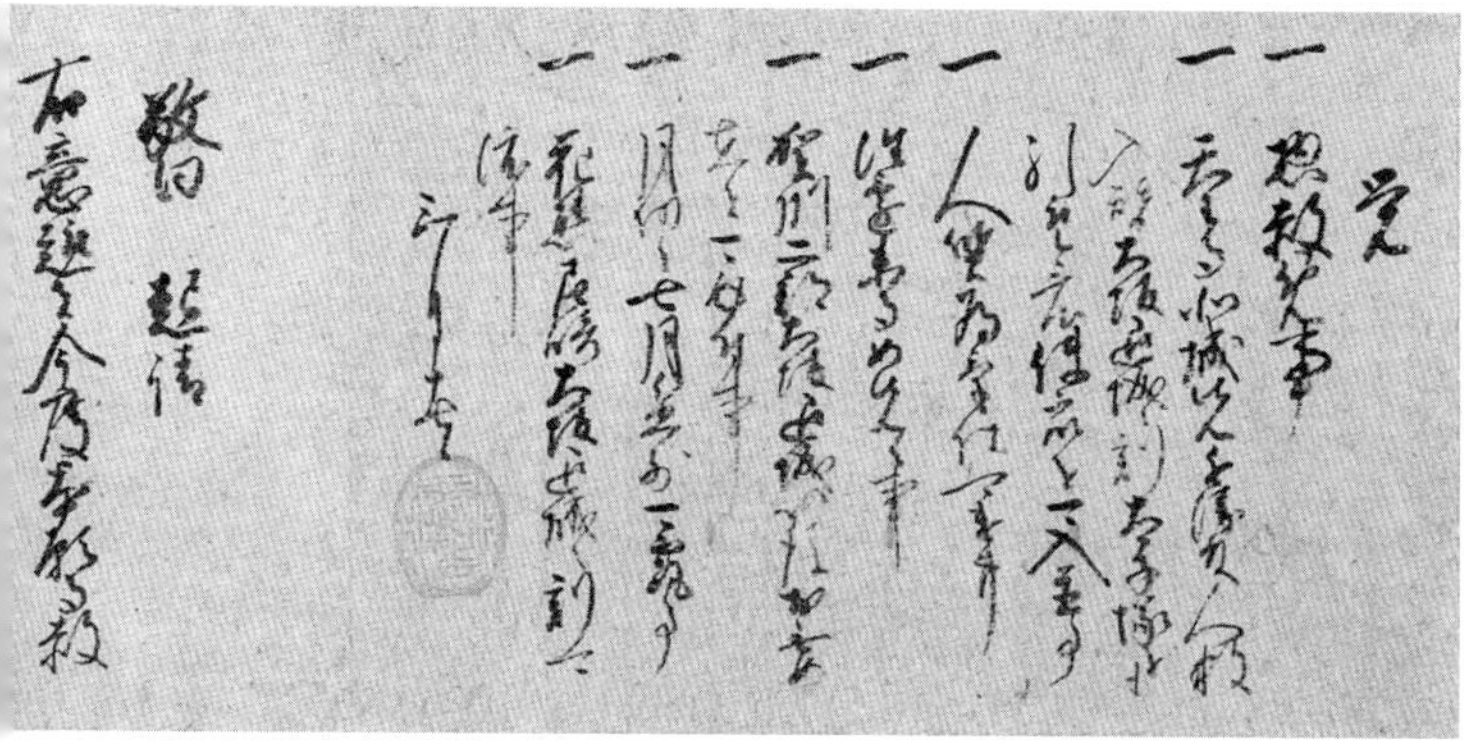

公記』巻十二)。なお、この時に信長が建造させた「大船」について、一般には「鉄甲船《てつこうせん》」として知られているが、実はそうではなく、大砲を搭載した中国大陸の海船や黒船の外観を持つ大船だったようだ[黒嶋二〇一二]。また、十一月六日には毛利水軍との間で、いわゆる「第二次木津川口海戦」が起きていて、『信長公記』巻十一の記述によると、九鬼嘉隆が率いる織田水軍が毛利水軍を大破したとみられるが、実は毛利側もこの海戦で「勝利を得」たと認識している(「毛利家文書」『大日本古文書 毛利家文書』八三三号文書)。実際、その後も毛利方の海上勢力が大坂湾に進出しうる状況が続いていることを踏まえれば、どうもこの海戦は、織田方が大坂湾を海上封鎖するにあたり、辛うじて接戦を制したというのが実態のようだ[小川二〇一六]。

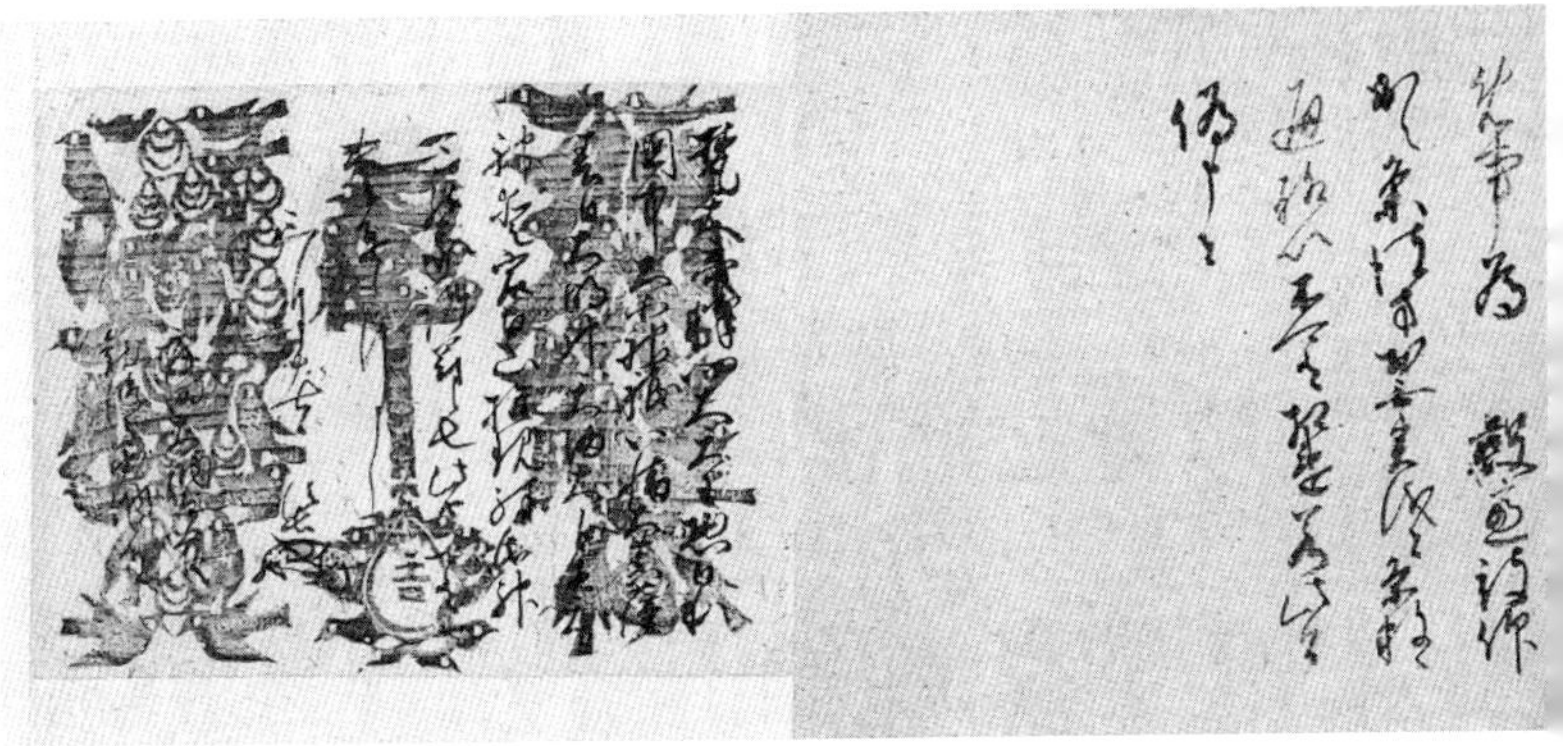

天正８年（1580）３月17日付織田信長起請文（西本願寺蔵） 信長が大坂本願寺との和睦にあたり、大坂退去と引き替えに「惣赦免」などの条件を提示した誓約書。

その後、畿内周辺は織田勢が優位となり、そのことが大坂本願寺を追い詰めたことは間違いない。そして、大坂本願寺は信長との和睦（実質的には降伏）に動きだす。この和睦は、朝廷の仲介のもとで進められた。これは、大坂本願寺が朝廷の宗教統制の下にある存在だったことから、それに基づいて進められたのだ。この和睦交渉にあたって、信長は本願寺に対して「惣赦免《そうしゃめん》（教団の存続許可）」の姿勢で臨んだ（「本願寺文書」『信長文書』八五二）。これは、敵対関係が解消すれば、寺社勢力の存立の保護に努めるという信長の方針に基づくもので、ここでもそれがみえることは注目される。

こうして天正八年（一五八〇）閏三月、織田権力と長期にわたり敵対していた大坂本願寺が、正親町天皇の勅命講和によって和睦（実質的には降伏）する。信長はこの和睦をうけ、大坂本願寺に加賀国の返付を約束し、柴田勝家ら諸将に停戦を命じる（『南行雑録』『信長文書』八六三ほか）。だが、加賀国は勝家によって攻略され、大坂本願寺に返還されなかった。

その後、大坂本願寺内では宗主・顕如の子息・教如《きょうにょ》を擁した抵抗もあったが、七月に摂津花隈城《はなくま》（兵庫県神戸市）を落とし、尼崎城で織田勢との攻防を続けていた荒木村重を毛利領国へ逃亡させ、翌八月に教如を大坂から退去させた（『信長公記』巻十三ほか）。これによって、織田権力は畿内静謐を達成、ここに元亀争乱以来の「天下静謐」が実現した。しかし「天下静謐」は、畿内情勢の鎮静化のみでは維持できない。国内各地の情勢が、時に畿内の情勢と関わりながら変化していくなか、そこに対処していくことがもはや不可欠となっていた。信長を待っていたのは、各地の大名や国衆による地域「国家」、あるいは従属国衆の地域「国家」を含む地域統合圏（惣「国家」）＝勢力圏への関与であり、信長はそこに着手する。

「惣無事」による「豊薩和平」

ついに「天下静謐」を実現した信長が、次に取り組んだのは、各地の大名や国衆による私戦行為を禁止すること、そして「天下」に従属し、その統制の範囲で行動することを求める「惣無事《そうぶじ》」であった。ここでいう「無事」とは和平のことで（『邦訳日葡辞書』）、「惣無事」は広域的な和平秩序＝「平和」を意味する。

各地の大名・国衆を牽制するこの動きは、信長だけでなく、かつては室町幕府将軍足利氏が、のちには天正十三年（一五八五）閏八月、五畿内の領国化によって「天下静謐」を実現した羽柴秀吉においても確認されることである。例えば、永禄元年（一五五八）十一月、三好権力との和睦によって帰京した室町幕府十三代将軍の足利義輝は、「天下静謐」の維持のため、翌永禄二年五月から安芸毛利・出雲尼子両氏間の和平調停（「芸雲《げいうん》無事」）に努めている（「吉川家文書」『大日本古文書　吉川家文書』四六一号文書ほか）。また、秀吉は五畿内の領国化によって「天下静謐」を実現した後、天正十三年十月二日、九州地方で戦争を続ける薩摩島津《しまづ》・豊後大友両氏に停戦命令を発している（「島津家文書」、「西寒多神社文書」『秀吉』一六四〇・一六四一）。つまり、この動きは、信長の独創的な取り組みではなく、天下人が「天下静謐」を維持していくための常套手段といえる。

織田権力による「惣無事」の取り組みは、毛利氏との戦争を視野に入れつつ、まずは九州地方の二大勢力である島津・大友両氏間の戦争から始められた。それに関わる信長の書状案をみてみよう。

（読み下し）

いまだ相通ぜず候といへども啓せしめ候、仍って大友方と鉾楯《ほこたて》の事、然るべからず候、所詮和与尤《もっと》も候歟、将又《はたまた》この面の事、近年本願寺緩怠せしめるの条、誅罰の儀申し付け候、然るに大坂退散すべき由、懇望《こんもう》により赦免せしめ、紀州雑賀《さいが》に至って罷り退き候、〔畿〕幾内残る所なく静謐に属し候、来年芸州において出馬すべく候、その刻別《きざみ》して御入魂《じっこん》、天下に対して大忠たるべく候、なお近衛殿（前久）仰せらるべく候間、筆を閣《さしお》き候、恐々謹言、

（天正八年）八月十二日　信長（織田）

島津修理大夫殿（義久）御宿所

【史料5】織田信長書状案（「島津家文書」『信長文書』八八六号文書）

これによると、信長は薩摩島津氏に豊後大友氏との和平を命じるとともに、畿内の静謐を実現したことを伝え、来年には安芸毛利氏の征討戦に入るので、「天下（中央権力）」である織田権力のために尽力するよう忠節を求めている。なお、「いまだ相通ぜず候といへども（これまで通交がありませんでしたが）」との記述から、信長が島津氏に接するのは本状が初めてであったこともわかる。実は、島津氏は将軍義昭に通じていて、義昭を庇護し「当家再興」にあたる安芸毛利氏のために尽力するよう求められていた。島津氏が豊後大友氏を攻撃する

理由は、勢力圏をめぐる対立が根底にある一方で、将軍義昭の働きかけもあったのである（「島津家文書」『大日本古文書　島津家文書』九六号文書ほか）。島津側のこうした事情に対して、織田権力は畿内静謐＝元亀争乱以来の「天下静謐」を実現させたという現実を知らしめることで、「天下」に君臨する中央権力としての立場を示し、初めて差し出す書状でありながらも、その政治的・軍事的統制と従属のもとに活動することをしっかり求めたのが本状だったのだ。

一方、豊後大友氏は、天正六年十一月における薩摩島津氏との日向国高城《たかじょう》（宮崎県木城町）での合戦に敗れて以来、劣勢のままであり、また勢力圏内では離反が相次いでいた。大友氏は、すでに天正五年九月頃には毛利氏対策の見地から信長に接近し、通交していたようであるが（「神代文書」『大分県先哲叢書　大友宗麟史料集』一六七五号文書）、この敗戦後、さらに接近し、天正七年十一月七日には当主の義統が毛利領国であった周防・長門《ながと》（山口県西部）の両国を与えられる旨が記された信長の朱印状を得ている（「大友家文書」『信長文書』八四七）。織田権力としては、劣勢にあった大友氏の憂いを取り除き、毛利氏との戦争に従事し、専念させることを意図していた。

そこで、この「豊薩無事」を成立させるため、織田権力はただ停戦を命じるのではなく、具体的な措置を下した。（天正八年）九月十三日付で豊後大友宗麟・義統の父子に出された某の黒印条書（「大友家文書」『大分県史料26第4部　諸家文書補遺2』四四二号文書）によると、それは、①係争地域となっていた日向伊東《いとう》領の島津氏への帰属、②戦争中に離反し大友・島津両家に属した者たちの処置、③島津氏と相談のうえ、毛利氏との戦争では後巻《うしろまき》（背後からの攻撃）に勤めること、④秋月《あきづき》・龍造寺《りゅうぞうじ》両氏が阻害する場合、島津氏に加勢し「退治」を申しつけること、⑤信長からの停戦の指示（「御朱印」）に対して私恨により従わないのは「御《おん》敵《てき》」となる覚悟で臨むべきこと、⑥停戦受諾の返事により、毛利氏との戦争が始まるので、早急に現況を申し上げること、といった内容で、これらのことを受諾するよう記されている。

このことから、織田権力は「豊薩無事」に伴う領土問題や諸将の帰属、周辺勢力の処置などを指示したうえ、この停戦命令に従わない場合は「御敵たるべし（御敵とする）」として、討伐の対象とする意向を示したことがわかる。ここには、織田権力の天下人＝中央権力としての政治的態度がうかがえる。その背景には、やはり畿内静謐＝元亀争乱以来の「天下静謐」を実現した実績が大きく関わっているのだろう。織田権力による「天下静謐」の実現は、各地の大名や国衆に対して、天下人＝中央権力としての政治的態度を示す絶好の契機だったのである。

この調停（「豊薩無事」）は、信長と昵懇であった近衛前久《さきひさ》と信長から遣わされた伊勢《いせ》貞知《さだとも》によって進められていった（「島津家文書」『信長文書』八八五ほか）。そして、肥後《ひご》国衆相良《さがら》氏にも近衛前久から「豊薩無事」に尽力するよう求められている（「相良家文書」『大日本古

文書 相良家文書』六一一号文書）。これにより、翌天正九年（一五八一）六月に薩摩島津義久《よしひさ》は、長らく募っていた豊後大友氏への私恨を棄てて和睦案を受諾、毛利氏との戦争の際は忠義を果たすつもりであることが伝えられている（「島津家文書」『大日本古文書 島津家文書』一四二九号文書）。

そして、大友氏もこの和睦を受諾したことから、「豊薩和平」はここに成立した。この和睦は、その後、九州地方の情勢にも影響をもたらしていく。

「御窮屈」な「東国御一統」

同様の取り組みは、関東を中心とする東国にもみられた。

前述のように、中央での対立の影響が波及し、織田権力に従う佐竹義重ら北関東の大名・国衆と、将軍義昭と反織田勢力として提携した甲斐武田氏と、その武田氏との同盟関係から与する相模北条氏という対立の構図が、ゆるやかながら出来上がっていった。

こうしたなか、相模北条氏は天正五年（一五七七）十一月、交戦中であった安房《あわ》国（千葉県南部）の里見《さとみ》義弘《よしひろ》と、戦況を優位に保ったまま和睦を結んだ。そのため、房総は相模北条氏の影響の下に置かれることとなる。

相模北条氏のこの動きに対して、常陸佐竹家のもと、客将として常陸片野《かたの》城（茨城県石岡市）にいた太田《おおた》道誉《どうよ》（実名《じつみよう》は資正《すけまさ》）、その子で常陸柿岡《かきおか》城（茨城県石岡市）にいた梶原政景《かじわらまさかげ》、下総下館《しもだて》城（同筑西市）の城主・水谷勝俊《みずのやかつとし》は、織田権力に軍事支援を要請し続けていた。それをうけて、信長は十二月、来年の「関東御発向《ごはっこう》（関東への出陣）」を約束したことが、織田権力側の取次として活動していた小笠原貞慶《おがさわらさだよし》宛てにたびたび出された書状のなかにみえる（『書簡弁証文集』『戦国遺文 房総編』一六三五号文書ほか）。

この時、信長が示した「関東御発向」の意向は、織田権力がこの頃追われていた、越後上杉氏に対する取り組みを優先させたために延期されるが、常陸佐竹氏ら北関東の大名・国衆はその後も織田権力との関係を深めていった。それと同時に、彼らは、互いの存立を維持するため、あらためて佐竹義重を盟主に据えて「東方之衆《とうほうのしゅう》」として活動し（以下、佐竹氏ら北関東の大名・国衆連合を「東方之衆」と記す）、相模北条氏との攻防を繰り広げる。天正六年（一五七八）四月に起きた常陸国小川《おがわ》（茨城県筑西市）の戦いでは、「東方之衆」の結束がより固められ、相模北条氏との対峙を機に、それ以後、両勢力が拮抗しあう状況となった。

そうしたなか、天正六年三月に上杉謙信が死去、それに伴い、越後上杉氏の領国では謙信死後の路線をめぐり、後継の景勝《かげかつ》と反景勝方が擁する景虎《かげとら》（相模北条家からの養子）の間で内乱が起きる。いわゆる「御館の乱」で、相模北条家との同盟（甲相《こうそう》同盟）関係に従い、景虎方の援護のために出陣した武田勝頼は、景勝・景虎両陣営の和睦を図るが成立せず、最終的には景勝に与することになってしまう。そして、翌天正七年三月、景勝勢は景虎を敗死させ、御館の乱は景勝の勝利で終わる。

御館の乱がきっかけとなり、相模北条氏は甲斐武田氏との関係を悪化させ、甲相同盟を決裂させてしまう。この流れから、北条氏は武田氏と敵対する遠江徳川氏と同盟を結んだ（『家忠日記』）。そして天正七年九月、駿河・伊豆《いず》両国の国境を舞台に、相模北条氏と甲斐武田氏の間でついに戦争が始まる。これに応じて武田氏は、甲相同盟の締結以前から通交していた常陸佐竹氏と手を結び、北条勢と交戦していく。こうして関東では、武田氏と手を結んだ佐竹氏ら「東方之衆」も参戦、北条氏との対立が激化する。北条氏は、東西に敵対勢力を抱えることになった。

一方、甲斐武田氏は、上杉景勝に勝頼の異母妹の菊《きく》姫を嫁がせ、越後上杉家との同盟（「甲越《こうえつ》同盟」）を強化した。しかし、依然として織田権力や遠江徳川氏とは対立関係にあり、そのうえ、相模北条氏と

北条氏政像（小田原城天守閣所蔵）

も敵対し、こちらも東西に敵対勢力を抱えることになってしまった。この状況を打破するため、甲斐武田氏は同年十一月、常陸佐竹氏を通じて、信長との講和（「甲江和与《こうごうわよ》」）を進めていく［丸島二〇一七］。これは、常陸佐竹氏が織田権力と通じていたため、その関係を活かした交渉であった。勝頼は、信長との交渉を通じて、西側で対峙する遠江徳川氏との和睦の道も開き、相模北条氏に対抗しようとしたのである。

いよいよ劣勢に追い込まれた北条氏政だったが、打開を図るため、ついに織田権力に接近する。そして天正八年（一五八〇）三月、相模北条氏は家臣の笠原康明《かさはらやすあき》らを使者として信長のもとに派遣、織田権力の政治的・軍事的保護を求め、従属の意思を示した（『信長公記』巻十三、黒田基樹二〇一二・二〇一八）。これにより、関東の情勢は相模北条氏と常陸佐竹氏ら「東方之衆」が戦争しつつも、その半面、両勢力は織田権力に従属するという構図ができてしまった。

信長はまた、相模北条氏の従属をうけ入れたことで、甲江和与の交渉には応じようとしなかった。よって、その実現を望んでいた甲斐武田氏の形勢は厳しい状況となり、常陸佐竹氏を通じた甲斐武田氏の甲江和与の折衝は頓挫してしまう。そのため、甲斐武田氏は、南化玄《なんかげん》興《こう》ら臨済宗《りんざい》の高僧を仲介とする「甲濃和親」の可能性を探り、天正八年末からその実現に取り組んでいる（『南化玄興遺稿』『戦武』四〇九四ほか）。これは、美濃岐阜城にある織田家当主の信忠と交渉することで、信長との和睦を実現させようとするものであった［平山二〇一七］。その後、天正九年九月、甲斐武田氏から常陸佐竹氏に伝えられたところによると、この交渉により、一時は織田権力との和睦（「江甲無為《ごうこうぶい》」）が「過半落着《かはんらくちゃく》（おおかた決着）」をみたようである（『武州文書』『戦国遺文　房総編』一八一〇号文書）。

ところが、天正十年（一五八二）正月、信濃国衆で甲斐武田家の一門衆でもあった木曾義昌《きそよしまさ》が、甲斐武田家を離反し、織田権力に従属した。義昌の木曾領は織田領国に接する「境目」にあったのだが、武田氏に政治的・軍事的に保護され得ていない現状に照らして、織田権力を頼る道を選び、離反したのだ。この動きに対して武田勝頼は木曾氏の討伐に動く。そして、義昌は信長に救援を求めた。

二月、信長は木曾氏の要請に応え、徳川家康や相模北条氏を動員して、甲斐武田氏の討伐戦（甲州征伐）を始める（『信長公記』巻十五）。織田勢の進撃に、甲斐武田家の内部では一門衆の穴山信君《あなやまのぶただ》らの離反が相次いだ。さらに、勝頼は居城の甲斐新府《しんぷ》城（山梨県韮崎市）からの撤退に追い込まれ、三月十一日、織田家宿老・滝川一益が率いる軍勢の攻撃をうけ、甲斐国田野《たの》（山梨県甲州市）で自刃した。

ここに、東国の有力大名である甲斐武田氏は滅亡した。そして、織田権力に敵対する東日本の主要勢力は越後上杉氏だけとなり、関東や奥羽の多くの大名・国衆とは政治的・軍事的

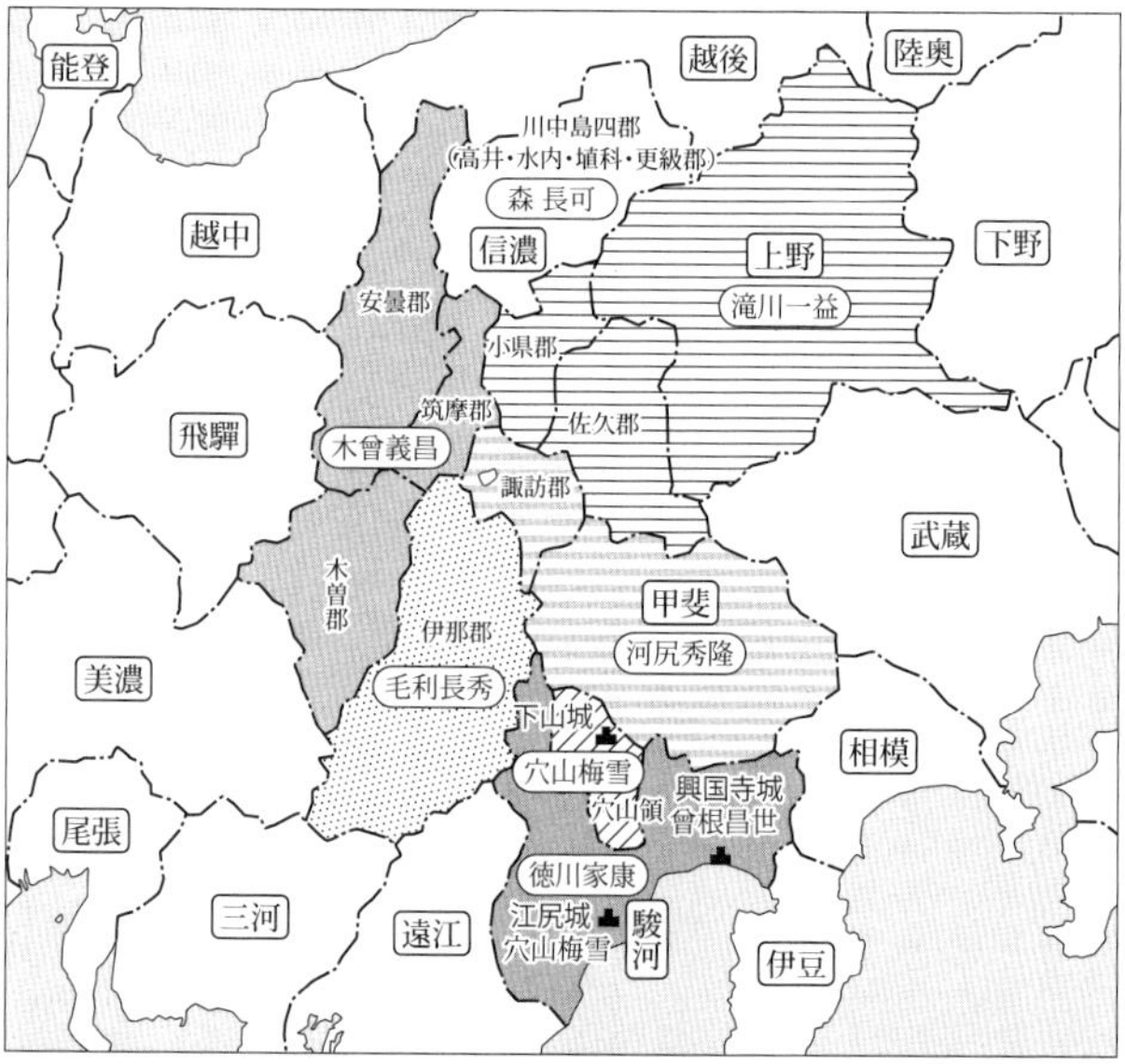

織田信長による武田領分割(柴裕之『徳川家康』所載図より転載)

な影響力のもとに修好関係を維持していたことから、「東国御一統」といわれる状況ができたのである(「坂田文書」『滝川』九三)。これ以降、織田権力は関東や奥羽の大名・国衆の統制・従属を深化させ、それぞれの独自の動きや取り組みを強く規制するなど、織田権力傘下での活動を強いていくようになる。信長は「天下」=織田権力への忠節を求め、それに応じない者は「朝敵《ちょうてき》(朝廷に対する敵対者)」として討伐する意向を示したのだ(「太田文書」『信長文書』一〇〇六)。これは、常陸佐竹氏らにこれまでとは異なる「御窮屈《ごきゅうくつ》」という認識を与えた(『秋田藩家蔵文

書』『茨城県史料』中世編Ⅴ、一五六頁)。

そうしたなか、信長は旧武田領国の所領配分で、功績のあった宿老の滝川一益に、上野国と信濃国佐久《さく》・小県《ちいさがた》両二郡(長野県小諸・上田両市など)を与えた。一益はさらに、東国の保全に努めつつ、関東や奥羽の大名・国衆に対する取次役(「東国警固」)を務めることを任される(『信長公記』巻十五、「建勲神社文書」『滝川』九二)。

上野国に入った一益は、まず箕輪《みのわ》城(群馬県高崎市)に入った後、厩橋城に移る。そして、由良《ゆら》国繁《くにしげ》や真田《さなだ》昌幸《まさゆき》ら麾下の従属国衆を従え、独自の裁量で管轄地域を運営していく。その影響は武蔵国北部にまで及んだ。また「東国警固」の任務により、関東や奥羽の大名・国衆の「目付《めつけ》(監視・相談役)」に努めた。四月には、安房里見氏らに通交の深化を求め(「滝川文書」『滝川』八五)、下野《しもつけ》宇都宮《うつのみや》氏には越後上杉氏の討伐にあたって出陣を命じている(「小田部庄右衛門氏所蔵文書」『戦国遺文　下野編』一三七九号文書)。そして五月、抗争する相模北条氏と「東方之衆」の間で火種となっていた下野祇園《ぎおん》城(栃木県小山市)を、相模北条氏から元の城主・下野小山《おやま》氏に返還させている(「立石知満氏所蔵文書」『戦国遺文　後北条氏編』二三四三号文書)。関東や奥羽の大名・国衆は、一益の一連の活動に対して、応えを求められる立場にあった。

こうして東国では、緩やかながらも織田権力の政治的・軍事的な影響力のもとに活動することが求められ、大名や国衆らの独自の行動に対する規制も進み、「御窮屈」な状況ができ上がっていった。この状況は、のちに「「信長御在世《ございせ》の時」惣無事（信長生前時の「平和」）」といわれる、ある種の指標ともなり、以後、大きな影響を及ぼしていく（『譜牒余録』『新編埼玉県史』資料編6中世2一一七五号史料）。例えば、この後になって羽柴秀吉が「関東・奥両国惣無事」に取り組むのだが、それは「信長御在世の時」の再現を基調にして、各地それぞれの動向に応じた対処を経ながら進められていったのである［柴二〇一三］。

信長の「天下一統」の実態と歴史的意義

ここまでのことを再確認の意味で整理しておこう。

天正八年（一五八〇）八月、織田権力は畿内静謐＝元亀争乱以来の「天下静謐」を実現した。その後、「天下静謐」を維持するために、各地の大名や国衆、あるいはその地域「国家」に対して私戦行為を禁止、あくまで織田権力の傘下で活動することを求めた。つまり、織田権力は「惣無事」に取り組むことで、国内を統合する「天下一統」を進めていった。

そのなかで信長は、各地の大名・国衆を排除するのではなく、あくまで共存の道を選んでいく。それを前提に、政治的にも軍事的にも「天下」＝中央に統制され、従属する関係を求め、それまでおこなわれていたような独断による行動（自力行為）を取り締まっていったのである。

「天下」と地域「国家」が併存する重層的複合国家であった戦国時代の日本――。その事実を掘り下げていけば、「天下一統」の実態とは、当時の日本の政治的な構造と秩序を刷新し、一元化するものではなかったということがみえてくる。そうではなく、むしろ、そうしたありようを前提に、織田権力が管轄する「天下」のもと、さまざまな地域「国家」をグループ化することにより、国内統合が進められ、「平和（安泰状況）」を築こうとしたことがよくわかる［柴二〇一七a・b］。

「天下」を取り締まる織田権力のもと、さまざまな地域「国家」が日本国の規模で広がって存在する状況、これを現代の企業に例えるならば、国内最大手のグループ企業が各地で活動するような業態をイメージしてもらえればいい。そこにみられる信長の「実像」は、いわゆる秩序を破壊するものではない。同時代の社会の秩序を保障する姿であり、「天下一統」の事業もそれに基づいて進められていったのだ。

では、このような国内統合のあり方は、信長の独創的な事業だったのだろうか。

実は、こうした「天下一統」のあり方は戦国時代以来、天下人に求められていて、信長はその天下人による政治を引き継ぎ、自らの軍事力のもと、実現したものと考えられる。第二章で、一五四八年（和暦では天文十七年）の夏、インドのゴアの聖パウロ学院長であったニコラオ・ランチロットが、ポルトガル領インド総督のガルシア・デ・サーに宛てた報告書から、各地方で大名らの間に戦争が起きた時、室町幕府将軍足利氏（「グォシー（御所）」）は当事者である大名に対して停戦を命じ、従わない場合は軍事的制裁を振るう政治権力者と認識されていたことがわかると述べた。実際、戦国時代には、室町幕府将軍足利氏による停戦命令があったことが確認され、将軍は日本の秩序に影響力を持つ中央権力として機能していた。しかし、戦国大名や国衆にとっては、それぞれの権力基盤である地域「国家」やその存立に支障を来すと判断された場合、将軍の意向であろうと拒絶することもあったのである（「毛利家文書」『大日本古文書　毛利家文書』七二九号文書）。現実的にはこうした関係であったため、室町幕府将軍足利氏は、「天下」のもとに諸地域「国家」を従え、取りまとめることができないままであった。

だが、織田権力は、室町幕府将軍足利氏が実現できないままでいた天下人としての務めを継承して、自らの政治的・軍事的威勢（武威《ぶい》）のもと、「天下一統」を進めていったのだ。そして、それは信長の死後、織田家に代わって天下人となった羽柴秀吉にうけ継がれ、豊臣《とよとみ》政権による「惣無事令」として現出する。なお、秀吉は小牧《こまき》・長久手《ながくて》合戦で徳川家康に敗北したため、信長以来の武力制圧路線から惣無事令による「天下一統」路線に変更したといわれることがある。しかし、信長・秀吉両者の「天下一統」事業に路線変更の跡はうかがえない。いずれも、戦国時代の幕開け以来、天下人が求められた役割を継承し、事業が進められている。つまり、秀吉によって「天下一統」の実現がなされた日本の姿にも、「天下」のもとに取りまとめられた重層的複合国家としての連続性がみられるのである。

織田領国の構造と経営

戦国大名や国衆と共存し、それらを取りまとめる中央権力として活動する織田権力だったが、その勢力圏＝領国はどのように経営されていたのだろうか。次に、織田権力自体の政治権力としてのあり方を、領国の構造と運営面から探ってみよう。

それをみるにあたって、まず戦国大名の領国とその運営のあり方を確認しておこう。「はじめに」でも述べたが、戦国時代とは、各地に君臨する戦国大名や国衆が、その領国を地域「国家」として運営する時代だった。各地方では、自分たちだけでは存立できない国衆らが領国「平和」の政治的・軍事的な保護を求め、有力な戦国大名の傘下に入っていった。このため、戦国大名の領国は、傘下に入った国衆たちの領国を含む地域統合圏（惣「国家」）として成立していた。さらに、討ち取った大名や国衆の領国は、新たに統治する大名の直轄となるのではなく、一門や重臣を主要な城郭（支城）に置き、彼らに行政や軍事の支配を委ねた。なかでも、その全権をほぼ委ねられ、自身の裁量で統治する担当者（以下、これを「領域支配の担当者」と記す）は、管轄領域を自身の「分国《ぶんこく》（領国）」として運営した。これを現代の企業で例えるならば、大名は信頼する一門や重臣を用いて支店を設立し、支店長である彼らに経営を委ねるようなものであろう。こうした存在を、戦国大名研究のなかでは「支城領主」（譜代大名に該当）と位置づけている。

したがって、戦国大名の領国はすべて均質にあったのでなく、それぞれの領域で培われてきた地理や歴史に応じた営みに規定され、それらが複合することで成り立っていた。こうした領国の構造のあり方は、独自の営みをみせる地域社会に対応し、最良な統治を実現するためにとられた手法でもあった。

では、織田権力の領国では、どのような構造のもとに統治されていたのだろうか。

実は、先に伝馬制のくだりでもみたように（第四章「道路・橋梁の整備」）、織田領国の構造もまた一元化されたものではなかった。その領国は、信長が直接管轄する「天下」とその周辺、織田家の本領国（織田家当主の直轄領域、尾張・美濃両国が該当）、従属国衆の領国、柴田勝家・惟住長秀・惟任光秀・羽柴秀吉・滝川一益ら重臣に行政・軍事の支配を委ねた支城領国からなる重層的複合構造のもとにあったのだ。なお、信長は織田権力の領国下において、

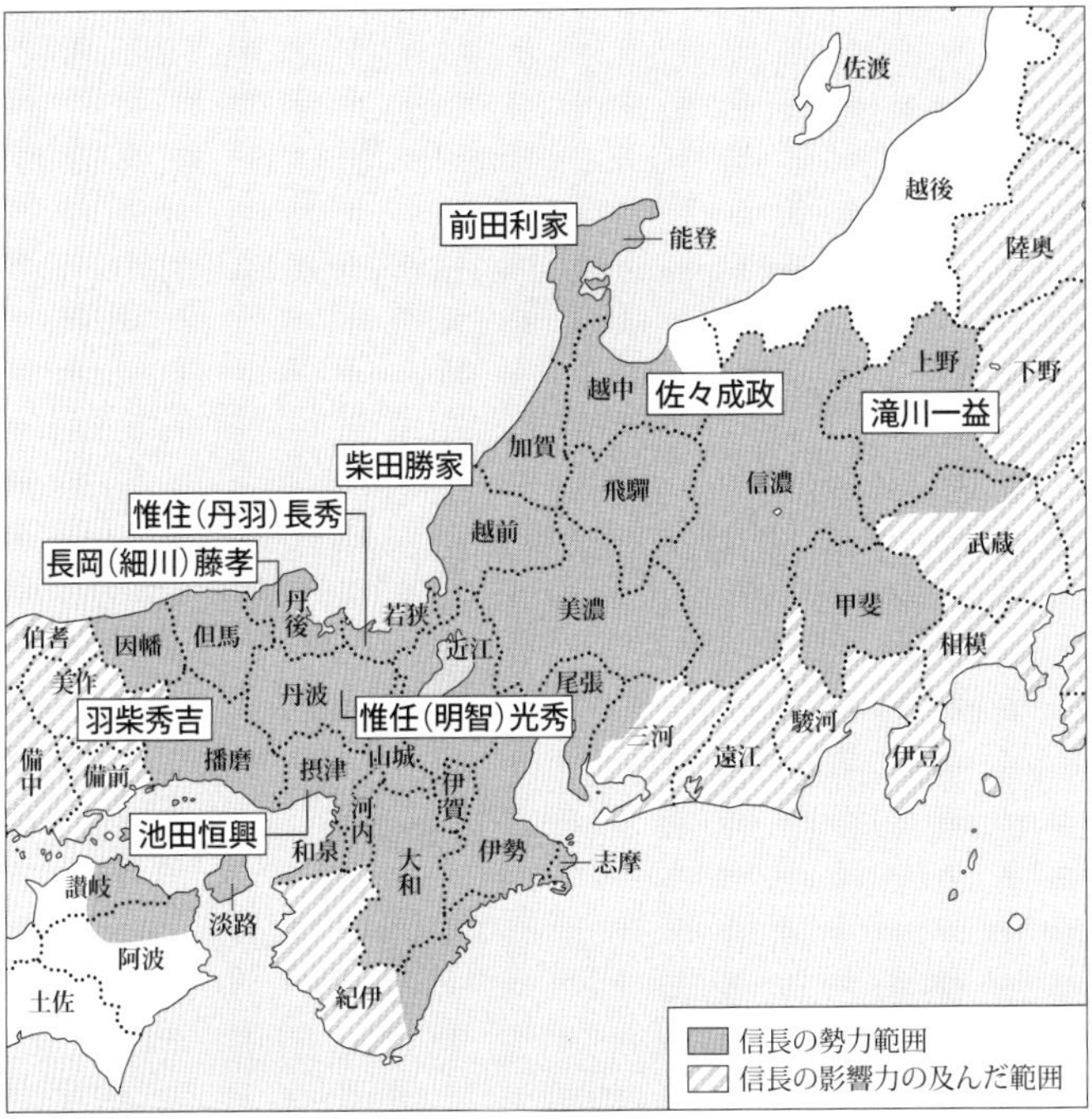

織田家勢力図（柴裕之監修・すずき孔『マンガで読む 信長武将列伝』所載図を一部修正）

自律的な従属国衆の存在を認めなかったといわれることがある。たしかに反抗したり、忠義を怠るような国衆のなかには討ち取られてしまう者もあった。一方で、織田領国のなかにも、美濃稲葉氏や近江蒲生《がもう》氏のような自律的な従属国衆がみられることも事実である。

このように、領国構造のあり方をみれば、織田権力もまた、他の戦国大名の領国と同様、時代に応じた領域権力であったことがわかる。

ところが、大方の研究によると、戦国大名の分権的な領国支配に対して、織田権力の領国支配は、信長個人の主導（独裁）のもとになされており、各領域を支配する担当者らは、信長のもとで軍事・行政のみを掌る《つかさどる》「代官」であって、信長による全権支配がすべての地域に行き届いていたとされる。つまり、織田領国における支配は、天下人信長の独断的な意向や判断が大きな指針としてあって、領域を支配する担当者はそれに基づき実行しているに過ぎないという織田権力のイメージである。

これは、織田権力が同時代的な領国構造を持ちつつも、運営のあり方が異なっていることを重視したものであり、同時代の他の政治権力とは違う絶対的主導者、あるいは信長による革新的な権力として過分にとらえた評価だといえる。

信長と家臣

このような織田権力の評価が下される背景には、戦国大名という存在による運営と、信長のそれに「違い」を見出そうという視点が見え隠れする。それは、戦国大名全般が家臣との合議を経て、物事を決定していったのに対して、信長は家臣の意見など聞かず、自らの独断によって進めていったという「違い」だ。そして信長は、のちに宿老の佐久間信盛ら古参の家臣を排除し、自分の求めに忠実で有能な家臣を取り立てていったというイメージも、いまみた評価に大きく影響されてしまっている。絶対的主導者である信長によるワンマンな経営、そんなイメージに引きずられてしまっているのだ。

では、絶対的主導者の信長によるワンマンな経営とは、どのような「根拠」をもとに描かれてきたのだろうか。

柴田勝家像（柴田勝次郎氏蔵、福井市立郷土歴史博物館保管）

一つよく知られているのは、天正三年（一五七五）九月、越前国北庄領の統治を任された重臣の柴田勝家に発給された信長掟書（「越前国掟」）である（「福井県立図書館松平文庫所蔵『寄合物入』」『織田信長の古文書』一〇三号文書）。そこで信長は、越前国北庄領における諸税の賦課や徴収、裁判、所領給与などを勝家に委ねつつも、自分を崇敬し、忠義に勤めるよういい聞かせている。なかでも特に注目されるのが、九条目の文中にみえる、「何事においても信長申す次第に覚悟肝要に候（いずれの事柄も信長の命じるがままの覚悟で臨むこと）」という記述だ。これは、その後ろの条にみられる自身への崇敬を求める記述と併せて、絶対的主導者・独裁的に振る舞う信長の姿を強く印象づける。

だが注目したいのは、この記述の直後に記されていることだ。そこには、その一方で信長の指示が無理難題だと思ったら、自分（信長）に取り入るため、なんとか巧みに応じようとすることはせず、その旨、信長に意見するよう求めており、信長はそれに応えると記している。この記述からは、家臣の意見をまったく聞こうとしない、独断的な信長の姿はうかがえない。そして、信長のこの態度は、当時の戦国大名ら統治者に等しく求められるものだった。例えば、武田信玄は、領国統治に関わる分国法『甲州法度之次第』（『中世法制史料集』第三巻所収）で、法の趣旨《しゆし》に違ったおこないをした場合、誰でも意見をするよう求め、そのおこないが時勢に適《かな》ったものかをはかり、改めるとしている。信玄のこの思考は、信長が記した先の記述と違わない。つまり、信長による運営の主導は、決して家臣の意見を聞かないというわけではないことがわかる。実際、宿老の佐久間信盛の意見に従い、信長が判断を改めていることが、イエズス会宣教師ルイス・フロイスの『日本史』のなかにみられる［神田千里二〇一四］。また、研究の進展により、信長は家臣の意見を取り入れつつ、さまざまな判断を下していたことも明らかにされている［久野二〇一九］。

そうなると、「越前国掟」の先の記述で求めた信長の意図とはなんだったのだろうか。それは、信長が自身の絶対的主導者としての立場を示したのではなく、勝家の越前国北庄領の統治者として望まれる心掛けを説いたと考えるべきなのだろう。すなわち、勝家が越前国北庄領の統治者として自分勝手な行為に走るのではなく、「織田権力の構成員」としてふさわしい態度で臨み、活動に努めるよう求めたのだ。

だが、これは解釈でしかない。そこで、実際に柴田勝家・惟任光秀・惟住長秀・羽柴秀吉・滝川一益ら領域支配の担当者による支配の実態と、信長の関与のさまを確認してみよう。

彼ら領域支配の担当者による支配の実態について、関係史料を博捜し検討した成果によると〔戦国史研究会編二〇一一、柴二〇一三〕、信長の関与がみられるのは管轄領域が織田領国として編成されるまでの期間であり、その後は領国全体に関わる場合に限られていく。その一方、領域支配の担当者の方は、自身の裁量で、①権益保証と税の賦課・徴収、②行動規範法の制定、③管轄領域の軍事編制、④伝馬制の運営などを進めている。そこでは、いちいち信長の指示を仰がず、彼らの裁量による自律的な支配がおこなわれているのだ。場合によっては、信長の命令を覆したり、信長の意向を超えた措置もみられた（「羽賀寺文書」『丹羽一〇一ほか）。

たしかに彼らは、所領とそれに応じた役賦課の確定、城割《しろわり》（不要城郭の破却）や関所の撤廃、道路・橋梁の整備など、統治に関わる方針の指示を信長からうけていたが、どのようにおこなうかは、彼らの判断に委ねられていた。そのため、彼らはルイス・フロイスが書簡のなかで「領土及び兵士に付いては当地で信長の如き人」一(『福井市史』資料編2古代・中世、一〇四三資料)と記す存在、つまり信長による統治のもと、領国を支配する支城領主＝「織田大名」だった。そして、その領域は「分国」と称され、彼らの裁量によって運営される領国であった。

先にも述べたように、これまで、織田権力の場合、各領域に配置された支配担当者は、信長による統治のもとで軍事・行政を掌る「代官」に過ぎず、すべての支配領域の管轄と運営は信長がおこなったといわれてきた。しかし、ここまでみてきたように、同時代の戦国大名の領国と同様、彼らが支城領主(織田大名)として活動しているのであれば、その理解は正さなければならない。織田領国の支配も、信長による統治のもと、織田大名らによる自律した領域支配が進められる重層的複合構造に基づいている。つまりは、各地の戦国大名と同じ領域権力としての性格から活動していたということなのである。

したがって織田大名らは、与えられた裁量により、領国の存立を維持するために努めながら、彼らが属す組織＝織田権力の存続と発展のために奉公(政治的・軍事的務め)を果たさねばならなかった。これを現代の企業で例えるならば、任された支店の運営に努めつつ、さらにグループ全体の繁栄にも尽くさなければならない支店長の立場にも似ている。信長が彼らに求めていたのは、彼ら個々の繁栄ばかりに尽力することではなく、何よりも織田権力が存続し発展することに貢献することだった。その事業に貢献する充分な働きを果たした者は、権力内で優位な立場を築き、それに応じた発言力を獲得する。あたかも〝能力主義〟に基づく戦国大名と同質の政治力学が作用し、失敗した者は凋落《ちょうらく》の一途をたどるという構図がみられることになった。

佐久間信盛の排斥も、こうした織田権力の政治力学に基づくものだった。信盛は、古参の宿老で、天正四年以後は大坂本願寺攻めの総大将を任されていた。しかし、信盛は長期の包囲戦を展開し、それに応じた対策をおこなわなかったことから兵を疲弊させ、物資を浪費、その采配に不満を生じさせていた。これは、「外聞（世評）」を重視し活動する天下人信長、さらには織田権力の今後にとって好ましいことではない。そこで、天正八年に大坂本願寺が降伏し「天下静謐」を達成したいま、織田権力の今後に支障を来す信盛に対して処罰が下されることになったのだ。信長はその際、自ら筆を執って譴責《けんせき》状を記し、処罰する理由を世間に示した。そして、信盛と嫡男の信栄《のぶひで》には、名誉回復のために敵対勢力と一戦を交えるか、高野山に隠遁《いんとん》するか、どちらかの選択をせまった（『信長公記』巻十三）。その結果、信盛・信栄父子は後者を選んだため、家中から排斥されたのだ。それは、絶対的主導者である信長のワンマンな運営からなされたものではなかった。

このように、家臣は、織田権力の存続と発展のための奉公が求められた。そのため、彼らは自家の集団（家中）や政治的・軍事的配下の与力《よりき》軍将（軍の指揮官）を擁し、織田権力内に彼ら自身の家の立場を維持するため、そして家の行く末（将来）のために奔走した。最高主導者であった信長は、家臣を取りまとめ、彼らの意思を確認しつつ決定しながら、織田権力の運営にあたっていた。そして、戦国という時代の推移に伴い、時代に見合った〝能力〟を発揮する有能な家臣を台頭させていく一方、凋落した家臣を出奔《しゆつぽん》や謀反《むほん》に走らせることをも引き起こしていった。

信長の描いた政治構想

こうした実態が積み重なったその先に当然、浮かび上がる問いがある。つまり、天下人信長は「天下一統」のもと、どのような政治構想を描いていたのかということだ。それを追究することは、織田権力がどのような「政権」を目指し、達成したのかに留まらず、実際その「政権」下に実現された日本という国のあり方を探ることに関わってくる。そのため、この問題は、特に国内の秩序を担う存在にあった天皇・朝廷との政治的な関係を念頭に、信長と官位の関係に注目が集められてきた。

信長にとって官位とは、自身が名実ともに天下人の立場にあることを示すステータスの役割を果たすものだった。天正六年（一五七八）正月には正二位右大臣兼右近衛大将となり、同時期の武家のなかでも最高位に位置することで、信長は実力だけでなく、国制上の地位でも室町幕府将軍足利家に代わる天下人としての立場を固めた。

ところが、同年四月、信長は右大臣・右近衛大将の両官を辞めてしまう。京都吉田社の神官・吉田《よしだ》兼見《かねみ》の日記『兼見卿記』天正六年四月九日条に記された辞官奏達状《じかんそうたつ》によると、信長は辞任するにあたり、「天下一統」が実現されていないことを理由にあげている。そして、信長の嫡男で織田家当主である信忠にふさわしい顕職《けんしょく》（高官）を授けるよう求めた（「顕職譲与」）。また、同じ時期に出した禁裏の女官・勾当内侍《こうとうのないし》葉室《はむろ》氏宛消息案（「総見寺文書」『信長文書』七〇八）でも、信長は葉室氏を通じて、正親町天皇に官職の辞退を伝えつつ、信忠への顕職譲与を求め、今後も天下人としての朝廷に対する務めを疎かにしないと述べている。

信長の辞官については、信長が国制から独立し、朝廷からも離れて、東アジア世界を視野にした「国家構想」を打ちだしたという解釈も示されるなど、これまでに多くの議論がなされてきた。しかし、信長は、正二位の位階は本能寺の変で討たれるまで維持しており、朝廷を庇護する天下人としての立場を継続させ、その役割を果たしている。

また、天正九年二月、信長は朝廷の要望に応えて、京都で馬揃え《うまぞろ》（騎馬によるパレード）を実施した。この時の馬揃えに感銘をうけた朝廷は再度、開催するよう求めた。そして翌三月、信長は規模を縮小させながらも、京都で再演している（『信長公記』巻十四）。朝廷はその後、信長に馬揃えの褒賞として、左大臣に任官するよう勧めた。そこで信長は、正親町天皇の譲位と誠仁《さねひと》親王の即位を条件に、任官に応じると返答している（『お湯殿上の日記』）。このように辞官した後も、任官しないことに固執したわけではなかったようだ。だが、自分からは決して申し出ていない。その姿勢は、翌天正十年五月、織田権力による「東国御一統」の達成をうけ、朝廷が信長を将軍職に推任した時も同じだった（『晴豊公記』）。

このことを踏まえると、信長は新たな「国家構想」を打ちだすことにより、国制から独立することや朝廷から離れることなど考えておらず、また天下人としての立場を確固とした以上、自身のさらなる任官を積極的には望んではいなかったことがわかる。

そこで、改めて信長の辞官を記した史料をみていくと、いずれも信忠への「顕職譲与」を求めていることが注目される。つまり、この辞官はそのことを目的としたのであったのだ［堀二〇一一］。では、信長がそれを求めた理由を、信長の描いた政治構想との関連から探ってみよう。

信忠への「顕職譲与」とその意義

信長には、男子が一二人いたことが伝わっている。だが、このうち庶長子とされる信正《のぶまさ》は、経歴が不明なことが多い。また、信秀以下は信長の生存中にいずれも幼少であり、彼らの活動がみえだすのは本能寺の変後のことである。このため、信長の生存時に活動していたのは、信忠、信雄《のぶかつ》（伊勢北畠家の養嗣子）、信孝《のぶたか》（伊勢神戸《かんべ》家の養嗣子）、信房《のぶふさ》（美濃岩村遠山家の養嗣子）、そして重臣の羽柴秀吉の養子となっていた秀勝《ひでかつ》（秀吉の甥の小吉《こきち》秀勝と区別するため、幼名「次《つぎ》」を加え、「次秀勝」と以下に表記する）の五人だけだ。このうち信忠は、信長の嫡男として位置づけられ、信雄以下の子息はいずれも他家の養子となっていた。ここに、信長の子息のなかでも、他の子息と異なる信忠の立場の特質がみられる。では、信忠の事績を追いつつ、「顕職譲与」とそれに関わる信長の政治構想の意図を探っていこう。

信忠は弘治三年（一五五七）生まれで、母は生駒《いこま》氏、幼名は寄妙《きみょう》（奇妙）を称した（「長命寺文書」『丹羽』二九）。元亀四年（一五七三・天正元年）七月に元服して、「菅九郎信重《かんくろうのぶしげ》」を名乗る（「大縣神社文書」『愛知』11八九七）。その後、実名を「信忠」に改め、天正三年（一五七五）十一月には、東美濃における甲斐武田勢力の要衝にあった岩村城《いわむら》（岐阜県恵那市）を攻略、

織田信忠像（東京大学史料編纂所所蔵模写）

この功績を賞され、秋田《あきた》城介《じょうのすけ》に任じられている（『信長公記』巻八、『公卿補任』）。そして同月二十八日、天下人の立場に専念することになった信長から織田家の家督を譲られ、織田家の本領国であった尾張・美濃両国の支配を任された（『信長公記』巻八）。ここに、織田家当主・信忠が誕生する。

その後、天正五年（一五七七）十月には、織田軍の総大将として、反旗を翻した大和信貴山城の松永久秀を攻略、その功績を賞され、同月十五日に従三《じゅさん》位《み》左《さ》近衛《このえ》中将《ちゅうじょう》となる（『信長公記』巻十、『公卿補任』）。近衛中将は、室町幕府将軍足利氏が初任官職（左馬《さまの》頭《かみ》）を経て任官する官職であり、信忠が天下人信長の後継者としての立場にあることを名実ともに示すものであった。また、この攻略を機に、以後、信長に代わって畿内周辺における軍事の総大将を務めていった［木下聡二〇一一］。

このように、信忠は将来、天下人信長の立場を後継する者として据《す》えられ、信長とともに織田権力の中枢を掌る存在だった。そのことをはっきり示すのが、先にみた天正六年四月九日の信長の辞官表明であった。先述のとおり、信長はこの時、「天下一統」が実現できていないことを理由に右大臣兼右近衛大将の官職を辞し、代わりに信忠への顕職（高官）を求めている。

その真意とは、この顕職就任を通じて、信長は信忠の天下人後継者としての立場をより明らかにしつつ、信長後裔《こうえい》の織田家嫡系が「天下」統治を担う武家の棟梁《とうりょう》家にあるということを固めることにあったのではないだろうか。つまり、信忠の天下人後継者としての立場を整えることで、信長はその後も後裔の嫡系が天下人として君臨し続けるという政治構想を描いていたのである。これが実現すれば、天下人織田家の当主を継ぐのは、信長の後継者である信忠直系のみに限られていく。

このように、信長にとって重要なのは、自身の官位昇進でなく、信忠を天下人後継者としていかに〝着飾らせる〟かということだったことがわかる。ただしこの時、信忠の顕職就任は実現していない。この要求は、後々の実現を望んでの表明だったのだろう。

信長がこうした政治構想を進める一方で、天正十年（一五八二）二月、甲州征伐（甲斐武田氏討伐戦）が始まると、信忠は総大将となって、三月に甲斐武田氏を滅亡させた。この戦功により、甲斐・信濃両国には、信忠を支える河尻秀隆《かわじりひでたか》や森長可《もりながよし》など諸将が配置され、信忠の管轄圏は広がっていく。そして同月二十六日、信長は「「天下」の儀も御与奪《ごよだつ》」、つまり天下人が務める中央統治の実務を、信忠に譲渡する意向を示した（『信長公記』巻十五）。信長はここで、天下人の務めを信忠に譲ろうとしたのだ。だが、信忠は「天下」の政務を任されるには自分はまだ若いとして、信長の意向を辞退してしまった（『当代記』）。このため、信忠への「天下」統治の譲渡はならず、信長の政治構想の実現は持ち越されることになった。

信長は、嫡男の信忠が天下人を後継することを明らかにしようとした。これは、朝廷を庇護し、中央統治の実務を取り仕切る武家の棟梁＝天下人に織田家の嫡系を位置づけることで、「天下一統」と国内静謐（「惣無事」）を維持していく体制＝「政権」の構築を図ろうと考えていたからであろう。

このように、織田権力は既存の政治手法や社会の秩序を破壊したのではなく、同時代の日本の社会のありように基づく中央権力として君臨していた。したがって、信長が描く政治構想は、同時代の社会秩序のもと、「天下一統」と国内静謐（「惣無事」）を維持するため、天下人としての織田家が中央権力に君臨し続け、その状態が確固たるものになってこそ、成就したといえるのであった。しかし、天正十年六月二日に起きた本能寺の変によって、信長の政治構想は永遠に未完のままとなってしまう。

第六章　本能寺の変とその後

本能寺の変

天正十年（一五八二）六月一日の夜、安芸毛利氏との戦争のため、丹波亀山城を出発した織田家宿老・惟任（明智）光秀の軍勢は、老坂《おいのさか》より京都に向かった。京都には五月二十九日から、西国への出陣のために控えていた織田信長が、当時は四条西洞院《しじょうにしのとういん》（京都府京都市下京区）付近にあった本能寺《ほんのうじ》にいて、また、信長の嫡男で織田家当主の信忠も上京し、二条の妙覚寺《みょうかくじ》（同中京区）に滞在していた。つまり、この時、京都には織田権力の最高主導者とその後継者、そして少数の小姓衆《こしょう》と馬廻衆が一堂に会していた。

公家の山科言経《やましなときつね》の日記『言経卿記』によると、京都に入った惟任勢は、翌六月二日早朝の午前六時頃（「卯刻《うのこく》」）、本能寺の四方を取り囲み、攻撃を開始した。のちに、惟任勢として参戦した武将・本城惣右衛門《ほんじょうそうえもん》が、寛永《かんえい》十七年（一六四〇）八月に自らの戦歴を記した覚書（「本城惣右衛門覚書」『新修亀岡市史』資料編第二巻、一—九三号史料）によると、惣右衛門が寺内に突入した時、門は開いていて、広間は無人で静けさが広がり、蚊帳《かや》ばかりであったと記している。

一方、太田牛一が記した『信長公記』によると、惟任勢による攻撃であることを森成利《なりとし》

（森乱、一般には「森蘭丸」として知られる）から報告をうけた信長は、「是非に及ばず」と述べたという。そして、信長は弓・鑓《やり》を自ら手にして小姓衆を率い、居所の「御殿」で迎え撃った。だが、少数の信長勢は、一万人余とされる惟任勢には太刀打ちできず、森成利ら小姓衆は討ち死に、信長も肘《ひじ》に負傷した後、殿中の奥に退いて自刃、四十九歳の生涯を閉じた（『信長公記』巻十五）。

信長を討った惟任勢は、続けて信忠の討伐に向けて兵を進める。すでに信忠は、惟任勢による本能寺の襲撃を聞きつけ、救援のために妙覚寺を出発していた。その途次で、京都奉行の村井貞勝とその子息の貞成《さだなり》・清次《せいじ》から本能寺が落ちたとの報告をうけると、村井父子とともに惟任勢の迎撃に備え、二条御所（京都府京都市中京区）に入った。そもそも、二条御所は天正四年（一五七六）、信長の京都屋敷として造営されたものだが、同七年に正親町天皇の後継者の地位（皇儲《こうちょ》）にあった誠仁親王一家に進上されていたため、当時は、親王御所（下御所《しも》）として公家たちも参上する場所となっていた。親王一家やここに詰めていた公家たちの身の

現在の本能寺にある信長供養塔（著者撮影）

上にも危機が及ぶことが予想されたことで、信忠と惟任勢の間で交渉となり、その結果、午前八時頃（「辰刻」）、親王一家や公家たちは正親町天皇の御所（上《かみ》御所）に退避した。この後、信忠勢と惟任勢の間で戦いが始まり、信忠勢は善戦するが、惟任勢が北隣の近衛前久邸の屋上から弓・鉄砲で攻撃すると、次第に無勢となり、御殿にも火がかけられて、信忠は自刃する（享年二十六）。また、この戦いで信忠の弟・織田信房、村井貞勝・貞成ら父子や菅屋長頼ら多くの馬廻衆も戦死した。

明智光秀像（本徳寺蔵）

光秀はこの後、信長・信忠父子の討滅によって混乱する京都を鎮静化させ、近江国に向かう。目指すは、織田権力の政庁・近江安土城である。光秀は討滅後すぐに織田権力を象徴する中枢拠点の押さえに走ったのだ。この動きから、光秀にとっての本能寺の変が、単に信長を討ち果たすことが目的だったわけではなく、織田権力の中枢を打破し、その拠点を掌握するためのクーデターだったことがわかる。

惟任軍はまず、宿老の明智（三沢《みぞう》）秀次《ひでつぐ》を山城勝龍寺城に配備、それから近江国に進軍する。ところが、近江瀬田《せた》城（滋賀県大津市）の城主・山岡景隆《やまおかかげたか》の勧誘に失敗したうえ、安土城に向かう交通の要衝である瀬田橋を焼き払われてしまう。そのため、光秀は自身の居城・坂本城に戻り、橋を修繕することを余儀なくされたが（『信長公記』巻十五）、六月四日には、急ぎその作業を終えた橋を渡って安土城に向かう。そして、近江国内を平定していった。

その近江では、惟住（丹羽）長秀が城代を務めていた近江佐和山城が、光秀の呼びかけに応じた山崎《やまざき》城（滋賀県彦根市）の城主・山崎秀家によって攻略され、また、羽柴秀吉の居城・長浜城も山本山《やまもとやま》城（同長浜市湖北町）の城主・阿閉貞征《あつじさだゆき》が攻略、ここには惟任家宿老の斎藤利三《としみつ》が入城している（『多聞院日記』ほか）。

一方、安土城には、信長が上洛する五月末より、本城御留守居《おるすい》衆・二の丸御番衆が配備されていた。しかし、光秀が信長・信忠父子を討滅したという情報が入り、城内は激しく動揺する。この事態に、二の丸御番衆を務めていた蒲生賢秀《がもうかたひで》は、安土城の金銀や財宝には一切手をつけず、この城を織田家家臣の木村高重《きむらたかしげ》に任せた。そして賢秀は、信長の妻子を自身の居城・日野《ひの》城（滋賀県日野町）に避難させ、嫡男の賦秀《ますひで》（のちに氏郷《うじさと》に改名）とともに惟任軍の攻撃に備えている（『信長公記』巻十五ほか）。だが、安土城に進軍した惟任軍は木村らの守衛を退け、六月五日、光秀は入城を果たした（『兼見卿記』）。

ここに、光秀は、織田権力中枢の打破と拠点の掌握を目的とするクーデター＝「本能寺の変」を完遂したのである。

本能寺の変の性格

信長・信忠父子を討ち、織田権力の政庁・近江安土城を押さえた光秀であったが、このクーデターはしっかりとした計画のもとに実行されたわけではなかった。実は、信忠はこの時、畿内観光に訪れていた徳川家康らを案内することになっていた。ところが、信長が上京したため、信忠は自分の予定を京都の滞在に変更してしまう。この結果、天下人信長とその後継者であった信忠が、偶然にも京都という同じ場所に集まる状況がつくられてしまった。光秀はそのわずかのタイミングを衝いたのである。本能寺の変とはつまり、この偶発的な機会を逃さずに動いた光秀のクーデターであったのだ。

こうして光秀は信長・信忠父子らを討ち果たし、天下人織田家の政庁・近江安土城への入城を遂げることで、織田権力中枢の打破とその拠点の掌握を果たした。そこには、革新と保守が争う構図からではなく、織田権力内部での対立という、極めて同時代的な要因が動機としてうかがえる。

しかし、このクーデターは、信長・信忠父子らが偶然にも京都に会したという状況にでくわしたため、とにかく行動することが優先されたように感じられてならない。そのためか、光秀は事後処理に追われていく。光秀はまず、急ぎ各地の戦線で活動する織田家の軍将らに対処するとともに、京都を中核とする五畿内の鎮静化に努めた。これにあたり、光秀はまず自身の配下にある与力軍将で丹後宮津《みやづ》城（京都府宮津市）城主の長岡《ながおか》藤孝・忠興《ただおき》父子（信長の家臣となって以降、細川名字を改姓）や大和郡山《こおりやま》城（奈良県大和郡山市）城主の筒井順慶らに対し、自身に従い、「天下（京都を中核とした五畿内）」の鎮静化に協力するよう求めた。また、この時には備後国鞆にいた旧主・室町幕府将軍足利義昭に接触し、義昭の帰洛に力を尽くすつもりであることを伝えた（「美濃加茂市民ミュージアム所蔵文書」『明智』一二二、ただし『明智』は「森文書」として掲載）。その一方で、各地にいる織田家の諸軍将からの反攻を封じるため、安芸毛利氏、越後上杉氏など反織田勢力との連携を模索していった。

ところで、光秀はなぜ本能寺の変を起こしたのだろうか。その動機をめぐっては、光秀個人の怨恨《えんこん》説や野望説に始まり、さらに光秀の背後に信長打倒を目指す朝廷や室町幕府将軍足利義昭らの働きをみる、いわゆる「黒幕」説まで、実に多くの見解がある。そして、いまなお、私たちをその解明に駆り立てて止まない。

だが、そうした動機をめぐる議論の大きな問題点は、大方のところ、新たな時代の創設を試みる「革命児」信長に対して、「保守的」な立場の光秀、さらにはその背後の朝廷や将軍義昭たちという対立構図の見立てのもと、議論が進められてしまっていることだ。また、光秀個人を対象に動機の解明に迫ろうとする姿勢もみられるが、これもいかがなものか。個人よりも家などの社会集団が強い時代であったことを踏まえることが、やはり必要ではないだろうか。

織田権力のなかの惟任家

そこで、その動機を光秀個人の事情に止まらせず、惟任家の視点から探ってみよう。これに先だって、まず織田権力のなかでの光秀、そして惟任家がどのような存在だったのかを改めて押さえておきたい。

光秀のもともとの名字である明智家は、室町時代に美濃国の守護だった土岐家の一族にして、室町幕府の直臣であった。ただし、光秀はその嫡流ではなく、傍流の出身だったようで、しかも、戦国の世にあってたびたび起こる戦争のなかで没落、ついには牢人となったといわれている。光秀はその後、滞在先の越前国で室町幕府の再興に動いていた足利義昭に仕え、ここで「天下再興」に力を尽くすという信長と出会う。そして、信長の協力を得て将軍になった義昭の室町幕府（義昭政権）のもと、将軍義昭と信長の関係維持に努め、京都周辺の支配や軍事に活躍する存在として飛躍していった。

この後、将軍義昭と信長が対立すると、光秀は信長に仕え、織田家の家臣として生きる道を選ぶ。信長が天下人として世に君臨するにつれ、光秀も宿老「惟任日向守光秀」として丹波・丹後両国攻略の総司令官を務めるようになり、天正七年（一五七九）十月には、その両国を平定、すでに任されていた近江国志賀郡に加え、丹波国を領国支配する「織田大名」となった。

この時、光秀と縁戚の関係、あるいは政治・軍事両面で光秀の指揮下に置かれた与力の関係にあったのは、

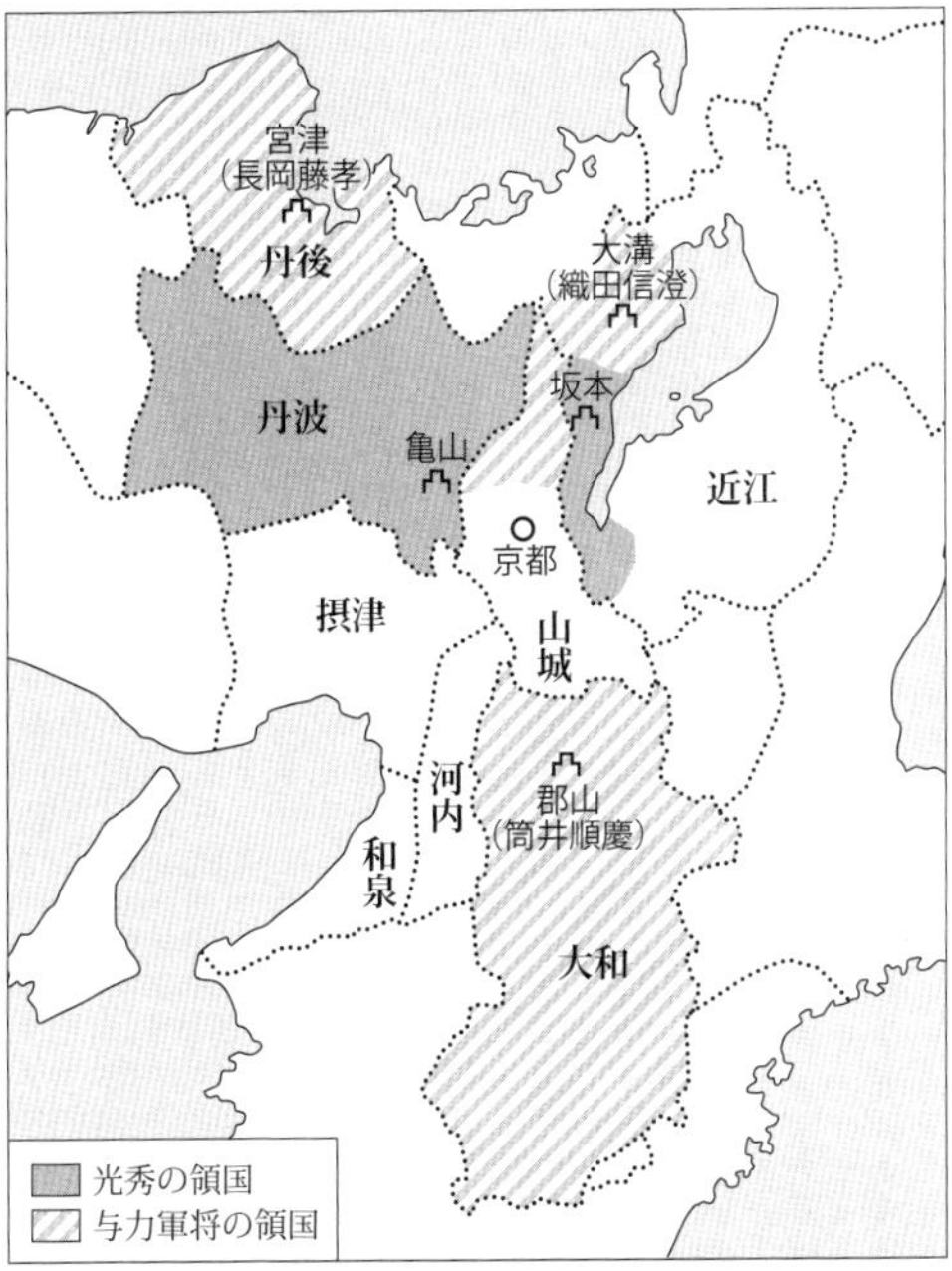

本能寺の変当時の惟任（明智）光秀の領国と与力軍将（柴裕之『図説 明智光秀』所載図を一部修正）

山城国北部の諸将（ただし京都奉行の村井貞勝との共同での統率）、丹後宮津城の城主である長岡藤孝・忠興父子、丹後一色氏、摂津有岡城の城主・荒木氏（当主・村重の嫡男・村次妻は光秀の娘）、近江国高島郡の統治を任された大溝《おおみぞ》城（滋賀県高島市）の城主・織田信澄《のぶずみ》（信長の甥、光秀の娘婿）、大和郡山城の城主で同国の国衆を率いる筒井順慶で、いずれも「天下」の北、北西、西、東北、南部に配置されていた。

このことからは、南西方面の摂津国南部・和泉国方面には光秀の影響が及ばなかったようにみえる。だが、その先に位置する四国を視野に入れると、光秀が取次を務めていた土佐《とさ》国（高知県）の長宗我部《ちょうそがべ》氏の存在が浮かび上がる。長宗我部氏への取次という役目の先には、当時「天下」の情勢をめぐり敵対していた阿波三好氏の存在が見えていて、そこに着目すれば、おのずと光秀に与えられた「役割」の意図がみえてくるだろう。つまり、その意図とは「天下（畿内地域）」周縁の守備として機能するということだ。

これは光秀が、信長が天下人として日本の中央に君臨するため、信長の活動を陰に陽に支える、まぎれもない織田家の重鎮であったということである。これほどのことを任される光秀であるから、光秀自身の出世と惟任家の権勢獲得にも何ら不思議はない。信長との信頼関係がよほど強いものであったことはいうまでもないだろう。

それほどに信長から強い信頼を得ていたはずなのに、光秀や惟任家を謀反に駆りたててしまった要因とはなにか。実は、権勢を誇る惟任家の今後の行く末（将来）に影響する事態が迫っていた。

それは、天正六年十月、光秀の縁者であった摂津有岡城主・荒木村重の離反からはじまった。光秀は村重の説得にあたるが功なく、一年八ヵ月にわたる攻防戦が続く。天正八年七月には、村重ら荒木勢は安芸毛利氏のもとに逃亡するが、その後、信長と乳兄弟にあった池田恒興《つねおき》とその嫡男・元助《もとすけ》が、荒木家旧領の摂津国有岡領に配置されたことで（『信長公記』巻十三）、摂津国は「天下」周縁の守衛を担う光秀の管轄から外れてしまう。

そして翌天正九年十一月、淡路《あわじ》国が池田元助・羽柴秀吉両勢に平定されたことで（『信長公記』巻十四）、瀬戸内海は池田・羽柴両氏の関与が強まることになり、さらには復権を図る三好康長《やすなが》らの動きも活発化したことで、光秀の立場と光秀が携わる織田権力の四国政策が少しずつ変化していった。

こうしたなか、織田権力の中枢と光秀の率いる惟任家の間に対立が生じてしまう。この流れが本能寺の変が起こった背景に連なっていることは間違いなさそうだ。

四国政策をめぐる対立

本能寺の変勃発の要因の一つとしてあげられるのが、近年注目されている織田権力の四国対策である。先ほど少し触れたが、さらに詳しくみていきたい。

織田権力の四国政策は、永禄十一年（一五六八）九月、信長が足利義昭の「天下再興」に協力し、五畿内の平定と「天下静謐（室町幕府政治の再興）」にあたった時から始まった。この時、義昭・信長と敵対した勢力は、三好三人衆（三好長逸・三好宗渭・石成友通）と、彼らを支援する阿波の三好長治《ながはる》（三好長慶の弟・実休の嫡男）だった。

阿波三好氏との対立は、将軍義昭が信長と敵対し、京都を追われた天正元年（一五七三）七月以降も続いた。だが、天正三年四月、一族の三好康長が守る河内高屋城が信長に攻略され、康長は降伏する（『信長公記』巻八）。さらに翌天正四年末、長治が阿波守護家（細川讃《さん》州《しゅう》家）の細川真之《さねゆき》と対立、敗死してしまう。そして、信長は降伏した康長を通じて、阿波三好家に対処していった［森脇二〇一八a］。

しかし、内紛状態にあった阿波三好家は、やがて阿波勝瑞《しょうずい》城（徳島県藍住町）に長治の弟・十河存保《そごうまさやす》（その後、阿波三好家の当主として「三好義堅《よしかた》」と改名）を迎えて再び動き、信長と敵対する将軍義昭・安芸毛利氏と提携、反織田勢力としての立場を明らかにした。その対抗策として、織田権力がひとつ上の立場から通交を開いたのが、土佐国の統一を果たし、同じく阿波三好氏と対立していた長宗我部氏だった。長宗我部元親《もとちか》は、これ以前に将軍義昭・安芸毛利氏と提携していたようだが、将軍義昭・安芸毛利氏が敵対する阿波三好氏と手を結んだことから、織田権力に近づいた［森脇二〇一八b］。こうして織田・長宗我部両家の行き来が始まり、阿波三好氏への対処を目的に関係を深めていく。天正六年十月二十六日付の信長書状写（『土佐国蠹簡集』『信長文書』五七三）では、信長が長宗我部元親の嫡男・信親《のぶちか》の阿波在陣を褒め称えつつ、「信」の一字を与え、「信親」と名乗らせていることが確認できる。信親の一字拝領は、同年十二月十六日付の長宗我部元親書状（「石谷家文書」『石谷家文書——将軍側近のみた戦国乱世』一八号文書）のなかで、惟任家の宿老・斎藤利三に働きかけ、申請したと述べるくだりがみえるので、長宗我部氏側からの要請であったことがわかる。

これら織田・長宗我部両家の通交で取次を務めたのが、光秀の率いる惟任家だった。光秀は、この任務にあたり、宿老の斎藤利三の実兄で、室町幕府奉公衆の石谷《いしがい》家の養嗣子となっていた頼辰《よりとき》の義妹が元親の正室であった関係を活かし、奔走した。こうして、織田・長宗我部両氏は阿波三好氏の対処を目的に通交を開いていった。

ところが、天正八年（一五八〇）になると、阿波三好氏が反織田勢力として提携していた

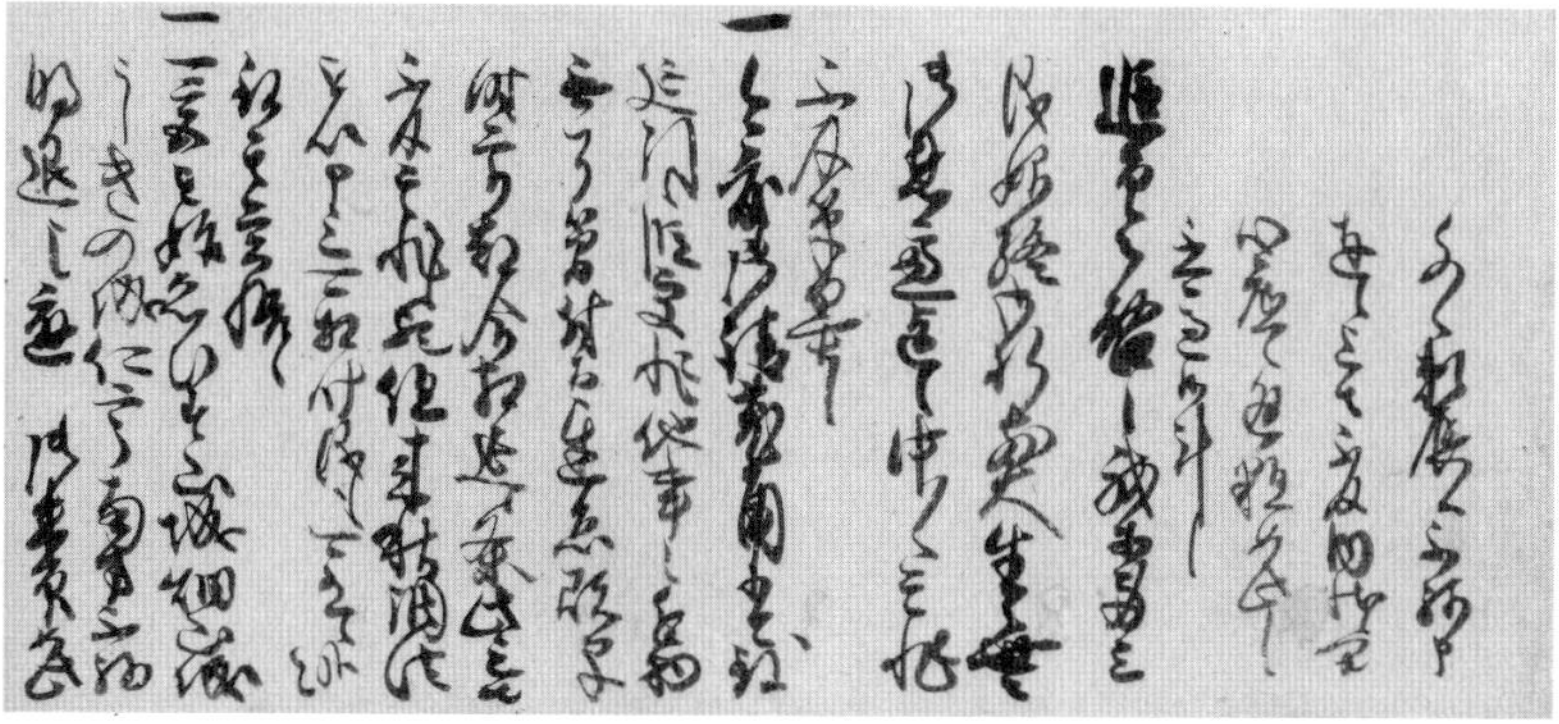

大坂本願寺が降伏、さらには安芸毛利氏も劣勢に追い込まれていった。そのうえ、翌天正九年十一月には、池田元助・羽柴秀吉の軍勢に淡路島を制圧されてしまう。ほどなく、阿波三好家は織田権力に服属した。

これにより、阿波三好家の勢力範囲だった阿波・讃岐（香川県）の両国が、織田権力の勢力圏に組み込まれることになった。それと同時に、阿波国に勢力を広げていた長宗我部家の勢力圏と接する状況が生まれてしまう［中平二〇一三・二〇一九］。それはまさに、長宗我部氏との間で「国郡境目相論」が起ころうとする事態であった。

この時、信長は元親に阿波国からの撤退を求め、土佐国のみの領有を認める領土解決案（国分《くにわけ》）を示した。だが、信長の提案は、それまで阿波国まで勢力を広げていた長宗我部家と配下の諸将にとって、

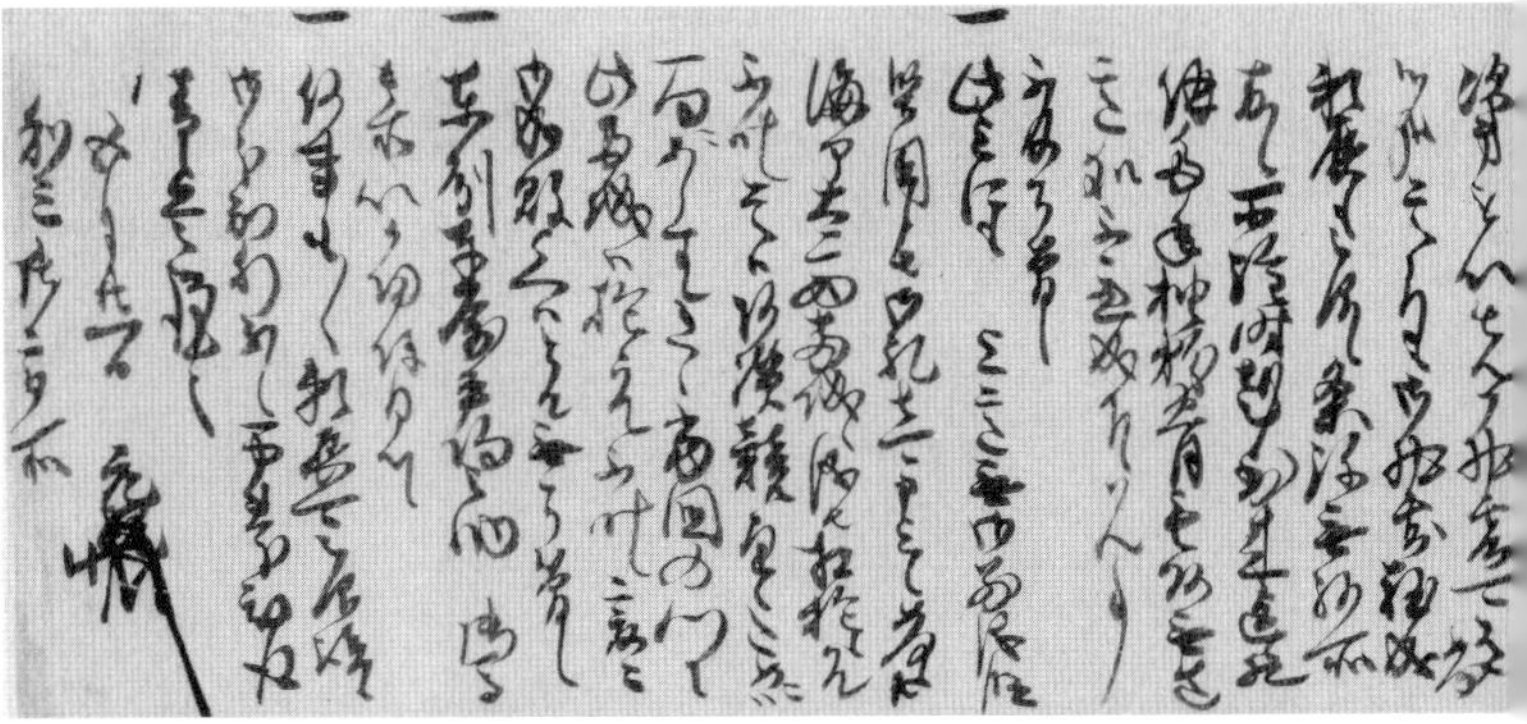

（天正10年〔1582〕）5月21日付斎藤利三宛長宗我部元親書状（林原美術館蔵 TSC create DNPartcom）

そう簡単には従えないものであった。そのため両家の関係は急速に悪化、ついに、信長の三男・織田信孝を総大将とする四国出兵が天正十年六月三日で予定されるまでに発展していく（『鷺森日記』）。

このままでは、これまで織田・長宗我部両家の間で奔走してきた惟任家の立場にも大きな影響を及ぼしてしまう。そう考えた光秀は、元親と姻戚関係にある石谷頼辰・斎藤利三の兄弟に、信長の要求した解決案に応じ、織田権力との関係を維持するよう、元親への説得にあたらせた。これに元親は、天正十年五月二十一日付の書状（「石谷家文書」『石谷家文書――将軍側近のみた戦国乱世』一九号文書）で、阿波海部《かいふ》（徳島県海陽町）・大西《おおにし》（同三好市）の両城は土佐国の「門（入口となる要所）」にあたるので条件から除いてもらい、それ以外については信長の示した領土調停案に応じるという意向を示した。

だが、この時、信長から中国出兵を命じられていた惟任家にとって、四国出兵に向けて切られた舵を改めさせることは難しかった。光秀は当時、信孝を擁して四国出兵を求める者らとの政争に敗れたため、その担当を外され、挽回する機会を失う身だったのである。つまり、四国政策の転換は、権力中枢における光秀自身の立場と発言権を奪うのみならず、「天下」周縁の守備を担う惟任家自体の行く末（将来）にも大きく影響していたのである。

「天下」周縁の守衛を担い、威勢を保ってきた惟任家だったが、この四国政策の転換と織田権力内部での対立によって、将来を不安視せざるを得ない状況に追い込まれる。こうして行き詰まった光秀と惟任家中。彼らが最終的に選んだ打開策が、「本能寺の変」であった［柴二〇二〇ａ］。

山崎合戦とその後

さて、本能寺の変後、光秀が畿内近国の鎮静化に追われる一方で、信長・信忠父子が討たれたとの急報をうけた信長の三男・信孝は四国出兵の渡海を前に狼狽《ろうばい》していた。そしてその軍勢は、宿老の惟住長秀とともに態勢の立て直しを図るため、惟任勢との対峙を避け、摂津大坂城に移っていった。

天正十年（一五八二）六月五日、信孝と惟住長秀は、その大坂城の千貫櫓《せんがんやぐら》にいた織田家御一門衆の織田信澄を殺害する（『多聞院日記』ほか）。信澄は、信長の弟・信成の子で、近江大溝城の城主として近江国高島郡を支配した。妻は光秀の娘であり、そのため光秀との関係も深く、畿内軍事司令官だった光秀が担当する「天下」周縁の守衛の一翼を担っていた。このため、信孝と長秀は信澄が光秀に応じるのを恐れ、殺害したのである（信澄の享年は二十五、または二十八と伝わる〔『寛政重修諸家譜』〕）。この行為に及んでから信孝・長秀は、河内国の諸将を味方につけ、惟任勢力との対決に備えていった。

また、摂津国では、織田家重臣の池田恒興、そして同国の国衆である高山重友《たかやましげとも》（一般には「右近《うこん》」の官途名で知られる）・中川清秀《なかがわきよひで》ら（以下、この集団を「摂津衆」と記す）が、光秀からの従軍要請を拒んでいた。恒興は、信長とは乳兄弟（母が信長の乳母）の関係にあり、高山重友・中川清秀のいずれも信長からの寵愛が深い存在だった。そもそも、摂津国はこの時、信長の直接の管轄下にあり、摂津衆は信長と昵懇の間柄であったわけだから、光秀に与する立場ですらない彼らが光秀に味方することなどなかったのだろう［中西二〇一九］。

このため、畿内近国の鎮静化を急ぐ光秀にとって、摂津・河内両国の反惟任勢力を平定することが急務となっていった。この事態に、摂津衆ら反惟任勢力は、各地にいる織田家の軍将らに援護を求める。そこで、いち早く反応をみせた軍将が、中国地方での安芸毛利氏との

羽柴秀吉像（名古屋市秀吉清正記念館蔵）

対陣を切り上げ、畿内に向かった宿老の羽柴秀吉だった。

秀吉は、天正五年十月から中国地方の攻略を担当する総大将として、安芸毛利勢の攻略にあたっていた。そして、本能寺の変が起こった時には「筑前守殿御分国（羽柴領国）」として、江北浅井家の領国で、のちに自身が継承することになる近江国長浜領（滋賀県長浜市旧市域とその周辺）を始め、播磨（赤穂《あこう》・佐用《さよう》両郡は除く）、但馬、因幡（鳥取県東部）の各国を統治する「織田大名」であった。そのうえ、備前・美作各国と伯耆《ほうき》国（同西部）東部の従属国衆を与力として配下に置き、織田家中において一、二位を争う勢力だった［柴二〇一一、柴編二〇二〇］。

本能寺の変が起きた時、秀吉は安芸毛利勢との「境目」にあった備中高松《びっちゅうたかまつ》城（岡山県岡山市）を「水責《みずぜめ》」によって包囲していた。その秀吉のもとに信長・信忠父子が討たれたという急報が届いたのは、六月三日の夜のことであったといわれる（『惟任退治記』〔『続群書類従』第二十輯下所収〕）。この報せをうけ、秀吉は毛利氏と優位な条件で和睦を結んだうえ（『水月古鑑』『秀吉』四二二)、反惟任勢力の援護のために、畿内に向けて進軍する。ただし、この時の進軍の速度にまつわるエピソードが、なかば通説のように〝伝説〟と化しているが、実際には当時の移動距離の常識に照らしても、決して速いものではなかった[盛本二〇一六]。だが、のちに「中国大返《おおがえ》し」といわれる、わずか数日でなされた羽柴軍の帰還が、そのことを予期しておらず、また充分な備えもしていなかった惟任軍に大きな衝撃を与え、惟任軍との対戦に優位な状況を羽柴・反惟任勢にもたらすことになったのである。

それにしても、反惟任勢力の頑なに協力を拒む態度と予期せぬ秀吉の進軍が惟任側に及ぼす影響は大きかった。このことは、光秀の与力である丹後宮津城主の長岡藤孝や大和郡山城主の筒井順慶らの判断にも影響させたのか、光秀に従順な態度を示そうとはしなかった(『細川家文書』『明智』一二一、『多聞院日記』)。そのため、光秀は六月八日に上洛した後、反惟任勢力の討伐のために出陣する(『兼見卿記』)。そして六月十日、頼みとしていた与力軍将の長岡・筒井両氏が従わない意思を示すなか、下鳥羽《しもとば》に出陣していた光秀は、摂津・河内方面の反抗勢力の討伐に向かったが、この日、摂津国尼崎には、秀吉の軍勢が到着していた。

翌六月十一日、光秀は下鳥羽に帰陣、羽柴軍などの進軍に対し、京都の防衛に備えて動き出す[福島二〇一九]。さらに、山城淀《よど》城(京都府京都市伏見区)を普請して防備を固めた(『兼見卿記』)。そしてその後、山城勝龍寺城に入り、同国山崎《やまざき》(京都府大山崎町)に布陣する秀吉らの軍勢と対峙した。

　一方、摂津衆の軍勢と合流した秀吉の軍勢に、織田信孝・惟住長秀らの軍勢も加わり、信孝を主将とする織田軍が惟任軍との対戦に備えていく。そして六月十三日、惟任軍と織田軍はついに山崎で激突した。ちなみに、この地は山城国以東に勢力を広げる惟任勢と織田勢力との「境目」に位置している。

「山崎合戦」はこうして起こった。この戦いは、天下人信長の座をめぐる光秀軍と秀吉軍の戦争だったわけではない。いまみてきたように、それは本能寺の変を端緒とする織田権力内部の政争であり、光秀の率いる惟任軍と信孝・秀吉らの織田軍の間に起こった、将来をめぐる勢力争いだったのである。それが、いま山崎の地で「国郡境目相論」として起こったのだ。冷静になって考えれば、この合戦は信長・信忠父子が討たれた後の政局に、いまだ充分なビジョンがどこにも示されていないなかで起こった戦争であることは明らかである。そのため、ここで勝者となることは、信長・信忠父子を失った中央の政局において、その勢力を維持しつつ奪還できる機会であること、さらには「天下」の将来を示す資格を持つこと、それらを同時に実現できる〝瞬間〟であったことは疑いようもない。山崎合戦は、このように複雑な背景を持ちながら、惟任軍と織田軍の間で戦われたのだった〔柴二〇二〇b〕。

　この山崎合戦において、数で勝る織田軍の攻撃に対して惟任軍は奮闘するも敗北、光秀は山城勝龍寺城に撤兵する。そして再起のため、この城を出て居城の近江坂本城に向かった。だが、その途次、山科・醍醐《だいご》（京都府京都市山科・伏見区）あたりで光秀は同地の村人の「一揆（集団による武装行為）」による落人《おちうど》狩りにあい、殺害された（『兼見卿記』ほか）。村人によるこの「一揆」とは、織田軍の勝利に応じ、動員された村人の主体的な活動によるものであった［藤木一九九七］。光秀の享年は、諸説あるが、近世初頭に編纂された『当代記』によると、六十七であったという。

その後、織田軍は入京、軍を進めて近江国に向かい、坂本城を攻撃した。この時、坂本城には光秀の嫡男・光慶《みつよし》のほか、安土城を退いた光秀の二男・自然《じねん》と宿老の明智秀満《ひでみつ》も籠もっていた。秀吉の御伽衆《おとぎ》である大村由己《おおむらゆうこ》が著した『惟任退治記』には、自然を擁した秀満は、山崎合戦の敗報をうけ、安土城から退去するにあたり、城に火を放ったと記されている。ちなみに、発掘調査の成果によると、山腹から山麓にかけては焼けておらず、この時に炎上したのは五層七階の「天主」を含む主郭部分に限られていたという［近江八幡市史編集委員会編二〇一四］。

そして六月十五日、織田軍の攻撃により、光慶・自然や明智秀満が籠もっていた近江坂本城が落城、惟任家は滅亡した（「大阪城天守閣所蔵文書」『秀吉』四四四、『兼見卿記』ほか）。さらに、本能寺の変後、光秀に応じた近江・美濃両国における惟任勢力も平定され、本能寺の変が引き起こした織田権力内部の抗争はひとまず終結した。

　勝利した信孝・秀吉らは、戦後処理と織田権力の今後の方針を決めるため、信長の嫡孫で家督相続者の立場にある三法師《さんぽうし》（のちの織田秀信《ひでのぶ》）のいる尾張清須《きよす》城に向かった。そして、六月二十七日に開かれた「清須会議」により、嫡男信忠の系統（織田家嫡系）のみが家督を継承するという生前の信長の方針に基づき、幼少の三法師が擁立される。織田権力の運営は、宿老衆の柴田勝家・羽柴秀吉・惟住長秀・池田恒興が三法師を支えつつ、合議のもとで進められていくことになった（「織田体制」の展開）。だが、天下人信長とその後継者の信忠という中核を失った織田権力は、本能寺の変の影響が大きく尾を引き、やがて信雄・信孝兄弟と羽柴秀吉・柴田勝家ら宿老の間で対立が起こる。それを機に、中央権力としての実体が失われてしまう。

　この結果、織田家宿老の一人だった秀吉が台頭し、やがて主家の織田家に代わり、天下人の道を歩み始める。秀吉はその後、自らの立場を固めつつ、信長の死によって中断した「天下」＝日本の中央に国内の諸勢力を統合することを目指す「天下一統」に向けて始動するのである［柴二〇一八b、柴編二〇二〇］。

終章　「外聞」を重視し「有姿」を求めた天下人信長

時代を映す鏡だった信長のイメージ

本書では、戦国時代に生きる織田信長を「同時代」の目線で追うことに拘り、その「実像」にせまってきた。信長は、いまも人気の高い歴史上の人物である。ここまでみてわかったように、それは同時代の社会の秩序を解体し、新しい時代を切り開いた「革命児」としてのイメージから導かれたものだ。

しかし、そのイメージとは、同時代の「実像」に基づくものではない。「革命児」信長というイメージはもともと、信長が朝廷に示した活動を「勤王《きんのう》」と評し、天皇を擁立して室町幕府を滅ぼし国内平定＝「天下統一」を進めたことを「革新」とみる近代以降の評価である［田中一九八〇］。戦後になり、皇国史観が見直され、信長の「勤王」という評価はなくなったが、それでも「革命児」信長というイメージは生き続けた。それは、戦後の復興によって社会が急激に「発展」していくなか、伝統的勢力に挑み、その弊害を排除する人々の様子と「革命児」信長の姿が重ねられ、いわば時代の「革新」を先導する象徴とみなされたからだった。そのため、信長が手掛けた事業は、「革新性」を前提に、近世への道を開く画期的なものとして位置づけられることで、よりいっそう「革命児」としてのイメージが増幅されていく。もちろん、こうした捉え方に警鐘を鳴らし、政策中にみられる保守性にも注目を促すことがなされたが、それも結局、革新か保守かという二者択一の評価のもとに繰り広げられる議論の一つにすぎなかった。

つまり、これまでの信長のイメージとは、彼をみる人々の時代ごとの歴史観に大きく左右されて創られてきたといえる。だが結局は、その時代の雰囲気に影響されて描かれた信長に過ぎないのである。この傾向はグローバリゼーションの時代といわれて久しい現在になっても相変わらずのことであり、閉塞感極まる現状からの解放を求める現代人による評価のもと、「革命児」信長を望む声は絶えず、むしろよりいっそう高まっているのかもしれない。

しかし、「はじめに」でも記したように、歴史学の先端では現代人が彼に求める革新や保守といった評価に縛られず、その時代や社会の状況に即した「同時代人」としての実像の追究が進められている。この動きの背景には、信長が生きた戦国時代研究のめざましい進展がある。つまり、彼や彼の事業を「革新」とする見方を客観視し、「中世から近世へ」という時代の推移のなかに位置づけることでとらえ直そうとしたのである。その結果、信長と革新／保守という関係性は相対化され、そこから一定の距離を置くことで、信長の「実像」はより明らかになった。本書も、そうした成果を踏まえ、信長の「実像」にせまってきた。

そして、さまざまな角度から信長をみることで得られた信長の「実像」が、時代を破壊し逸脱する「革命児」でなかったことは、もうはっきりとしただろう。以下、本書でみてきたことを改めて確認しよう。

室町時代、それまで京都や鎌倉を中央とする政治が展開していたが、いつしか地域の自立が進み、それに応じて社会も変わり、戦国時代に突入した。そして日本はこの時代、京都を中心に五畿内で構成された「天下」と、各地の戦国大名・国衆が統治する地域「国家」群からなる重層的複合国家となった。

しかし、大名や国衆らはそれぞれの存立をめぐり、日常的に戦争を起こすようになる。室町幕府将軍足利氏は、日本の中央で国政を取り仕切る天下人として君臨し、畿内の有力権力者と政治的・軍事的に補完する連立のもと、活動を続けていたが、いっこうに国内の諸勢力がまとまる状況(「天下一統」)にはならなかった。そうしたなか、永禄八年(一五六五)五月、永禄の政変が起きる。織田弾正忠家内部の対立を収め、尾張国内の敵対者を鎮め、戦国大名として歩き出したばかりの信長が中央に携わるようになるのも、この政変から始まったことであった。

永禄の政変後、足利義昭を擁立する陣営が「天下再興」を図るなか、信長はいち早くそれに応じ、義昭上洛のために力を尽くした。だが、美濃一色氏との領国「平和」をめぐる戦争を優先させてしまったばかりに、義昭の「天下再興」計画は頓挫する。その後、美濃を平定した信長は、「天下布武」を掲げつつ、義昭の「天下再興」実現のために再び協力、上洛したのちに畿内も平定する。これによって、義昭のもとに「天下静謐」が達成し、室町幕府による中央統治の再興（「天下再興」）がなされた。このように、「信長の上洛」とは、一般にいわれるような信長の全国平定の一階梯ではなく、義昭による「天下再興」の実現だった。

「天下再興」によって、将軍義昭の室町幕府（足利義昭政権）は「天下」を統治する中央権力として、また信長はそれまでの「天下」統治のあり方同様、政治的・軍事的に補完する連立のもと、将軍義昭を補佐する立場で活動する。だが、義昭政権と信長は、各地の大名や国衆との対立を助長し、元亀争乱を繰り広げたため、やがて「天下静謐」は不安定となっていく。そして、将軍義昭と信長が対立して、将軍義昭は元亀四年（一五七三）二月に反織田連合に加わり、信長に対して挙兵する。そのため、信長は将軍義昭を京都から追放し、元亀争乱以後の混乱を収めるため、自身が天下人の道を歩むことになる。

天下人となった信長は、戦国時代の室町幕府将軍足利氏の役割を継承、「天下布武」のスローガンのもと、朝廷や寺社勢力を庇護した。さらに、自らの持つ「武威」を背景に各地の大名・国衆とその地域「国家」を従属させ、「天下（日本の中央）」のもとに統制し共存させる「天下一統」の事業を進める。この時、信長が描いた政治構想とは、中央統治の実務を取り仕切る武家の棟梁＝天下人を織田家の嫡系が継ぎ、その傘下にある中央権力（織田権力）

が「天下一統」と国内静謐（「惣無事」）を維持することで「政権化」させるというものであった。

信長が目指したもの

このように、信長は同時代の諸勢力と共存しながら活動し、自らの武威のもと、社会秩序の保障に努め、天下人として君臨していった。

したがって、信長による「楽市楽座」や関所の撤廃、道路・橋梁の整備といった政策も、他の大名と同様、それぞれの地域の事情に応じて実施されたものであり、決して革新的なものではなかった。つまり、現実的な対処に過ぎなかったのである。

信長にみえる基本的な志向とは、総じて現状に支障を来す障害を取り除き、もともとの機能を最善化させることであり、政治の手法や社会の秩序などに改変をもたらすことではない。ただし、織田権力が急激に勢力を広げたこと、しかも広域に及んだことは事実であり、いうなれば質的ではなく量的な動きにこそ、彼の事業の特質が見て取れるといえるだろう。

その根底には、「外聞」を重視し、「有姿」に基づくという方針があった。「有姿」とは、「ようす、ありさま、事の次第」を意味し（『日本国語大辞典』）、信長は「外聞」＝世評を重視したうえ、この「有姿」＝望ましい現状のあり方を求めたのだ。彼はあくまで、時代や社会の状況に応じた望ましい現状の追認＝「当知行安堵《とうちぎょうあんど》」を方針として掲げ、事業を進めていった［早島二〇一九ほか］。

さらに信長は、この姿勢を自らに留めず、他人にも強要していく。だが、信長のこの姿勢に集まった共感こそが、彼を天下人に押し上げたのである。そして、現状の追認を原則として持ちつつ、あるべき姿に正していこうとする、この「正義」を貫く志向が、新しい時代＝近世の政治や社会のあり方をもたらしていった。もちろんその一方で、この理想の強要に応じられない者たちからの反発も呼んでいる。それが、彼への敵対や謀反を生じさせてしまった。

織田権力はなおも勢力を広げ、その急激さも災いしてか、社会状況の変化や社会のなかでの競合を引き起こし、よりいっそうの不安や反発を招くようになる。こうした流れが積み重なって、天正十年（一五八二）六月二日、惟任（明智）光秀によるクーデター＝「本能寺の変」が起こる。その結果、信長の描いた政治構想は未完に終わり、信長という権力中枢を失った織田権力は、その後に起こった政争により、中央権力としての実体を失ってしまう。そして、宿老の一人であった羽柴秀吉が台頭し、織田家に代わって天下人の道を歩み始め、「天下一統」に向けた活動を進めていく。

天下人となった秀吉による「天下一統」の事業も、信長と同様、戦国時代以来の地域や政治的・社会的集団の自律性を前提とする重層的複合構造を基に成り立ち、中央に君臨する領域権力のもと、国内の諸勢力が統合されることで進められた。すでに拙著でも展望したが、日本社会の秩序は、秀吉の「天下一統」を経たその後、江戸時代においても、江戸幕府による幕藩体制のもと、その時々の社会の変動に応じつつ維持されていった［柴二〇一七b］。

このようにしてみると、時代の連なりは歴然としているのであり、「天下一統」の起点は信長の生きた時代に遡ることができるといえるだろう。信長は、自らが生きたその時代に通用する範囲で、政治の手法や社会の秩序を最善化しつつ現状を維持することを目指し、「天下一統」という事業を進めていった。それが実行され、さらに体制化し、それに応じた社会が実現したその果てに現われたのがいわゆる「近世」であり、ここに、中世から近世へ移行する時代のさまが見て取れるのである。

この後、日本の社会は、江戸幕府の幕藩体制によって「天下一統」が維持されたものの、幕末には欧米の列強諸国と結んだ外交関係が火種になるなど、国内は内乱状態となる。その結果、引き起こされた「明治維新」を経て、国内は一元化され、ついに近代国家としての日本が形成された。いうまでもなく、現在の日本はその延長線上にある。

このように時代の変遷を眺めていく時、振り返って、十五世紀から十七世紀半ばまでの、いわゆる「中近世移行期」という時代のなかに信長や織田権力を置き、そこから「天下一統」の成りゆく実態をとらえていく必要性を改めて実感している。そこにこそ、信長の実像が浮かび上がってくるはずだからだ。だが、信長の実像を解明していくにあたっては、まだ不明なことが多い。今後、さらなる史料の発掘が進み、またさまざまな側面からの研究が進展することで、信長の実像は明らかにされていくだろう。もちろん、その追究は、彼が生きた時代そのものの実態の解明をもたらしてくれるはずだ。

それと同時に、現在、まさに急激に変化する時代の渦に巻き込まれている私たちは時代や社会といったものと、どのように対峙していけばよいのか、同じように時代の変化に向き合った信長の「歴史」が、きっと私たちに何かしらの手がかりを与えてくれよう。結局、現在とは過去が積み重なった果てにあり、その最先端に私たちは生きているのだから――。

その後の織田氏

最後に、信長の死後、秀吉が天下人となった後の織田氏のゆくえを拙著に拠りつつ触れておきたい［柴二〇一八b］。

天正十年（一五八二）六月二十七日に開かれた「清須会議」によって、織田家当主となったのは、信長の嫡男・信忠の系統（織田家の嫡系）で嫡孫の三法師だった。ちなみに、清須会議とは、天下人として君臨する織田家の家督の座を信雄と信孝の兄弟が争い、信孝を推す柴田勝家に対して、山崎合戦の勝利によって権勢を強める秀吉が信忠の嫡男・三法師を推し、天下人に飛躍していくきっかけとなった出来事として知られている。秀吉はこの時、幼少の三法師を惟住（丹羽）長秀・池田恒興の同意のもと、強引に家督に据えたとされている。

しかし信長は生前、信忠に織田家の当主を継がせ、さらに天下人の後継者にするという方針を固めていた。このことで、信長の嫡系が天下人を後継する方針が依然として家中にも影響を残していた。そのため、信長・信忠父子が亡きいま、嫡系の三法師のみが、天下人織田家の正統な家督継承者になりえるという状況にあった。

ただし、三法師はまだ数え年で三歳だった。そこで清須会議で争点となったのは、三法師が成人するまでの「名代《みようだい》（家督代行者、暫定的な当主）」を、信長の子息で三法師の叔父にあたる北畠信雄と織田信孝のどちらが務めるか、ということだった。だが、信雄と信孝は、どちらも「名代」の立場を譲ろうとはしなかった。そのため、秀吉や勝家ら宿老は、信雄と信孝のいずれも「名代」に据えることをせず、幼少の三法師を当主とし、秀吉・勝家・長秀・恒興の四人の宿老による談合によって、織田権力を運営していくことに決めた。

ところが、その後、織田家内部では政争が起こったため、秀吉らによって三法師の「名

としてとらえ直し、時代に即した新たな実像の提示を進めている。その一方、信長による近世社会への歩みを評価し、戦国大名ら同時代勢力との間における勢力の規模差や既存の兵農分離像などのイメージから導きだされた「質的差」を強く求める見解も根強い。このため、双方で交わされる議論はかみ合わない状況のまま、現在に至っている。

そんな信長をめぐるさまざまな評価がみられるなか、平凡社の坂田修治さんから前著に引き続き『織田信長』の刊行を勧められたのは、二〇一八年の春だった。以前、坂田さんには編集担当された黒田基樹監修『戦国大名』（別冊太陽 日本のこころ171 平凡社、二〇一〇年）で織田信長部分の執筆の機会をいただき、お世話になった。今回、坂田さんからは、ちょうど『戦国大名』（同前）の執筆の頃から本格的に取り掛かっていた私自身の織田権力研究の成果からみえてきた、信長像を描くことを求められた。

もっとも私は、あるセミナーの場でも参加された方との質疑応答の場でうっかり口を滑らせ発言してしまったが、大学の史学科に入って歴史学の勉強に専念する前は、「信長嫌い」の人間であった。それは、自身の判断を絶対視し、同時代との協調性を示すことなく専制的な態度のもとに革新的な行為を次々とおこなっていったという、それまで説かれてきた信長像にまったく興味・関心が持てなかったからだ。その時代に生きる人々の支持を得ずして、いくら強大な権力を握る最高主導者であるといえども、すべて自分が思うままに活動をおこなうことができるのか。また「革新的な行為」は信長本人による発想からではなく、その時代に生きる人々の求めに応えたものとしてみることができないのか、という未熟者の「思い」が純粋にあった。この「思い」なるものが、本書に通底する信長を「同時代人」として描くことに繋がっていったのだろうが、その繋がりは一直線ではない。

人生にはさまざまな「契機」があるが、私の場合、織田権力研究との関係も「契機」がもたらしてくれたものだとしみじみと感じることがある。

一つ目は、恩師・神田千里先生との出会いだ。神田先生は、私が学部二年生の時に東洋大学に赴任され、その翌年に先生自身が「誰も描かなかったような織田信長」と記された『信長と石山合戦――中世の信仰と一揆』（吉川弘文館、一九九五年）が刊行された。そこに描かれた信長像には、それまでとは異なる時代の人間としての姿があり魅了された。先生の信長像は、その後に『織田信長』（ちくま新書1093、二〇一四年）へと展開していくが、その先生のもとで学び得たことが私の織田権力研究の大きな糧になっていることは間違いない。特に、先生の企画で開催された二〇一六年十一月の東洋大学白山史学会創立七〇周年記念特別企画「織田信長像再考」での報告・座談会の成果（詳細は、『白山史学』五三号、二〇一七年を参照）は、本書執筆にも大きく役立っている。

二つ目は、坂田さんから『戦国大名』の織田信長部分の執筆の機会を賜ったちょうどその頃、戦国史研究会では丸島和洋さんら若手研究者を中心にシンポジウムとして「織田権力論──領域支配の視点から」の開催を企画し、二〇一〇年六月に実施した。その内容は、進展を遂げている戦国大名研究の成果をふまえ、織田権力を一門や重臣の視点からとらえ直すことであった（成果は、戦国史研究会編『織田権力の領域支配』〈岩田書院、二〇一一年〉を参照）。その成果をめぐってはさまざまな意見があるが、報告者の一人に加わり、同世代の研究者とともに史料蒐集と研究史整理のうえで、これまでとは異なった織田権力論を提示できたことは、私のその後の織田権力研究に繋がっていった。さらに黒田基樹さんを中心に岩田書院から刊行が進められていた『論集　戦国大名と国衆』のシリーズでちょうどこの直後に編著として『尾張織田氏』（二〇一一年）、その後に『織田氏一門』（二〇一六年）の刊行に携われたことも、信長だけにとらわれない織田権力像を築いていく貴重な機会となった。

三つ目は、大学の講義や社会人講座の場、講演会で信長や織田権力に関するテーマで話をする機会にめぐまれたことである。特に山田邦明先生には、二〇一五年九月に愛知大学で集中講義をおこなう機会を賜り、「織田権力とその時代」と題した講義を実施した。その後の講演や講義の場を経て、その内容に修正・追加を加えてはいるが、愛知大学での集中講義の成果が本書の基軸となっている。

四つ目は、漫画家・すずき孔さんとの交流である。すずき孔さんとは、戎光祥出版から刊行した『マンガで読む　新研究　織田信長』（二〇一八年）、『マンガで読む　信長武将列伝』（二〇一九年）で監修という立場でお仕事を一緒にする機会を得た。その最中にいただいたすずきさんからの質問はいずれも信長の「実像」にせまる鋭いものばかりで、答えには研究概念や視点を再確認したうえでなんとか対応し得たという状況だったが、このすずきさんとの交流が私にとって信長やその家臣の「実像」を描くに至った非常に貴重な経験となった。本書は、その経験なしには執筆し得なかったと素直に思う。そして、すずきさんとともに描いた信長像をさらに深化させ提示していくことが、本書執筆に際し取り組むべき「課題」ともなった。果たして、それができたかどうかは、ここまで読んでいただいた読者の皆さんの御判断によるが、その意気込みだけは最後まで持ち続けたことは間違いない。なお、すずきさんには前掲の著作のなかで作成された勢力図を、本書でも一部修正して活用することをお許しいただいた。この場を借りて、厚く御礼を申し上げる。

本書は、こうした「契機」を活かしたうえ、ちょうど二〇二〇年度大河ドラマの主人公として注目が集まる惟任（明智）光秀関係やその後の天下人・羽柴（豊臣）秀吉を扱った編著『図説　豊臣秀吉』（戎光祥出版、二〇二〇年）と合わせて、執筆に努める予定であった。これによって、それぞれの執筆が相互補完し合い、本書でもその成果を得た充実した内容を記載し得ると、後先顧りみずに思っていたのだから自分という人間が本当にお目出たい。実際、執筆に取り掛かり始めると、不器用な私は一つひとつの執筆をこなしていくのが精一杯の状況、そのうえ初の一般書であった前著での文章表現の硬さなどの失敗を、本書では繰り返すまいという「余計」な意気込みも加わって、本書の執筆は遅れに遅れていき、締切から半年以上も時間を要してしまった。この点は、もはや反省の言葉しか浮かばない。

ただ、こうしてできあがった本書は、いまの私が持つ織田信長の「実像」（あくまでも現時点で描いた実像）、さらにはそれにともなっての中近世移行期の時代・社会像を前著に引き続き提示できた内容になったと自負している。本書が、数多くある先学大家による信長本の中で新たな「実像」を描き得たならば、筆者としては望外の喜びである。

本書の刊行によって、期せずして刊行の形は異なるが、信長・秀吉・家康（ただし江戸開幕まで）のいわゆる「三英傑」の書籍が揃うことになった。これによって、彼らの動向とともに当時の日本の重層的複合国家としてのありさまや社会像、そのもとで進められた国内統合＝「天下一統」の実態を追究することをとりあえずは果たすことができた。今後の課題としては、その前提にある戦国初期や前著で見通しに終わった慶長年間（一五九六～一六一五）以降の動向や領域権力による領国支配の実態解明に取り組み、引き続き日本中近世移行期の時代・社会像や「天下一統」の歴史的意義を考えていきたい。

さて前著でも記したが、私たちは歴史の結末を知っているため、どうしても「いま」の視点からその時の社会や出来事を評価してしまう。この傾向は、グローバル化に基づく価値判断が進み、ますます歴史に対する関心が薄れ、「いま」のみを重視する社会意識が増している現今の状況のなかで強まって来ている。だが、歴史の推移は「いま」を前提とした視点からとらえるものではなく、その時代の情勢や社会を理解したうえで、人物や出来事をみていき、その展開のもとで「いま」を考えていく必要がある。日本史上の変革期とされる中近世移行期を生きた人々がたどった「歴史」は、ただの事実の解明や彼らの評価をとらえ直すだけではない。私たちが生きている時代のなかで起きた事態に対して、どのような方向に進むべきか、その際の判断の「道標」となってくれるであろう。歴史を知ることとは、ただ過去に起きた出来事を見直すだけでなく、「現代との対話」でもあるのだから——。もちろん、それは一昼一夕で成し遂げられることではないが、本書がそのわずかな一石にでも役割を果たせたら幸いである。そのうえで、本書で描いた織田信長像と日本中近世移行期という時代像の評価は、ここまで本書を読んでいただいた読者の皆さんのご判断に委ねるほかない。

最後に、前著に引き続き、新型コロナウイルスによる大変な世情のなかで、《中世から近世へ》シリーズの一冊として拙著の刊行をうけ入れてくれた平凡社に御礼を申し上げたい。特に、坂田修治さんには前著同様、本書の刊行に至るまでいろいろと御手数をおかけした。また編集担当を務めてもらった進藤倫太郎さんには、校正作業で御手数をおかけしたうえ、図版掲載でいろいろわがままな要望を聞いていただくなど、本書刊行に向けての適切な処置を施してくれた。お二方のご尽力のおかげで、いま本書がここにある。お二方、そして多大なご尽力を頂いた皆様に、末筆になるが、厚く御礼を申し上げる。

二〇二〇年十月　秋涼のなかで

柴　裕之

織田信長関連年表

＊信長の「年齢」は数え年で表記。

和暦(年)	西暦(年)	年齢	事項
天文 3	1534	1	5月　尾張勝幡城で、尾張清須城主の織田大和守家に仕える織田信秀の嫡男として誕生する。幼名は吉法師
5	1536	3	この頃　織田信秀が織田藤左衛門尉を降し、織田大和守家の主導者となる
7	1538	5	この頃　織田信秀が尾張那古野城の今川氏豊を降し、同城に居城を移す
13	1544	11	9月　織田信秀の率いる尾張勢が美濃稲葉山城の斎藤道三を攻めるが、敗れる
15	1546	13	この年　元服し、三郎信長を名乗る
16	1547	14	9月　織田信秀が三河岡崎城主の松平広忠を降し、広忠の嫡男・竹千代（徳川家康）を人質として得る この年　三河国大浜で初陣を果たす
17	1548	15	3月19日　織田信秀が駿河今川氏との三河小豆坂合戦で敗れる この年　織田信秀が美濃戦線から撤退に追い込まれ、斎藤道三と和睦する
18	1549	16	2月　斎藤道三の娘・濃姫と婚姻する 11月　尾張国熱田八ケ村に制札をだす（現在知られる最初の発給文書）
19	1550	17	8月　駿河今川氏が尾張国知多郡に侵攻する
21	1552	19	3月3日　父・織田信秀が死去し、織田弾正忠家の家督を継承する

年号	年	西暦	年齢	事項
				8月　織田大和守家の軍勢と萱津で戦う
	22	1553	20	閏正月　宿老の平手政秀が自刃する 4月　尾張国富田正徳寺で斎藤道三と会見する 7月12日　尾張清須城主の織田彦五郎が、尾張守護の斯波義統を殺害する。義統の嫡男・義銀は信長を頼る
	23	1554	21	4～5月　叔父の織田信光と協力のうえ、尾張清須城を攻略し、織田大和守家を滅ぼす。信長は以後、清須城を居城とする 11月28日　叔父・信光が尾張那古野城内にて殺害される
弘治	2	1556	23	4月　斎藤道三が嫡男・高政（一色義龍）と戦い敗死する（長良川合戦）。道三を救援するために美濃国に出陣するが、道三敗死の報をうけて撤退する 8月24日　敵対の意を示した弟の織田信成・林秀貞・柴田勝家を、尾張国稲生で破る
	3	1557	24	4月　斯波義銀と東条吉良義昭を擁して三河国上野原で会見させ、駿河今川氏と和睦する この年　側室生駒氏との間に嫡男・信忠（幼名は寄妙）が生まれる
永禄	元	1558	25	10月頃　尾張岩倉城の織田伊勢守家を没落させる 11月2日　再度の謀反を企てた弟・信成を尾張清須城内にて殺害する 11月　室町幕府将軍足利義輝が三好長慶と和睦し、帰京する この年　側室生駒氏との間に二男・信雄（幼名は茶筅）、側室坂氏との間に三男・信孝が生まれる この頃　守護斯波義銀を追放し、尾張国主としての地位を固める

2	1559	26	2月　上洛し、室町幕府将軍足利義輝に謁見する この年　織田・今川両家の和睦が破れ、尾張国鳴海領がその確保・奪還をめぐって緊張下に置かれる
3	1560	27	5月19日　尾張国鳴海領に侵攻した今川義元を同国桶狭間で攻撃し、敗死させる（桶狭間合戦）
4	1561	28	2月頃　三河岡崎城主の松平元康（徳川家康）と和睦する この頃　近江国衆・小谷城主浅井家と同盟を結び、妹・市が当主・長政のもとに嫁ぐ
6	1563	30	2月　尾張国小牧山城を築城し、同城を居城とする 11月　尾張国内の所領調査を実施し、その成果に基づいた所領の給与や購入地の保証をおこなう
8	1565	32	この年初め　尾張犬山城の織田広良を降し、尾張の平定を遂げる 5月19日　室町幕府将軍足利義輝が、三好義継・松永久通らに殺害される（永禄の政変） 9月　「麟」の字を象った花押を使用し始める 11月13日　姪・龍勝寺殿（苗木遠山直廉の娘）を養女とし、甲斐の武田信玄の四男・諏方勝頼に嫁がせ、甲斐武田家との同盟を成立させる
9	1566	33	8月　近江国矢島にいた足利義昭が、「天下再興」の実現のために尾張織田・美濃一色（斎藤）両氏の和睦を成立させ、信長の供奉のもとに上洛を目指す。しかし、信長は参陣を取り止め、義昭は三好方の反攻により近江国矢島を追われ、若狭国を経て、9月に越前朝倉氏を頼る 閏8月8日　美濃一色（斎藤）氏との戦争を継続し、尾張・美濃国境の河野島で一色軍と戦うが撤退に追い込まれる

10	1567	34	5月　娘の五徳を徳川家康の嫡男・松平信康に嫁がせる 8月15日　美濃稲葉山城を攻略し、一色義棟（斎藤龍興）を伊勢国長島に追い払う 9月　美濃稲葉山城に居城を移し、岐阜城と改める 10月　美濃国加納市場を楽市場として認め、往来を促す 11月　「天下布武」印の使用を開始する
11	1568	35	2月　北伊勢を攻略し、三男・信孝を伊勢神戸城主の神戸具盛の養子とし、また、弟の織田信兼に同長野城主長野氏の名跡を継承させる 7月25日　越前朝倉氏の庇護下にあった足利義昭が、信長の求めに応じて美濃立政寺に入る 8月7日　近江国佐和山にて六角承禎（義賢）・義治父子と会見、義昭の上洛供奉の協力を求めるが、承禎・義治父子は拒絶する 9月7日　美濃国岐阜を発ち、足利義昭を擁した上洛戦を開始する 9月13日　六角承禎（義賢）・義治父子を近江観音寺城から追い払う 9月26日　足利義昭とともに入京する。その後、義昭とともに畿内の三好勢力の攻略にあたる 9月30日　足利義昭が三好氏の居城の摂津芥川城を攻略して入城、10月3日には三好義継・松永久秀らの御礼をうけ、「天下静謐」を遂げる 9月　美濃国加納市場に「楽市楽座」を認め、商売を促す 10月18日　足利義昭が征夷大将軍となり、室町幕府政治が再興される 10月28日　美濃国岐阜城に帰る 12月　今川領国の駿河国に武田信玄、遠江国に徳川家康が侵攻する

	12	1569	36	正月5日　三好三人衆が室町幕府将軍足利義昭の居所・京都本圀寺を攻撃する。これをうけ、再度上洛する 正月10日　三好三人衆を支援した和泉国堺の町衆らに服属と矢銭の納入を要求する 2月2日　室町幕府将軍足利義昭の居所として二条城の造営に着手する この頃、美濃・尾張の両国と北伊勢、南近江の関所を撤廃する 5月15日　徳川家康が今川氏真の籠もる遠江懸川城を開城させる（駿河今川氏の滅亡） 8月　伊勢大河内城の北畠具教・具房父子を攻撃する。10月に、二男・茶筅（信雄）を具房の後嗣とすることを条件に和睦する 10月11日　上洛。室町幕府将軍足利義昭および側近との間に深刻な対立が起き、美濃国に帰国する
	13	1570	37	1月23日　室町幕府将軍足利義昭と和解し、五ヵ条の条書によって両者の関係と役割を確認する 4月　室町幕府足利義昭による若狭武田領国内の反勢力討伐に出陣、さらに反勢力を援助する越前の朝倉義景を攻撃する。同月、信長と同盟関係にあった近江小谷城主の浅井長政が離反、敵対する
元亀	元	1570		6月28日　幕府奉公衆や徳川家康らを率い、近江国姉川で朝倉・浅井両氏と戦って勝利する（姉川合戦） 8月　三好三人衆の討伐のため、室町幕府将軍足利義昭とともに摂津国野田・中島に出陣する

				9月12日　摂津国大坂本願寺の宗主・顕如の檄により一向一揆が蜂起、三好三人衆と連携して室町幕府将軍足利義昭・信長に敵対する 9月20日　摂津国野田・中島出陣中の室町幕府将軍足利義昭・信長の隙をうかがい、朝倉・浅井両氏が琵琶湖西岸に侵攻し、近江宇佐山城を守る森可成らが戦死する。その後、比叡山の麓で朝倉・浅井両軍と対陣し続ける 11月13日頃　青蓮院門跡尊朝法親王の要請をうけ、大坂本願寺が和睦に応じる 11月21日　伊勢長島の一向一揆勢の攻撃により、弟・織田信興が戦死する。同日、近江の六角承禎（義賢）・義治父子、三好三人衆らと和睦する 12月　室町幕府将軍足利義昭の斡旋により、朝倉・浅井両氏と和睦する（江濃越一和）
	2	1571	38	正月　伊勢神戸城主の神戸具盛を近江日野城に幽閉し、養子であった三男・信孝を神戸家の当主に据える 2月24日　浅井家重臣で近江佐和山城にいた磯野員昌の降伏をうけ入れ、佐和山城を接収し、城代として丹羽長秀を配置する 5月　伊勢長島の一向一揆平定のため出陣するが、一揆方の反攻をうけて、美濃国衆の氏家卜全らが戦死、撤退する 6月　三好義継・松永久秀・久通父子が室町幕府将軍足利義昭と対立する 9月12日　前年から朝倉・浅井両氏に味方した比叡山延暦寺を焼き討ちする。この後、明智光秀が近江国志賀郡を与えられ、坂本に城を築いて拠点とする
	3	1572	39	正月　六角承禎・義治父子が、近江国一向一揆と連携して信長に敵対する 9月　近江国金森に「楽市楽座」を認める

	4	1573	40	10月　武田信玄が徳川氏の領国であった遠江国に侵攻する。これをうけ、信玄と義絶する。室町幕府将軍足利義昭も信長・徳川家康を支持する立場を示す 12月22日　遠江国三方原で織田・徳川連合軍が甲斐武田氏の軍勢に敗れる（三方原合戦） 年末　信長が室町幕府将軍足利義昭に一七ヵ条の異見書を提出し、その姿勢を正すよう求める。これにより、将軍義昭との関係が悪化する 2月19日　室町幕府将軍足利義昭が、越前朝倉氏・江北浅井氏・甲斐武田氏・大坂本願寺らと連携して信長に敵対の意思を表明する。信長は、将軍義昭に対して和睦を要請する 4月27日　正親町天皇の勅命により、室町幕府将軍足利義昭と和睦する 7月3日　室町幕府将軍足利義昭が山城槙島城で挙兵し、再び敵対する 7月18日　山城槙島城の室町幕府将軍足利義昭を攻撃、降伏した将軍義昭は京都を追放される（室町幕府の滅亡） 7月28日　朝廷が信長の申出をうけ、「天正」に改元する
天正	元	1573		8月13日、江北浅井氏を来援した朝倉義景の軍勢と戦い、これを破る。その後、撤退する義景の軍勢を追撃し、越前国に侵攻する 8月20日、朝倉義景が一族朝倉景鏡の離反によって自刃する（越前朝倉氏の滅亡） 9月1日、近江小谷城が落城し、浅井長政が自刃する（江北浅井氏の滅亡）。戦後、近江国小谷領（のち長浜領）は羽柴秀吉に与えられる 9月　伊勢長島一向一揆攻撃のために出陣するも、平定には至らず 11月16日　河内若江城の三好義継を攻撃し、義継を自刃させる

			11月　信長が大坂本願寺と和睦する 11月　和泉国堺で、重臣の羽柴秀吉・朝山日乗と毛利家側の安国寺恵瓊が、将軍義昭の帰京について会談する 12月26日　大和多聞山城の松永久秀が降る
2	1574	41	正月　越前国で一向一揆が蜂起し、同国を支配下に置く 2月　武田勝頼が美濃国に侵攻し、明智城を攻撃する 3月18日　信長が従五位下に叙され、昇殿を許される 3月28日　奈良に下向し、東大寺秘蔵の名木・蘭奢待を截取したものを拝領する 4月2日　大坂本願寺が再度挙兵する 6月17日　武田勝頼が遠江高天神城を攻略する 9月29日　伊勢長島一向一揆を殲滅する 年末　領国内の道路・橋梁整備を命じる
3	1575	42	3月14日　公家・寺社に徳政令をだす 4月19日　敵対する河内高屋城を攻め、三好康長を降す 4月　徳川家で大岡弥四郎事件が勃発、武田勝頼が三河国に侵攻する 5月21日　三河長篠城の救援に出陣。徳川家康とともに三河国設楽あるみ原で武田勝頼と戦い、勝利する（長篠合戦） 7月3日　松井友閑を宮内卿法印、武井夕庵を二位法印とし、明智光秀には惟任の名字と日向守の受領、丹羽長秀に惟住の名字、簗田広正に別喜の名字と右近大夫の官途、塙直政に原田の名字と備中守の受領を授ける。また、羽柴秀吉が筑前守、滝川一益が伊予守、村井貞勝が長門守など、この時に受領を授けられたか

4	1576	43

8月　越前国に出陣、越前一向一揆を殲滅する。さらに加賀国にも勢力を拡大する
9月　越前一向一揆殲滅後の越前国北庄領に柴田勝家を配置する。同月、惟任（明智）光秀に丹波平定を命じる
10月21日　大坂本願寺と和睦する
11月4日　従三位権大納言になる
11月7日　兼官で右近衛大将になる
11月6〜7日　公家・寺社に所領を給与する
11月21日　嫡男・信忠が美濃岩村城を攻略する
11月28日　嫡男・信忠に、織田家の家督と尾張・美濃両国を譲与する。この日、常陸国太田の佐竹義重らに甲斐武田氏の討伐にあたり、天下人の自分に従い、活動するよう朱印状を遣わす
正月　近江安土城の築城を開始し、翌2月に安土に入る
正月15日　丹波八上城主の波多野秀治が離反し、反織田方となったことで惟任光秀は敗退。丹波攻めから一時撤退する
2月　室町幕府将軍足利義昭が、備後国鞆に下向する
4月　室町幕府将軍足利義昭の要請に従い、大坂本願寺が敵対。翌5月にかけて織田勢が大坂本願寺を攻撃する
6月10日　常陸国太田の佐竹義重を執奏により、従五位下常陸介に叙任させる
この頃　室町幕府将軍足利義昭の斡旋のもとに、越後上杉氏・甲斐武田氏・安芸毛利氏・大坂本願寺らの反織田連合が展開する
7月13日　摂津国木津川口の海戦にて、毛利水軍が織田軍を撃退する

			7月　大和興福寺別当職相論のことで、「四人衆」の勧修寺晴右・中山孝親・庭田重保・甘露寺経元を処罰する
			10月頃　伊勢北畠家を継いでいた二男・信雄（当時の名は信意）が、北畠具教・具房父子や重臣らを粛清する
			11月　正三位内大臣になる
5	1577	44	2〜3月　紀伊国雑賀に出陣し、雑賀衆を従わせる 6月　近江国安土山下町に「楽市」などを認めた定書をだす 閏7月　自らの出陣も織り込んだ越後上杉氏の討伐計画を進める 9月15日　上杉謙信が畠山家重臣・遊佐続光の内応によって敵対する長続連らを討ち、能登七尾城を攻略する 9月23日　能登国を平定した上杉謙信の軍勢に、柴田勝家らの軍勢が加賀国湊川での戦闘に敗れる（手取川合戦） 10月10日　織田信忠の率いる軍勢が、謀反した大和信貴山城の松永久秀を討つ 10月15日　嫡男・信忠が従三位左近衛中将となる 10月23日　羽柴秀吉が中国地方攻略の総大将として出陣する 11月16日　従二位に叙され、20日には右大臣に任官する
6	1578	45	正月6日　正二位に叙される 2月　播磨三木城主の別所長治が羽柴秀吉との対立から、離反する 3月13日　上杉謙信が死去する。その後、政治路線をめぐって後継の景勝と反景勝方が擁する景虎との間で御館の乱が勃発。この流れのなかで甲斐武田氏と相模北条氏の甲相同盟が決裂する

			4月9日　右大臣・右近衛大将の両職を辞し、嫡男・信忠への顕職譲与を求める 10月17日　摂津有岡城主の荒木村重が大坂本願寺と盟約を結び、離反する 11月6日　九鬼嘉隆の率いる水軍が、摂津国木津川口にて毛利水軍と戦う（第二次木津川口海戦） この頃　土佐の長宗我部元親との通交がおこなわれ、惟任（明智）光秀が取次を務める
7	1579	46	5月1日　近江安土城の「天主」が完成して移住する 5月27日　近江国安土浄厳院にて法華宗と浄土宗の宗論がおこなわれ、法華宗が敗北する（安土宗論） 8月　徳川家で松平信康事件が起きる 9月22日　伊賀国に出兵し、敗退した二男・北畠信雄を譴責する 9月　駿河・伊豆両国の国境を舞台に、相模北条・甲斐武田両氏の間で戦争が始まる 10月24日　惟任光秀が信長に丹波・丹後両国の平定を報告する 10月30日　備前国衆の宇喜多直家が、織田権力に従属することが認められる 11月22日　誠仁親王に京都二条の屋敷を進上し、誠仁親王が二条御所に入る この頃　武田勝頼が常陸佐竹氏を通じて、信長との「甲江和与」交渉を進める。このなかで、信長四男で甲斐武田家のもとにいた織田信房が帰国する 12月　荒木村重の妻ら一族を京都六条河原で殺害する
8	1580	47	正月17日　播磨三木城が開城し、別所長治が自刃する 3月　相模北条氏が織田権力に従属する 閏3月5日　正親町天皇の勅命により、信長と大坂本願寺との和睦が成立する 5月　羽柴秀吉が播磨国を平定し、播磨姫路城を居城とする。但馬国も平定される

			この頃　惟住長秀・武井夕庵、また近衛信基・勧修寺晴豊ら公家衆と松井友閑・村井貞勝、さらに惟任光秀による三通りのルートから安芸毛利氏との和平交渉を図る 7月　荒木方の摂津花隈城が攻略される。以後、荒木村重の旧領が池田恒興・元助父子に与えられる 8月12日　薩摩島津義久に豊後大友氏との停戦を命じる 8月　大坂本願寺攻めで失態を重ねた宿老の佐久間信盛・信栄父子を譴責し、処罰する。同月、長岡藤孝が丹後国を与えられる 9～10月　宿老の惟任光秀と滝川一益を大和国に遣わし、指出を提出させたうえでの所領給与・知行役の賦課設定など統治のための整備をさせる 11月　柴田勝家が加賀国を平定する 年末　甲斐武田氏が南化玄興ら臨済宗の高僧を仲介とした「甲濃和親」を試みる この年　信長の嫡孫・信忠の嫡男として、織田秀信（幼名は三法師）が生まれる
9	1581	48	2月28日　領国内の諸将や公家を参集させ、京都において馬揃えを開催する 3月9日　正親町天皇の意向により、左大臣に推任される。信長は、誠仁親王への譲位後にこれをうける旨、返答する 3月22日　徳川家康の攻撃で遠江高天神城が落城する 6月　薩摩島津氏が停戦命令を受諾、豊後大友氏との和睦（「豊薩和平」）がなる 9月　二男・北畠信雄を総大将として伊賀国に軍勢を派遣、平定する この頃　甲斐武田氏との和睦が大方決着の方向に進む 10月25日　羽柴秀吉が因幡鳥取城を攻略、因幡国を領国として支配を進めていく 11月17日　羽柴秀吉・池田元助の軍勢が淡路国を攻略する

10	1582	49	この頃　阿波三好氏が織田権力に従属する 正月11日　惟任光秀が石谷頼辰・斎藤利三兄弟を通じ、悪化した織田・長宗我部両家間の関係維持に努める 2月　甲斐武田家一門衆であった信濃国衆の木曾義昌の内応をうけ、嫡男・信忠を総大将とする軍勢を派遣し、武田領国に侵攻する 3月11日　甲斐武田氏が滅亡する。これをうけ、関東・奥羽で織田権力に敵対する勢力はなくなり、同地の大名・国衆は信長に使者を派遣、「東国御一統」といわれる状況になる 3月23日　滝川一益が上野国と信濃国小県郡・佐久郡を与えられ、「東国警固」の役割を任される 3月26日　嫡男・信忠に天下統治を譲渡する意向を示すが、信忠は辞退する 3月29日　信濃国諏訪にて、甲斐武田家滅亡後の知行割をおこなう 4月　徳川家康の歓待をうけつつ、駿河・遠江・三河を経由して近江安土城に帰る 5月4日　正親町天皇・誠仁親王の意向によって征夷大将軍に推任される 5月7日　三男・織田信孝を総大将とした四国出兵の指示がだされる 5月15日〜17日　近江安土城において、「御礼」に赴いた徳川家康らを饗応する 5月17日　羽柴秀吉からの出陣要請をうけ、惟任光秀らに中国地方への出陣を命じる 5月21日　長宗我部元親が条件つきで、信長の示した領土調停案に応じる意向を惟任家の宿老・斎藤利三宛の書状で示す 5月29日　京都本能寺に入る 5月　滝川一益が係争地の下野祇園城を、相模北条氏から下野小山氏に返還させる

	6月2日　京都本能寺において惟任光秀の襲撃をうけ、自刃する。また、嫡男・信忠も二条御所での戦闘の後、自刃する（享年26） 6月3日　備中高松城を攻略中の羽柴秀吉が信長・信忠父子の討滅を知り、翌日に毛利氏と和睦する。秀吉は以後、反惟任勢力の姿勢を示す摂津衆らの協力を取りつけながら、京都に進軍する 6月5日　惟任光秀が近江安土城に入る。織田信孝・惟住長秀が摂津大坂城で織田信澄を殺害する 6月13日　織田信孝・羽柴秀吉・惟住長秀・池田恒興らの織田勢と惟任光秀が山城国山崎で戦い、織田勢が勝利する。敗れた光秀は再起を目指して近江坂本城に向かうが、途次に山城国山科・醍醐で村人の「一揆」による人狩りにあい、落命する（享年67〔諸説あり〕） 6月15日　織田軍の攻撃により、惟任光秀の二人の子と宿老・明智秀満が籠もる近江坂本城が落城する（惟任家の滅亡） 6月27日　織田家の家督と所領配分を決める「清須会議」が開催される。嫡孫・三法師（織田秀信）が織田家の当主となり、宿老の柴田勝家・羽柴秀吉・惟住長秀・池田恒興の合議によって運営されることが決まる

主要参考文献

※織田信長に関する史料集、著書・論文は多い。以下にあげるものは、本書執筆に際して、参照した主要なものに限る。

史料集

愛知県史編さん委員会編『愛知県史』資料編9中世2、資料編10中世3、資料編11織豊1、資料編14中世・織豊（愛知県、一九九九～二〇二〇年）
浅利尚民・内池英樹編『石谷家文書――将軍側近のみた戦国乱世』（吉川弘文館、二〇一五年）
荒川善夫・新井敦史・佐々木倫朗編『戦国遺文 下野編』第三巻（東京堂出版、二〇一九年）
茨城県立歴史館編『茨城県史料』中世編V（茨城県、一九九四年）
大分県教育委員会編纂『大分県史料26 第4部 諸家文書補遺2』（大分県中世文書研究会、一九七四年）
奥野高廣『増訂 織田信長文書の研究』上巻、下巻、補遺・索引（吉川弘文館、一九八八年）
奥野高廣・岩澤愿彦校注『信長公記』（角川文庫2541、一九六九年）
『続群書類従 補遺三 お湯殿の上の日記』六・七（続群書類従完成会、一九三二年）
功刀俊宏・柴裕之編『戦国史研究会史料集4 丹羽長秀文書集』（戦国史研究会、二〇一六年）
黒田基樹・佐藤博信・滝川恒昭・盛本昌広編『戦国遺文 房総編』第三巻（東京堂出版、二〇一二年）

埼玉県編『新編埼玉県史』資料編6中世2（埼玉県、一九八〇年）
柴裕之監修「滝川一益受発給文書集成」（群馬県立歴史博物館編『企画展図録　織田信長と上野国』、群馬県立歴史博物館、二〇一八年）
柴辻俊六・黒田基樹・丸島和洋編『戦国遺文　武田氏編』第一巻〜第六巻（東京堂出版、二〇〇二〜二〇〇六年）
上越市史編さん委員会編『上越市史』別編一　上杉氏文書集一（上越市、二〇〇三年）
『史籍雑纂　当代記・駿府記』（続群書類従完成会、一九九五年）
『史料纂集　新訂増補兼見卿記』一〜二（八木書店、二〇一四年）
真宗史料刊行会編『大系真宗史料　文書記録編4　宗主消息』（法藏館、二〇一四年）
真宗史料刊行会編『大系真宗史料　文書記録編12　石山合戦』（法藏館、二〇一〇年）
真宗史料刊行会編『大系真宗史料　文書記録編14　東西分派』（法藏館、二〇一六年）
杉山　博・下山治久編『戦国遺文　後北条氏編』第三巻（東京堂出版、一九九一年）
竹内理三編『増補続史料大成9　晴右記・晴豊記』（臨川書店、一九六七年）
竹内理三編『増補続史料大成39・40　多聞院日記』二・三（臨川書店、一九七八年）
竹内理三編『増補続史料大成19　家忠日記』（臨川書店、一九七九年）
千葉県文書館編『千葉県史料』中世篇　諸家文書　補遺（千葉県文書館、一九九一年）
東京大学史料編纂所編『大日本史料』第十編之一〜二十九（東京大学出版会、一九二八〜二〇一七年）
東京大学史料編纂所編『大日本古記録　言経卿記』一（岩波書店、一九六九年）
東京大学史料編纂所編『大日本古文書　家わけ第五　相良家文書』二（東京大学出版会、一九一八年）
東京大学史料編纂所編『大日本古文書　家わけ第八　毛利家文書』一・二（東京大学出版会、一九二〇〜二二年）

東京大学史料編纂所編『大日本古文書 家わけ第九 吉川家文書』一（東京大学出版会、一九二五年）
東京大学史料編纂所編『大日本古文書 家わけ第十一 小早川家文書』一（東京大学出版会、一九二七年）
東京大学史料編纂所編『大日本古文書 家わけ第十六 島津家文書』三（東京大学出版会、一九六六年）
東京大学史料編纂所編『日本関係海外史料 イエズス会日本書翰集』譯文編之一上（東京大学史料編纂所、一九九一年）
『言継卿記』第三・四・六（続群書類従完成会、一九九八年）
徳川義宣『新修 徳川家康文書の研究』（徳川黎明会、一九八三年）
名古屋市博物館編『豊臣秀吉文書集』一～二（吉川弘文館、二〇一五～二〇一六年）
藤田達生・福島克彦編『明智光秀』（史料で読む戦国史③ 八木書店、二〇一五年）
牧健二監修・佐藤進一ほか編『中世法制史料集』第三巻 武家家法Ⅰ（岩波書店、一九六五年）
松田毅一監訳『十六・七世紀イエズス会日本報告集』第Ⅲ期第6巻（同朋舎出版、一九九一年）
松田毅一・川崎桃太訳『完訳フロイス日本史』一～三（中公文庫 中央公論新社、二〇〇〇年）
山口県編『山口県史』史料編 中世3（山口県、二〇〇四年）
山梨県編『山梨県史』資料編4中世1（山梨県、一九九九年）
山本博文・堀新・曽根勇二編『織田信長の古文書』（柏書房、二〇一六年）

著書・論文

愛知県史編さん委員会編『愛知県史』通史編3 中世2・織豊（愛知県、二〇一八年）
青木裕美「八木家文書とその伝来について」（『群馬県立歴史博物館紀要』三九号、二〇一八年）

朝尾直弘『将軍権力の創出』(岩波書店、一九九四年)
浅野友輔「戦国期における大名間の和平と「天下」——戦国期室町将軍と織田信長による調停」(日本史史料研究会編『日本史のまめまめしい知識』第二巻、岩田書院、二〇一七年)
天野忠幸『三好一族と織田信長——「天下」をめぐる覇権戦争』(中世武士選書31 戎光祥出版、二〇一六年)
同『荒木村重』(シリーズ実像に迫る010 戎光祥出版、二〇一七年)
同『松永久秀と下剋上——室町の身分秩序を覆す』(中世から近世へ 平凡社、二〇一八年)
粟野俊之『織豊政権と東国大名』(吉川弘文館、二〇〇一年)
池上裕子『戦国時代社会構造の研究』(校倉書房、一九九九年)
同『織豊政権と江戸幕府』(日本の歴史15 講談社学術文庫1915、二〇〇九年)
同『織田信長』(人物叢書272 吉川弘文館、二〇一二年a)
同『日本中近世移行期論』(校倉書房、二〇一二年b)
池享『戦国・織豊期の武家と天皇』(校倉書房、二〇〇三年)
稲葉継陽「新・明智光秀論」(公益財団法人永青文庫・熊本大学永青文庫研究センター編『永青文庫の古文書——光秀・葡萄酒・熊本城』吉川弘文館、二〇二〇年)
江田郁夫「織田信長の伝馬朱印状について」(『栃木県立博物館研究紀要 人文』三四、二〇一七年)
近江八幡市史編集委員会編『近江八幡の歴史』第六巻通史I(近江八幡市、二〇一四年)
大石泰史『今川氏滅亡』(角川選書604、二〇一八年)
小笠原春香『戦国大名武田氏の外交と戦争』(戦国史研究叢書17 岩田書院、二〇一九年)
小川雄「一五五〇年代の東美濃・奥三河情勢——武田氏・今川氏・織田氏・斎藤氏の関係を中心として」

同　（『武田氏研究』四七号、二〇一三年）
同　『徳川権力と海上軍事』（戦国史研究叢書15　岩田書院、二〇一六年）
勝俣鎮夫『戦国時代論』（岩波書店、一九九六年）
金子　拓『織田信長〈天下人〉の実像』（講談社現代新書２２７８、二〇一四年）
同　『織田信長権力論』（吉川弘文館、二〇一五年）
同　『織田信長――不器用すぎた天下人』（河出書房新社、二〇一七年）
同　『信長家臣明智光秀』（平凡社新書923、二〇一九年ａ）
同　『長篠の戦い――信長が打ち砕いた勝頼の覇権』（シリーズ実像に迫る021　戎光祥出版、二〇一九年ｂ）
同　「織田信長と東国」（江田郁夫・簗瀬大輔編『中世の北関東と京都』高志書院、二〇二〇年）
金松　誠『松永久秀』（シリーズ実像に迫る009　戎光祥出版、二〇一七年）
同　『筒井順慶』（シリーズ実像に迫る019　戎光祥出版、二〇一九年）
河内将芳『信長と京都――宿所の変遷からみる』（淡交社、二〇一八年）
神田千里『戦国乱世を生きる力』（日本の中世11　中央公論新社、二〇〇二年）
同　『一向一揆と石山合戦』（戦争の日本史14　吉川弘文館、二〇〇七年）
同　『宗教で読む戦国時代』（講談社選書メチエ459、二〇一〇年）
同　『戦国時代の自力と秩序』（吉川弘文館、二〇一三年）
同　『織田信長』（ちくま新書１０９３、二〇一四年）
同　『戦国と宗教』（岩波新書１６１９、二〇一六年）
同　「第十五代　足利義昭――信長の「傀儡」という虚像」（榎原雅治・清水克行編『室町幕府将軍列

伝』戎光祥出版、二〇一七年）
神田裕理『朝廷の戦国時代――武家と公家の駆け引き』（吉川弘文館、二〇一九年）
木下　聡「織田権力と織田信忠」（戦国史研究会編『織田権力の領域支配』岩田書院、二〇一一年）
同　「「足利義昭入洛記」と織田信長の上洛について」（田島公編『禁裏・公家文庫研究』第五輯、思文閣出版、二〇一五年）
同　『斎藤氏四代――人天を守護し、仏想を伝えず』（ミネルヴァ日本評伝選　ミネルヴァ書房、二〇二〇年）
木下昌規『戦国期足利将軍家の権力構造』（中世史研究叢書27　岩田書院、二〇一四年）
同　「足利義輝側近進士晴舎と永禄の変」（『戦国史研究』七六号、二〇一八年）
桐野作人『織田信長――戦国最強の軍事カリスマ』（新人物文庫　ＫＡＤＯＫＡＷＡ、二〇一四年）
久野雅司『足利義昭と織田信長――傀儡政権の虚像』（中世武士選書40　戎光祥出版、二〇一七年）
同　『織田信長政権の権力構造』（戎光祥研究叢書16、二〇一九年）
同　編『足利義昭』（シリーズ・室町幕府の研究2　戎光祥出版、二〇一五年）
功刀俊宏「戦国期における市場政策――流通統制・楽市楽座令の検討を通じて」（『東洋大学大学院紀要』四八、二〇一一年）
同　「足利義昭・織田信長による若狭武田氏への政策について――武藤友益討伐などから」（『白山史学』五三号、二〇一七年）
黒嶋　敏「「鉄ノ船」の真相――海から見た信長政権」（金子拓編『『信長記』と信長・秀吉の時代』勉誠出版、二〇一二年）
黒田日出男「桶狭間の戦いと『甲陽軍鑑』――『甲陽軍鑑』の史料論（2）」（『立正史学』一〇〇号、二〇〇六年）

黒田基樹『百姓から見た戦国大名』（ちくま新書618、二〇〇六年）
同『小田原合戦と北条氏』（敗者の日本史10　吉川弘文館、二〇一二年）
同『戦国大名――政策・統治・戦争』（平凡社新書713、二〇一四年）
同『北条氏政――乾坤を截破し太虚に帰す』（ミネルヴァ日本評伝選　ミネルヴァ書房、二〇一八年）
同　監修『戦国大名』（別冊太陽　日本のこころ171　平凡社、二〇一〇年）
小池辰典「明応の政変における諸大名の動向」（『白山史学』五一号、二〇一五年）
佐藤　圭「建部賢文書写「越前国掟」について」（『季刊ぐんしょ』四四、一九九九年）
柴　裕之「羽柴秀吉の領国支配」（戦国史研究会編『織田権力の領域支配』岩田書院、二〇一一年）
同「織田権力と北関東地域――神流川合戦の政治背景と展開」（江田郁夫・簗瀬大輔編『北関東の戦国時代』高志書院、二〇一三年）
同「織田政権と黒田官兵衛」（小和田哲男監修『黒田官兵衛――豊臣秀吉の天下取りを支えた軍師』宮帯出版社、二〇一四年a）
同「織田・毛利開戦の要因」（『戦国史研究』六八号、二〇一四年b）
同『戦国・織豊期大名徳川氏の領国支配』（戦国史研究叢書12　岩田書院、二〇一四年c）
同「足利義昭政権と武田信玄――元亀争乱の展開再考」（『日本歴史』八一七号、二〇一六年a）
同「永禄の政変の一様相」（『戦国史研究』七二号、二〇一六年b）
同「織田信長と諸大名――その政治関係の展開と「天下一統」」（『白山史学』五三号、二〇一七年a）
同『徳川家康――境界の領主から天下人へ』（中世から近世へ　平凡社、二〇一七年b）
同「足利義昭の「天下再興」と織田信長――「天下布武」の実現過程」（戦国史研究会編『戦国期政治

史論集　西国編』岩田書院、二〇一七年c）
同　「織田権力の交通・流通政策――その展開と実態」（『馬の博物館研究紀要』二〇号、二〇一七年d）
同　「織田・上杉開戦への過程と展開――その政治要因の追究」（『戦国史研究』七五号、二〇一八年a）
同　『清須会議――秀吉天下取りへの調略戦』（シリーズ実像に迫る017　戎光祥出版、二〇一八年b）
同　「収蔵資料（古文書）の紹介　天正三年の織田信長」（『千葉県の文書館』二四号、二〇一九年a）
同　「桶狭間合戦の性格」（黒田基樹編『戦国大名の新研究1　今川義元とその時代』戎光祥出版、二〇一九年b）
同　「織田信雄の改易と出家」（『日本歴史』八五九号、二〇一九年c）
同　「謀反の動機を再考する」（小和田哲男監修『麒麟がくる　明智光秀とその時代』ＮＨＫ出版、二〇二〇年a）
同　「山崎合戦の性格」（渡邊大門編『考証　明智光秀』東京堂出版、二〇二〇年b）
同　編『尾張織田氏』（論集戦国大名と国衆6　岩田書院、二〇一一年）
同　編『織田氏一門』（論集戦国大名と国衆20　岩田書院、二〇一六年）
同　編『図説　明智光秀』（戎光祥出版、二〇一九年a）
同　編『明智光秀』（シリーズ・織豊大名の研究8　戎光祥出版、二〇一九年b）
同　編『図説　豊臣秀吉』（戎光祥出版、二〇二〇年）
柴辻俊六『織田政権の形成と地域支配』（戎光祥研究叢書10　戎光祥出版、二〇一六年）
清水克行「「御所巻」考――異議申し立ての法慣習」（同著『室町社会の騒擾と秩序』吉川弘文館、二〇〇四年）
新行紀一「第四章第一節　三河平定」（新編岡崎市史編集委員会編『新編岡崎市史』中世2、岡崎市、一九八

九年）
戦国史研究会編『織田権力の領域支配』（岩田書院、二〇一一年）
高瀬弘一郎『キリシタンの世紀――ザビエル渡日から「鎖国」まで』（岩波人文書セレクション　岩波書店、二〇一三年）
立花京子『信長権力と朝廷 第二版』（岩田書院、二〇〇二年）
田中義成『織田時代史』（講談社学術文庫476、一九八〇年。原版は一九二四年）
谷口克広『信長の天下布武への道』（戦争の日本史13　吉川弘文館、二〇〇六年）
同『検証 本能寺の変』（歴史文化ライブラリー232　吉川弘文館、二〇〇七年）
同『尾張・織田一族』（新人物往来社、二〇〇八年）
同『織田信長家臣人名事典 第二版』（吉川弘文館、二〇一〇年）
谷口雄太『中世足利氏の血統と権威』（吉川弘文館、二〇一九年）
長澤伸樹『楽市楽座令の研究』（思文閣出版、二〇一七年）
同『楽市楽座はあったのか』（中世から近世へ　平凡社、二〇一九年）
中西裕樹『戦国摂津の下克上――高山右近と中川清秀』（中世武士選書41　戎光祥出版、二〇一九年）
中平景介「天正前期の阿波をめぐる政治情勢――三好存保の動向を中心に」（『戦国史研究』六六号、二〇一三年）
同「天正前期の阿波・讃岐と織田・長宗我部関係――四国国分論の前提として」（橋詰茂編『戦国・近世初期 西と東の地域社会』岩田書院、二〇一九年）
日本史史料研究会編『信長研究の最前線――ここまでわかった「革新者」の実像』（洋泉社歴史選書y49、二

〇一四年）
日本史史料研究会監修・渡邊大門編『信長軍の合戦史――一五六〇～一五八二』（吉川弘文館、二〇一六年）
同『信長研究の最前線②――まだまだ未解明な「革新者」の実像』（洋泉社歴史新書y73、二〇一七年）
長谷川裕子「浅井長政と朝倉義景」（樋口州男ほか編『歴史の中の人物像――二人の日本史』小径選書4　小径社、二〇一九年）
早島大祐「「戒和上昔今禄」と織田政権の寺社訴訟制度」（『史窓』七四号、二〇一七年）
同『明智光秀――牢人医師はなぜ謀反人となったか』（NHK出版新書608、二〇一九年）
原田正記「織田権力の到達――天正十年「上様御礼之儀」をめぐって」（『史苑』五一編一号、一九九一年）
平井上総『兵農分離はあったのか』（中世から近世へ　平凡社、二〇一七年）
同「織田家臣と安土」（『織豊期研究』二〇号、二〇一八年）
平山　優『長篠合戦と武田勝頼』（敗者の日本史9　吉川弘文館、二〇一四年a）
同『検証長篠合戦』（歴史文化ライブラリー382　吉川弘文館、二〇一四年b）
同『武田氏滅亡』（角川選書580、二〇一七年）
同『戦国大名と国衆』（角川選書611、二〇一八年）
同『武田信虎――覆される「悪逆無道」説』（中世武士選書42　戎光祥出版、二〇一九年）
藤井讓治編『織豊期主要人物居所集成　第二版』（思文閣出版、二〇一六年）
福島克彦『明智光秀と近江・丹波――分国支配から「本能寺の変」へ』（淡海文庫63　サンライズ出版、二〇一九年）
藤木久志「村の動員」（同著『村と領主の戦国世界』東京大学出版会、一九九七年）

藤田達生「「鞆幕府」論」（『芸備地方史研究』二六八・二六九号、二〇一〇年）
同『天下統一――信長と秀吉が成し遂げた「革命」』（中公新書2265、二〇一四年）
同『本能寺の変』（講談社学術文庫2556、二〇一九年）
藤本正行『信長の戦争――『信長公記』に見る戦国軍事学』（講談社学術文庫1578、二〇〇三年）
二木謙一『中世武家儀礼の研究』（吉川弘文館、一九八五年）
堀　新『天下統一から鎖国へ』（日本中世の歴史7　吉川弘文館、二〇一〇年）
同『織豊期王権論』（校倉書房、二〇一一年）
本多隆成『徳川家康と武田氏――信玄・勝頼との十四年戦争』（歴史文化ライブラリー482　吉川弘文館、二〇一九年）
松下　浩「安土城下町の成立と構造」（仁木宏ほか編『信長の城下町』高志書院、二〇〇八年）
同『織田信長――その虚像と実像』（淡海文庫53　サンライズ出版、二〇一四年）
松本和也「宣教師史料から見た日本王権論」（『歴史評論』六八〇号、二〇〇六年）
丸島和洋『戦国大名の「外交」』（講談社選書メチエ556、二〇一三年）
同「織田権力の領域支配再論」（『年報三田中世史研究』二二号、二〇一五年）
同「武田・毛利同盟の成立過程と足利義昭の「甲相越三和」調停――すれ違う使者と書状群」（『武田氏研究』五三号、二〇一六年）
同『武田勝頼――試される戦国大名の「器量」』（中世から近世へ　平凡社、二〇一七年）
水野　嶺『戦国末期の足利将軍権力』（吉川弘文館、二〇二〇年）
盛本昌広『本能寺の変――史実の再検証』（東京堂出版、二〇一六年）

森脇崇文「織田・長宗我部関係の形成過程をめぐる一考察――「香宗我部家伝証文」所収の織田信長・三好康長書状の分析を中心に」（『史窓』四八号、二〇一八年a）
同　「足利義昭帰洛戦争の展開と四国情勢」（地方史研究協議会編『徳島発展の歴史的基盤――「地力」と地域社会』、雄山閣、二〇一八年b）
山田邦明『戦国の活力』（全集 日本の歴史8　小学館、二〇〇八年）
山田康弘『戦国期室町幕府と将軍』（吉川弘文館、二〇〇〇年）
同　「将軍足利義輝殺害事件に関する一考察」（『戦国史研究』四三号、二〇〇二年）
同　『戦国時代の足利将軍』（歴史文化ライブラリー323　吉川弘文館、二〇一一年）
同　『足利義輝・義昭――天下諸侍、御主に候』（ミネルヴァ日本評伝選　ミネルヴァ書房、二〇一九年）
山本浩樹「織田・毛利戦争の地域的展開と政治動向」（川岡勉・古賀信幸編『西国の権力と戦乱』日本中世の西国社会1、清文堂出版、二〇一〇年）
横山住雄『織田信長の系譜――信秀の生涯を追って　改訂版』（濃尾歴史文化研究所、二〇〇八年）
同　「岩倉織田氏の終焉と新史料」（『郷土文化』二二九号、二〇一四年）
同　『斎藤道三と義龍・龍興――戦国美濃の下克上』（中世武士選書29　戎光祥出版、二〇一五年）
和田裕弘『織田信長の家臣団――派閥と人間関係』（中公新書2421、二〇一七年）
同　『織田信忠――天下人の嫡男』（中公新書2555、二〇一九年）

柴 裕之（しば ひろゆき）

1973年東京都生まれ。東洋大学大学院文学研究科日本史学専攻博士後期課程満期退学。博士（文学）。専門は日本中近世移行期史。現在、東洋大学文学部非常勤講師。著書に『戦国・織豊期大名徳川氏の領国支配』（岩田書院）、『徳川家康——境界の領主から天下人へ』（平凡社）、『清須会議——秀吉天下取りへの調略戦』（戎光祥出版）、編著に『論集 戦国大名と国衆6 尾張織田氏』『論集 戦国大名と国衆20 織田氏一門』（ともに岩田書院）、『図説 明智光秀』『シリーズ・織豊大名の研究8 明智光秀』『図説 豊臣秀吉』（以上、戎光祥出版）などがある。

[中世から近世へ]

織田信長《おだのぶなが》 戦国時代《せんごくじだい》の「正義《せいぎ》」を貫《つらぬ》く

発行日　2020年12月9日　初版第1刷

著者　柴 裕之
発行者　下中美都
発行所　株式会社平凡社
〒101-0051 東京都千代田区神田神保町3-29
電話 (03)3230-6579[編集] (03)3230-6573[営業]
振替 00180-0-29639
ホームページ https://www.heibonsha.co.jp/
印刷・製本　株式会社東京印書館
DTP　ダイワコムズ

© SHIBA Hiroyuki 2020 Printed in Japan

ISBN978-4-582-47747-4
NDC分類番号210.47　四六判(18.8cm)　総ページ308

落丁・乱丁本のお取り替えは小社読者サービス係まで直接お送りください（送料、小社負担）。

中世から近世へ シリーズ　好評既刊

徳川家康

境界の領主から天下人へ

柴裕之

境界の領主に過ぎなかった徳川家康が、天下人へと駆け上った足跡を最新の解釈で描く。

羽柴家崩壊

茶々と片桐且元の懊悩

黒田基樹

片桐且元宛の茶々の書状群より、大坂の陣に至る羽柴家内部の抗争を明らかにする。

武田勝頼

試される戦国大名の「器量」

丸島和洋

偉大な父信玄の跡目を継いだ勝頼。彼の足跡を通して、大名の「戦争」の意味を探る。

兵農分離はあったのか

平井上総

中世から近世への社会転換を示す重要要素「兵農分離」。日本近世社会の根本概念を疑う。

北条氏康の妻 瑞渓院

政略結婚からみる戦国大名

黒田基樹

今川家の出にして、戦国大名・北条氏康の正妻。その婚姻関係が及ぼした影響をたどる。

秀吉の武威、信長の武威

天下人はいかに服属を迫るのか

黒嶋敏

自らの政権を正当化する天下人。二人の〝勝者〟が日本に君臨するための本音と建て前を解く。

松永久秀と下剋上

室町の身分秩序を覆す

天野忠幸

〈稀代の悪人〉は武家社会の家格や秩序に挑む改革者だった。新しい久秀像を描いた決定版。

中世から近世へ シリーズ　好評既刊

今川氏親《うじちか》と伊勢宗瑞《そうずい》
戦国大名誕生の条件
黒田基樹
甥と叔父の関係にあった二人の動向を探れば、戦国大名化を許した社会状況が見えてくる。

楽市楽座はあったのか
長澤伸樹
創られた「自由」、有事と背中合わせの「平和」。画期的な経済政策というイメージが覆る。

前田利家・利長
創られた「加賀百万石」伝説
大西泰正
豊臣政権の中枢で「大老」を務めた親子。雄藩のイメージはいかに創られ、維持されたのか。

徳川家康の神格化
新たな遺言の発見
野村玄
家康の死後、日光を中心に行われた大規模な造営や神号宣下。天下人の神格化の意味とは。

水軍と海賊の戦国史
小川雄
戦国大名に協力し、江戸時代にも徳川将軍家の支配をささえた「水軍」は、いつ終息したのか。

天下人と二人の将軍
信長と足利義輝・義昭
黒嶋敏
室町幕府滅亡までの約20年、将軍義輝期の政治を押さえ、信長—義昭の政治史を読み解く。

宇喜多秀家
秀吉が認めた可能性
大西泰正
若くして豊臣政権の「五大老」に大抜擢された宇喜多秀家。その人物像の再評価を試みる。